国际工程科技发展战略高端论坛
International Top-level Forum on Engineering Science and Technology Development Strategy

中国工程院
CHINESE ACADEMY OF ENGINEERING

重大复杂工程管理与工程管理知识体系

The Major and Complex Engineering Management and the Engineering Management Body of Knowledge

高等教育出版社·北京

内容提要

本书荟萃了中国工程院2015年国际工程科技发展战略高端论坛“重大复杂工程管理与工程管理知识体系”的中外专家报告，由综述、主题报告两大部分构成。其中，主题报告围绕重大复杂工程管理与工程管理知识体系进行研究，对当下工程管理学科的研究范围、研究对象等根本性问题做出了深入而有意义的思考。

本书立足于绿色生态文明建设和互联网大数据的时代背景，结合重大复杂工程建设的实际，提出了从应用集成系统角度优化工程项目的管理、再制造企业创新模式、地铁建设工程风险识别与管理措施、涪陵页岩气开发工程综述、系统工程的探索与实践等工程管理理论与方法，对科学指导绿色城市建设与污染防治工程管理实践具有重要意义，促进了重大复杂工程管理、再制造产业工程管理、两型工程管理等方向上的最新理论探索和实践进展，以及集成系统理论、调试标准管理、大数据分析等理论、方法、工具应用于工程管理领域的优化和实践，对重大复杂性工程管理理论、方法和具体实践的探讨具有重要的理论意义和实践应用价值。

本书是中国工程院“国际工程科技发展战略高端论坛丛书”之一，可作为重大项目管理和评价、社会工程管理、风险管理以及项目投资管理领域从业人员、高等院校工程管理类专业师生和相关领域研究人员的参考书籍，亦可供关心该领域的社会公众学习和参考。

图书在版编目(CIP)数据

重大复杂工程管理与工程管理知识体系 : 汉英对照 / 中国工程院编著. -- 北京 : 高等教育出版社,2019.10
(国际工程科技发展战略高端论坛)
ISBN 978-7-04-045901-2

Ⅰ.①重… Ⅱ.①中… Ⅲ.①工程管理-文集-汉、英 Ⅳ.①F40-53

中国版本图书馆CIP数据核字(2016)第156267号

总 策 划 **樊代明**

策划编辑 王国祥 黄慧靖 责任编辑 朱丽虹

封面设计 顾 斌 责任印制 赵义民

出版发行 高等教育出版社
社 址 北京市西城区德外大街4号
邮政编码 100120
印 刷 北京中科印刷有限公司
开 本 850mm×1168mm 1/16
印 张 16.5
字 数 290千字
购书热线 010-58581118
咨询电话 400-810-0598

网 址 http://www.hep.edu.cn
http://www.hep.com.cn
网上订购 http://www.hepmall.com.cn
http://www.hepmall.com
http://www.hepmall.cn
版 次 2019年10月第1版
印 次 2019年10月第1次印刷
定 价 80.00元

本书如有缺页、倒页、脱页等质量问题，请到所购图书销售部门联系调换

物 料 号 45901-00

目　　录

第一部分　综述

第二部分　主题报告

CONTENTS

Part Ⅰ Review

Part Ⅱ Keynote Speech and Speaker Introduction

第一部分
综　　述

综　　述

中国工程院“重大复杂工程管理与工程管理知识体系”国际工程科技发展战略高端论坛于2015年5月16日在广州成功举办。本次论坛由中国工程院、广州市人民政府主办，由中国工程院工程管理学部、国家自然科学基金委员会管理科学部、广州市科技创新委员会、广州市住房和城乡建设委员会、广州市重点公共建设项目管理办公室、中南大学等单位承办。中国工程院院长周济、副院长徐德龙，广州市委书记任学锋、市长陈建华，中国工程院孙永福、何继善等26位院士，以及来自美国、英国、比利时的8位国外知名工程管理专家，来自全国高校、科研院所、工程企业，广东省及广州市直、各辖区的代表和本地新闻媒体界人士共计500余位代表出席了论坛。

回顾论坛全程，论坛具有以下几个特色：一是在论坛前安排了院士专家调研重大基础设施和战略咨询活动，更好地发挥了论坛汇聚中外高层次专家学者的人才和智力优势；二是邀请了国际知名工程科技和管理专家共同交流和研讨，中外学者思想交汇、互动热烈，对于中国工程管理学界借鉴和吸收世界工程科技和管理发展的先进成果，同时促进中国工程科技和管理走向世界具有极其重要的意义；三是在召开论坛的同时举办工程管理成就展览，这是论坛推动中国工程管理界扩大开放、走向世界的重要举措。

论坛期间，共有14位中外专家做了主题报告，内容丰富，精彩纷呈，引人深思。概括起来他们的报告具有以下的特点。

一是关注工程管理学科分支的发展和理论、方法、工具的应用。如朱高峰院士的报告“重大复杂工程管理及其特点”、徐滨士院士的报告“中国再制造产业及其创新发展”、陈晓红教授的报告“两型工程管理理论探讨与实践”、Simon P. Philbin博士的报告“集成系统视角在工程项目管理中的应用”、伊丽莎白·安妮·卡德尼博士的报告“调试过程中的一种标准”、丁烈云教授的报告“基于大数据的地铁施工行为安全矫正研究”等，反映我国与国际工程管理学界在重大复杂工程管理、再制造产业工程管理、两型工程管理等方面的最新理论探索和实践进展，以及集成系统理论、调试标准管理、大数据分析等理论、方法、工具应用于工程管理领域的优化和实践，展现出当代工程管理学界在两型社会与生态文明建设、互联网革命、超大规模工程建设等时代背景下不断进取的创新品质和与时俱进的创新精神，将对工程管理学科的深入研究和蓬勃发展提供重要的动力来源。

二是关注工程管理知识体系和理论体系的建构和发展。如沃尔特·诺沃新博士的报告“工程管理知识体系的进步”等，着眼于工程管理知识体系这样一个重要的宏观问题，对工程管理学科的研究范围、研究对象等根本性问题做出了深入而有意义的思考，这同中国工程管理学界许多学者开展的“工程管理论”研究遥相呼应。由此引发的中外工程管理学者关于工程管理知识体系和理论体系的深入交流和讨论，将对工程管理学科的进一步成熟和发展起到重要的促进作用。

三是关注具体工程建设的实践创新。如孙成伟教授的报告“广州地铁建设工程风险识别与管理措施”、吉尔特·雷顿斯博士的报告“精益产品开发——更快，更好…更清洁?”、王志刚教授的报告“涪陵页岩气开发工程综述”等，来自具体大型城市建设、能源开发、产品创新工程管理的第一线，具有鲜活的具体实践经验及在此基础上提出的理论思考，这对于工程管理这样一个源自于实践的学科而言也是十分重要的学科生命力来源。

四是关注学科专业发展和人才培养。如大卫·埃里克博士的报告“培养面向国际职场的工程管理学生——初步探索”等，聚焦于工程管理学科专业发展和人才培养的问题，基于自己的观察和科学的分析提出了具有针对性的意见与建议，对于我国工程管理学科专业发展和人才培养事业具有重要的参考价值。

与会专家一致认为，工程活动是人类文明的共同实践载体，工程科技的发展使人类联结成日益紧密的命运共同体。新一轮的科技革命、产业革命与中国加快经济发展方式转变形成了历史性交汇。与会者共同呼吁，工程管理学者应该勇敢地承担起时代的重任，用对话、交流、学习、吸收跨越区域、文化、传统、技术的鸿沟，促进人类文明工程科技与管理成果的共建共享。

第二部分

主题报告

重大复杂工程管理及其特点

朱高峰

中国工程院

一、什么是重大复杂工程

（一）中外重大复杂工程举例

要谈重大复杂工程管理，首先要弄清楚什么是重大复杂工程。但要真正给重大复杂工程下一个定义，似乎又很难。所以，还是先罗列一些公认的重大复杂工程，然后再归纳它们的特点为好。

（1）中国历史上的重大复杂工程

长城、秦始皇陵、大运河、都江堰、北京故宫、西安城墙，等等。

（2）中国现代的重大复杂工程

三峡水利枢纽、青藏铁路、南水北调、高速铁路网、万吨水压机、两弹一星、高性能计算机，等等。

（3）世界上的重大复杂工程

埃及金字塔、罗马竞技场、凡尔赛宫、圣彼得大教堂，等等。

（4）近现代的世界重大工程

苏伊士运河、巴拿马运河、胡佛水坝、阿斯旺水坝、英吉利海峡隧道、载人空间站、大型粒子加速器、西伯利亚铁路，以及各种大桥、一些巨大油田和长距离输油管道，等等。

还有大量例子，这里只能罗列一些，远远不可能穷尽。

（二）重大复杂工程的共同特点

从上述这些例子中可以看出，正如名称中所说，这些工程的共同特点，一是巨大，二是复杂。

巨大是量的概念，但巨大并不单指某一个方面，至少可以从几个角度看：

一是工程量大，可以从面积、土方等几个方面衡量。

二是投入大，可以从资本、人力和物资等几个方面衡量。

三是从时空角度来看的大。首先，工程历时长，历史上有些工程曾历时上千年，近现代工程即使从实施角度看一般也有 5~10 年。如果从倡议、调研、决策过程看，几十年、上百年也不稀奇。其次，空间范围大，不单单是工程占地大，而且其影响面更大，有的影响一个流域，甚至跨越几个国家。

复杂则是个程度上的概念。这些工程大部分属于建筑工程，就土木建筑本身难度来看，就已经很复杂，如埃及金字塔是如何建成的至今仍是个谜。工程中还有大量机械装备，现代工程中更有大量电子信息技术和装备。其中一种新的关键技术的发明就促使形成一个新的领域，如水平钻井开发应用促成了页岩油气行业的崛起，对全球能源形势产生了很大影响。

至于巨大和复杂能否有个标准，这是个很难的问题，在有的文献中提出大体以投资十亿美元为界限，但是从各种不同类型工程来看，投资情况有较大差别，从中国近期一些巨大工程看，大量都在百亿人民币以上，目前似乎还难以形成一个统一的标准，至于复杂度就更难以量化了。

二、为什么要建立巨大复杂工程

（一）从历史上看巨大复杂工程大体上可分为以下几类

（1）军事工程——以防御为主；

（2）城建工程——相当部分兼有军事目的；

（3）交通运输工程——古代水路较多，也有一些道路工程；

（4）水利工程——各有不同目的，如防灾、灌溉、运输等；

（5）文化宗教工程——古代大多文化和宗教融合在一起，也有少量单独文化工程。另外，古代还有一类特殊的工程即皇陵和皇宫。

近现代工程大体上继承了这些目的，但工程规模更大、综合性更强，如河道水利工程从局部扩大到全流域治理，甚至跨流域连接。用水、运输和防灾综合性更强。交通运输工程更多样化，铁路道路和航空多方式并存，长距离道路和大规模港口（包括河港、海港和空港）工程大量增加。城建中大量商用建筑、文化建筑涌现，军事工程中出现了大量的武器装备工程。

与此同时出现了一些新的工程类型，包括大规模资源采集工程，尤其是近代油气资源采集及输送，能源工程主要是电力生产和输送，大规模通信信息网络建设和应用。另一大类则是科学探索工程，包括宏观宇宙探索和微观世界探索。

（二）概括起来，巨大复杂工程主要目的有三个

（1）更好地发现和利用自然资源为人类造福；

（2）增进人间交流机会，形成现代社会；

（3）国防需要。

从工程性质看，相当大量的是土木建筑项目，也有一些是巨型装备开发应用项目，也有两者兼有的项目。从工程作用看，民用项目和军事项目都有，民用项目中相当部分是公益性项目。

三、如何进行巨大复杂工程——决策和实施

巨大复杂工程和一般工程一样，可以分为决策、实施和验收评估三个阶段，但由于工程巨大，一般涉及面很广，所以每个阶段的内容十分丰富，过程更为复杂，甚至漫长，因而形成了一些特点。

（一）决策阶段

1. 因素

首先要确定工程的目标，是单一的目标，还是多目标。如果是多目标，则互相之间的关系是什么，有无主次、依存和顺序关系。如果有，要有比较清晰的表达。对目标的必要性要有充分的分析和阐明，工程的价值取向也要明确。

其次是工程的造价，概括说需要多少资源，总体上可以用投资额来表示，对投资的来源要有具体的分析。由于工程时间可能很长，一定要考虑货币的时间价值及其风险。但需要大量物质资源时，尤其是涉及稀缺领域时，则要有专门考虑和可行性分析。

再次是工程的手段，主要是技术上是否可行，拟用技术的成熟度情况。如果包含有待开发的技术，则需分析其成功的概率和风险。

接着是工程的组织方式，对于巨大复杂工程，组织方式很难采用统一的模式，要根据具体情况，提出几种可能的方式，主要是集中和分散的比重和关系处理，决策时要做出选择。

然后是工程的影响，即达成目标的同时对周围环境和社会造成的影响。主要考虑的是负面影响，要分析这些影响能否容忍，或者需要采取行动措施予以克服或减缓。影响有时是多方面的，减避措施也可能带来其他的影响，都需要仔细分析考虑。

工程所需的人力资源是个重要的问题，是否有足够数量不同类型的各种人员，往往影响工程能否顺利开展，而人员薪酬问题也是影响成本的一个重要因素。

工程的政策环境和社会环境是必须予以考虑的，在符合法规方面有无“瑕疵”，各有关政府机构是否支持，与相关民众、社区之间沟通是否顺畅等，这些工作都必须做好。某些涉及国际关系的工程更要慎重行事。

在充分分析考虑了各种因素后，要再次综合考虑工程的投入产出比，不单纯是经济效益，而是经济、社会、环境的综合效益，有时还包括政治、文化因素来综合考虑工程的价值，是否必需，其可行性如何，最后予以决策。

2. 决策主体及其稳定性

决策主体应该是工程的业主，一般应组织一个决策小组或委员会，来集体讨论研究，辅之以专门调研机构和咨询机构，最后应由业主的决策机构如董事会来做最后的决策，当然在合法合规等方面事先应有充分沟通。对于公益性或半公益性工程，需要政府介入主导，在投资方面可以采用 PPP 即公私合营模式，吸收企业和私人投资参与，此时需组成共同的决策机构，但在社会公共影响方面，政府要起主导作用。

对可以划分明确阶段的工程，且各阶段在目标实现方面有相对独立性的也可以做出分阶段决策，以观察分阶段的效果。

决策机构要有稳定性，一般来说在整个工程实施阶段决策机构应持续存在并密切关注工程进展，以对工程负责。如果工程实施期间，业主本身发生变化，则在业主调整改组中，必须充分考虑工程实际情况，后续业主要继续负责，如对工程要做出调整甚至中断，则必须有充分的依据并承担一切后果。

（二）实施阶段

由于工程的体量大，实施范围广，因而巨大复杂工程可以划分为若干个相对独立的子工程来分别实施，此时要做好顶层设计。如何划分清楚各个子工程之间的界面就很关键，总实施负责单位要很好掌握各子工程之间的接口和时间进度衔接。

工程实施的组织中，业主和设计施工单位、监理单位之间的关系与一般工程无原则区别，可以由一个大的设计施工单位总负责，而各子工程分别由各下属单位负责，也可以由总负责单位分包给其他单位负责。

实施中管理主要是四个方面，即质量、安全、投资与工期。

质量是保证工程达到目标的主要体现，质量往往用一系列技术指标来体现，有时在指标的理解上会有分歧。所以必须在工程之始有严格的规定，复杂工程中往往还会有一些新的技术问题要研发解决，因此可能要并行组织专门的研发队伍来进行，同时根据研发取得的结果制定新的技术标准，细化某些指标。

安全是任何工程必须保证做到的，工程是非日常常规的活动，因此必须针对工程的具体情况制定安全规则，采取安全措施，防止人员伤害和对周围环境的破坏。由于复杂工程涉及面广，对安全要有全面考虑，除了机械伤害以外，要考虑化学、电磁、声光等方面的影响，还要考虑对周围环境可能产生的危害，在特殊地理条件下，要有针对性考虑，如高原反应、水淹可能性等。

投资控制是每个工程都会碰到的问题，复杂工程由于范围广、时间长、各种因素变化大，所以投资控制的难度更大。同时由于社会经济影响，如原定投资主体发生变化、通胀率的波动等，也会对投资额造成较大影响，因此在做概算时要留有足够余地，当然也不可能过于宽松，这往往是业主与实施单位之间争执最大的问题，在采用招标制的情况下，不可采用最低价中标的办法，以免日后的长期不利影响。此外，投资额过低往往会导致工程中偷工减料（当然应该严格监理，但难免有漏洞），影响工程质量。

工期也是关键的问题。工期控制过严，导致某些必要的工序被简略，往往会影响工程质量，而工期拖得过长，会影响工程的效益；对于一些工期本身已较长、分期投资的项目，有时会失去时机，导致工程不得不停止，甚至半途而废。但对于一些巨大复杂工程，工期往往会拖延，有时甚至长期拖延。应该指出，工期长时间拖延，会导致投资的大幅度上升，尤其要注意各个子工程工期之间的协调，以免脱节。

可见质量、安全、投资、工期四个因素是互相关联的，互相之间既有配合，又有制约。在顶层需要业主单位、工程总实施单位和监理单位紧密配合，既协调又互相制约，共同完成。具体到总实施单位要全面掌握工程进展，实时了解各方面工作，在各个子工程之间做好协调工作，在有矛盾时，尽快分析找出主要矛盾和矛盾的主要方面，突出关键点，及时采取措施予以解决。各方面关系如图 1 所示。

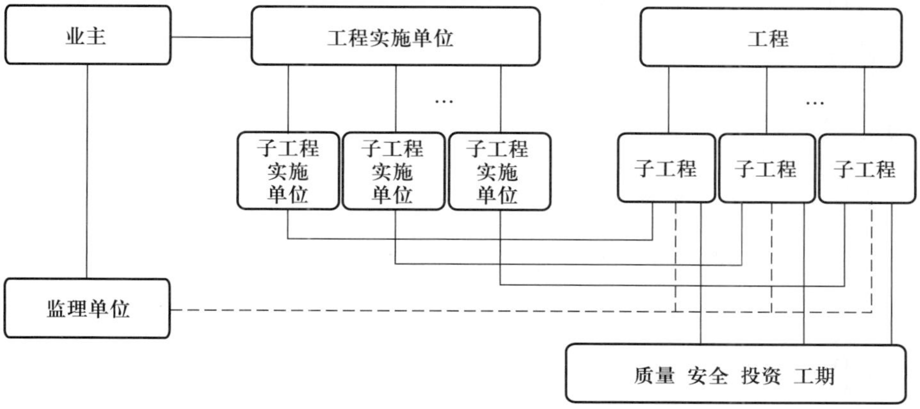

图 1　工程实施阶段关系图

应该说在实施阶段中,有大量的决策问题。虽然不像决策阶段,要决定项目能否成立的问题。但实施阶段中怎样干、先干什么、后干什么等问题是经常产生的,需要随时决策较大问题,特别是需要(或必须)调整进度、投资额等问题时,必须和业主妥善商议,取得一致。如果碰到决策阶段中没有能预见到的大问题,如外部环境的大变化、工程中遇到越不过去的障碍等,也有可能会返回到重新决策。尽管谁也不愿意出现这种情况,但很难完全避免。在巨大复杂工程中,一方面决策过程应更为慎重,考虑更为周到;另一方面,影响的因素多、时期长,出现预见不到的问题的可能性也会更大一些。

四、工程评估验收和运行

(一)工程结束后要进行评估验收

评估验收应由第三方根据合同进行负责。对于巨大复杂工程来说,有两个特点:一是对于时间长、分期清晰的工程可以分期验收;二是工程的某些效果,往往短期内看不出来,而评估验收时间有限,因此会留下一些问题,有待于长期观察。例如工程的寿命问题,可以做些模拟分析,也可以从工程所用材料工艺中得到一些佐证,但终究不是实际结果,不像某些设备、单件可以做疲劳试验,因此工程的全部资料必须长期完整保存,在工程运行中定期观察、积累数据、观察效果。

对于工程成功率的分析判断中,有人提出了以投资超额和工期超长作为标准,本人以为对于巨大复杂工程来说,由于客观因素太多太复杂,除了工程中断未完成的以外,只要工程已完成,达到了原定功能目标的,是否成败要做具体分析,从纯客观上看,投资、工期未达到目标,哪怕只差1%,说其失败似乎亦可。但考虑到因素的复杂性,还是不要笼统说失败为好,应该说巨大复杂工程相比于一段工程,投资、工期超出预期的比例会大一些。

至于工程过程中由于客观因素而做了一些修改的,也要根据具体情况分析,在主要功能没有发生大的变化的情况下,对工程还是要做基本肯定。

(二)工程的运行

工程的运行可能是业主单位负责,或者是另外选择或组建一个单位负责,但要明确的是,一般工程都有比较长的寿命,少则几十年,多则几百年、上千年,因此要把运行看成工程的继续。一方面工程的寿命与运行是否得当关系甚大,及时合格的维修是任何工程必需的;另一方面工程中的一些问题也会在长时间的运行中逐步暴露出来。再则,长时间运行中环境的变化,对工程也会产生各种影响,因此运行中要及时跟踪发现问题，采取措施，加以修补和调整解决。有的工程功能目标在运行中发生了改变，如近期有报道三峡水利枢纽工程建成后，由于上游新建了大批水库，起到了控沙作用，一方面三峡入库水变清，库容寿命将超出预期；另一方面，清水下泄冲刷长江河道河岸影响下游导致河岸崩塌，造成较大影响。因此，要研究调整采取新的防护措施。

（三）工程的环境影响

工程的环境影响包括两个方面，一方面是环境对工程的影响，包括地理气候条件对工程进行和运行的影响、各种资源条件包括人力等对工程的影响等。一般来说，在工程调研决策阶段时，这些因素都会有详尽的考虑。另一方面是工程对环境主要是指生态环境的影响，包括工程实施过程和工程运行后的影响，这个问题现在越来越尖锐。由于人类社会发展加快，人口数量剧增，生活水平不断提高，在相当程度上对自然环境过度开发造成生态破坏、污染严重。居民对一些巨大工程的反对声越来越大，因此在工程调研决策中必须对环境因素予以充分考虑。要认真进行环境评估，对有一定破坏性的因素必须有补救措施，在实施阶段要严格执行环境标准，对于符合环境标准又必须实施的工程，也要做好沟通解释工作，避免邻避效应。

五、政府的作用

由于巨大复杂工程中相当部分具有公益性，一定要政府出面来主持。即使是对于非公益项目，由于涉及面广，与环境、民众生活关系密切，政府也要做好工作，主持公道，协调好业主和民众的关系，在保护生态、保护群众利益的前提下保护企业的合理利益。在 PPP 工程中，政府不能因为有了公共投资就完全站在投资者一边，政府的投资功能和维持公正秩序、主持公道的功能要分开，以真正起到政府的作用。

六、一类特殊的工程——网络性工程

随着技术的进步和经济的发展，网络性工程作为基础设施中的主要内涵越来越多见，具体如交通运输网络、电力传输网络、信息通信网络，再如油气传输管道网络、自来水管网、城市地下管网，等等。其主要特点是点多、线长、面广。尽管面广而实际占地并不多；虽然占地不多，但又受土地条件限制很大。因此此类工程实施中需要大面积的协同，运行中需要长距离的检测和维护，发展中需要不断更新，服务中要面向全体民众。对于此类工程需要做专门的分析研究。

七、结　语

鉴于巨大复杂工程对人类社会经济发展起着重大作用,其成功经验、不足之处和失败教训都是宝贵的财富,需要认真总结。由于中国近年来巨大复杂工程的数量很大,更应该很好地总结,以便于今后更好发展,并为世界工程界的顺利发展做出应有的贡献。

参考文献

[1] 孙永福. 青藏铁路工程管理创新实践.(2007). 中国工程管理环顾与展望——首届工程管理论坛论文集锦. 北京:中国建筑工业出版社.

[2] 陆佑楣. 长江三峡工程建设管理的实践.(2007).中国工程管理环顾与展望——首届工程管理论坛论文集锦. 北京:中国建筑工业出版社.

[3] Brooks NJ. Mankind and Mega-projects. Frontiers of Engineering Management,2014,1(3):241-245.

朱高峰

中国工程院信息与电子学部和工程管理学部跨学部院士,通信技术与管理专家。曾任邮电部副部长、中国工程院首任常务副院长,中国通信标准化协会(CCSA)第1-2届理事长。曾获1978年全国科学大会奖、1985年国家科学技术进步奖一等奖。倡议并组织建设全国长途自动电话网和全国邮政中心局体制网络,将通信网络理论与具体实际相结合,研究邮电经济的运行规律,推动和发展了邮电经济学。牵头组织和参与了多项国家重大咨询课题,如“中国工程教育的改革与发展”“中国制造业发展研究”“中国私人汽车发展咨询报告”“交通运输网络基本理论研究”等,取得了丰硕成果,扩大了中国工程院在中国工程科技界的影响,研究报告受到了党和国家领导及相关部门的高度重视。

中国再制造产业及其创新发展

徐滨士

再制造技术国家重点实验室

摘要：本文从以下四方面论述了中国再制造产业及其创新发展：① 第六次科技革命与再制造；② 再制造的内涵与特色；③ 中国再制造政策研究进展；④ 中国再制造关键技术与模式。最后总结指出，20 年后，自主创新的中国特色再制造仍是我国循环经济与可持续发展的重要技术支撑。

一、第六次科技革命与再制造

（一）世界上的五次科技革命

16 世纪以来，世界上发生了五次科技革命，即“近代物理学的诞生、蒸汽机和机械革命、电气和运输革命、相对论和量子论革命、电子和信息革命”，这其中有两次科学革命，有三次科技革命。中国与前四次科技革命无缘，在第五次科技革命中表现平平且收获不多。

（二）第六次科技革命

未来二三十年（2020－2050 年），世界范围内将可能爆发第六次科技革命。它更可能是一次新生物学和再生学革命，它将在信息转换技术、仿生技术和再生技术等领域发生重大突破，将为人类可持续发展提供更大的发展机遇和空间。

（三）资源能源支撑科技革命的发展

资源能源作为必需的前端投入是每次科技革命发生的基础，是人类社会得以发展的重要物质保证。同时，科技革命所推动的社会进步，又造成了资源能源消耗的极速增长。

整个20世纪，人类累计消费了1400亿吨石油，8万亿吨天然气，2700亿吨煤，400亿吨金属，以及其他众多矿产原料。

（四）我国化石能源严重枯竭

以石油、煤炭、天然气等为代表的传统化石能源，经过人类100多年的开采和使用，地下的储存总量已经十分有限。

2013年，全世界的石油、煤炭、天然气的可开采年限分别只有40、112和55年左右，而我国的可开采年限仅有14、33和32年左右，我国传统化石能源面临枯竭的危险。

（五）我国资源形势十分严峻

以铁、铜、金为代表的金属矿产，以及以硫、磷、钾为代表的非金属矿产，其消费更是迅猛增长。

我国的大部分金属资源禀赋差，而且有色矿产资源主要依靠进口，2013年铁矿、铝土矿、铜矿的对外依存度分别达71%、48%和59%，我国45种重要矿产中，可以保证需求的只有23种，到2020年仅剩9种，到2050年则完全没有保证。

1. 城市矿山

国外很早就提出开发“城市矿山”。我国也非常重视对城市矿山的挖掘。所谓城市矿山，是指散布于城市各个角落的废弃物中蕴含的极为丰富的可再生资源。

城市生产生活所产生的所有“废物”，如报废汽车、废旧机床、废弃手机、废旧家电等，经过拆解、加工或回炉冶炼，变成钢铁、有色金属、塑料制品等原材料。

2. 城市矿山的巨大潜力

从1吨废旧手机中可以提炼出400克黄金、2300克银、172克铜；从1吨废旧个人电脑中可提炼出300克黄金、1000克银、150克铜和近2000克稀有金属等。

通常情况下，开采1吨金砂仅能提炼出5克黄金。从城市矿山的废旧物品中“挖掘”出金、银、铜、铁、铝以及各种稀缺资源，其成本比直接从矿山中开采要降低85%左右。

3. 从城市矿山到再制造

城市矿山能够为我们提供另一种矿产资源的储存方式，成为缓解资源短缺瓶颈的重要突破口。

但是城市矿山的开采仍然是资源的初级回收方式，而蕴藏在机电产品内部的附加值则全部丧失。在这种情况下，再制造成为必然选择，因为它不仅可以完整保留机电产品的附加值，而且可以减少二次污染。

二、再制造的内涵与特色

（一）再制造的内涵

再制造是指以全寿命周期理论为指导，以实现废旧机械产品性能提升为目标，以优质、高效、节能、节材、环保为准则，以先进技术和产业化生产为手段，进行修复、改造废旧产品的一系列技术措施或工程活动的总称。简言之，再制造是废旧产品高技术修复、改造的产业化。

（二）再制造的特征

再制造的重要特征是：再制造后的产品质量和性能不低于新品，有些还能超过新品，成本只是新品的 50%，节能 60%，节材 70%，对环境的不良影响显著降低。

（三）国外再制造模式

1）再制造率低；
2）结构损伤无法再制造；
3）破坏零件互换性；
4）检测手段单一。

（四）中国特色的再制造技术模式

中国提出了以“尺寸恢复和性能提升”为特征的既循环又经济的再制造模式（图 1）。

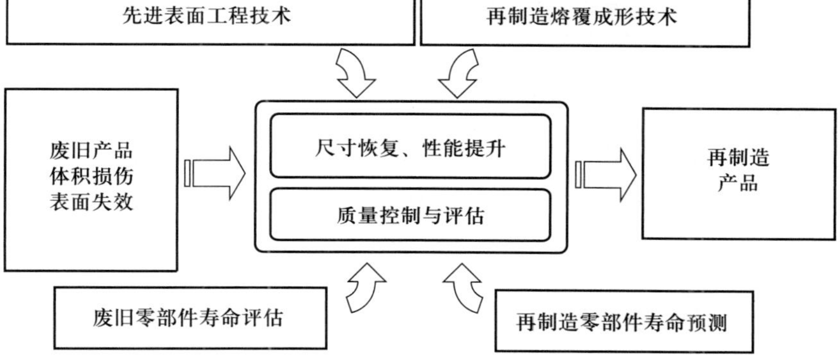

图 1　中国特色的再制造技术模式

（五）再制造的效益

在中国自主创新模式指导下，中国的再制造取得了显著成效。以再制造 200 万台斯太尔发动机计，可以节省金属 153 万吨，节电 29 亿度，回收附加值 646 亿元，实现利税 58 亿元，减少 CO_2 排放 12 万吨（图 2）。

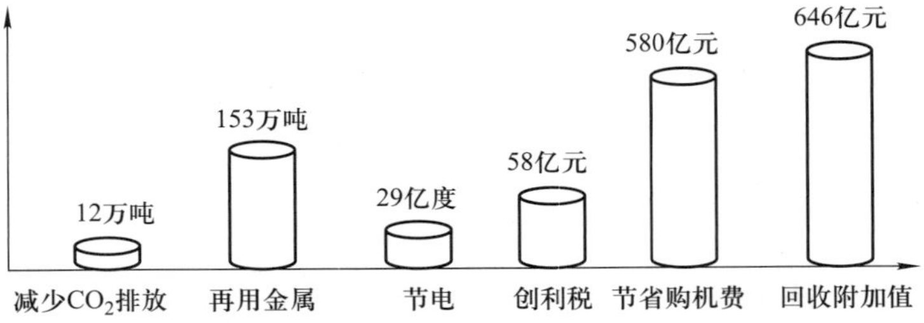

图 2　再制造的效益

（六）再制造实例

（1）重载车辆行星框架的再制造

行星框架是重载车辆转向机构重要的薄壁零件，易于磨损失效，且不能由堆焊修复。20 世纪 80 年代，我们采用等离子喷涂技术，创造性地完成了行星框架再制造。经过 6 辆车辆的实车考核，再制造涂层的质量可靠性满足疲劳性能要求，再制造行星框架的服役寿命是新品的 1～3 倍，再制造成本仅为新品的 1/10，材料消耗为 1/100（图 3A）。

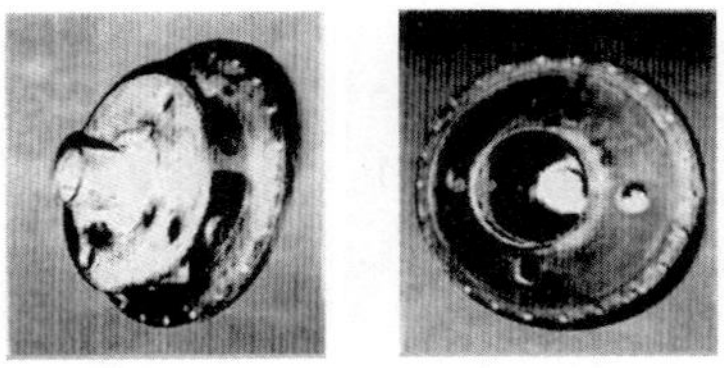

	质量/kg	质量比/%	成本/元
毛坯	71.3	100	290
成品零件	19.5	27	1200
再制造投入	0.25	0.35	120

图 3A　再制造实例（重载车辆行星框架的再制造）

（2）新型铝合金发动机再制造

成功完成了英国路虎铝合金发动机缸盖环形压痕损伤部位的再制造，解决了英国自己无法解决的难题。再制造的发动机经台架试验后已投入实用（图 3B）。

铝合金发动机缸盖　　表面环形压痕形貌　　再制造后的缸盖表面

图 3B　再制造实例（新型铝合金发动机再制造）

三、中国再制造政策研究进展

（一）中国再制造国家政策发展

进入 21 世纪，中国政府做出了“发展循环经济、建设节约型社会”的重大战略决策。作为循环经济的重要组成，再制造工程在中国得到了快速发展，国家出台了多项有关再制造的政策法规。

2005 年 6 月，国务院颁发的 21、22 号文件《国务院关于做好建设节约型社会近期重点工作的通知》《国务院关于加快发展循环经济若干意见》中指出，国家将“支持废旧机电产品再制造”，把“绿色再制造技术”列为“国家科技计划继续加大对节约资源和循环经济关键技术的攻关力度，组织开发和示范有重大推广意义”的技术之一。

2006 年 4 月，国务院曾培炎副总理在《关于汽车零件再制造产业发展及有关对策措施建议的报告》上批示：“同意以汽车零部件为再制造产业试点，探索经验，研发技术，同时要考虑定时修订有关法律法规。”

2008 年 3 月，国家发改委启动了由 14 家企业组成的全国第一批汽车零部件再制造产业试点工作。试点将通过两三年时间，探索推进汽车零部件再制造产业发展的政策、管理制度和监管体系等。

2009 年 11 月，工业与信息化部启动了包括工程机械、矿采机械、机床、船舶、再制造产业集聚区等在内的 8 大领域 35 家企业参加的再制造试点工作，为加快发展我国再制造产业又迈出了重要一步。

（二）中国已经开展的相关再制造产业

中国已经开展的相关再制造产业有：汽车零部件再制造；机床的再制造；办公设备再制造；能源、化工、冶金、电力等领域大型贵重设备及其部件的再制造；工程机械、农用机械、矿山机械再制造（图 4）。

图 4　中国已经开展的相关再制造产业

2009 年 1 月，《中华人民共和国循环经济促进法》正式生效。该法在第 2、第 40 及第 56 条中六次阐述再制造，标志着再制造已进入国家法律。该法第 40 条指出："国家支持企业开展机动车零部件、工程机械、机床等产品的再制造"。

2009 年 4 月，国务院副总理李克强召开全国循环经济座谈会，笔者在会上做了"中国特色的再制造产业发展现状与对策建议"的发言，受到李克强副总理的重视。

2009 年 12 月 8 日，时任国务院总理温家宝对再制造做出重要批示："再制造产业非常重要。它不仅关系循环经济的发展，而且关系扩大内需和环境保护。再制造产业链条长，涉及政策、法规、标准、技术和组织，是一项比较复杂的系统工程。"

2010 年 5 月，国家发改委、科技部、工信部、公安部、财政部、商务部等 11 个部委联合下发《关于推进再制造产业发展的意见》，指导全国加快再制造的产业发展，并将再制造产业作为国家新的经济增长点予以培育。

2010 年 10 月，国务院发布《国务院关于加快培育和发展战略性新兴产业的决定》，推进战略性新兴产业发展。

七大战略性新兴产业包括：① 节能环保产业；② 新一代信息技术产业；③ 生物产业；④ 高端装备制造产业；⑤ 新能源产业；⑥ 新材料产业；⑦ 新能源汽车产业。

（三）再制造是节能环保产业的主要内容

加快资源循环利用关键共性技术研发和产业化示范，提高资源综合利用水平和再制造产业化水平。

2011 年 3 月，中国发布了《国民经济和社会发展第十二个五年规划纲要》（以下简称《纲要》）。

《纲要》第 23 章提出："加快完善再制造旧件回收体系，推进再制造产业发展；开发应用再制造等关键技术，推广循环经济典型模式。"

第 23 章介绍"再制造产业化"时指出："建设若干国家级再制造产业集聚区，培育一批汽车零部件、工程机械、矿山机械、机床、办公用品等再制造示范企业，实现再制造的规模化、产业化发展。完善再制造产品标准体系。"

2011 年 12 月，工业和信息化部发布了《再制造产品目录》。《再制造产品目录》涵盖工程机械、矿山机械、石油机械、轨道车辆、办公设备、机床、内燃机、汽车零部件等 22 家企业 10 大类 70 种产品。

2012 年 5 月，国家发改委批准建设"机械产品再制造国家工程研究中心"，以推动构建我国再制造产学研用技术创新体系。这是再制造领域的第一个国家工程研究中心。

2013 年 1 月，国务院发布了《循环经济发展战略及近期行动计划》，提出发展再制造，支持建设再制造产业示范基地，促进产业集聚发展。到 2015 年，再制造产业年产值达 500 亿元左右。

2013 年 8 月，国务院发布了《国务院关于加快发展节能环保产业的意见》，《意见》提出：要发展资源循环利用技术装备，提升再制造技术装备水平，开展再制造"以旧换再"工作，对交回旧件并购买"以旧换再"产品的消费者，给予一定比例补贴。

四、中国再制造关键技术与模式

（一）纳米电刷镀技术

电刷镀技术在失效零部件的修复和强化方面有重要作用。通过在刷镀液中添加纳米颗粒以进一步提高涂层效果的电刷镀技术称为纳米电刷镀技术（图 5）。

纳米颗粒在盐溶液中的团聚现象是制备镀液必须克服的重大难题。我们采用高能机械化学法成功解决了纳米颗粒在盐溶液中的分散与悬浮稳定问题，制备出了性能优异的纳米电刷镀镀液。该技术被授予了国家发明专利。

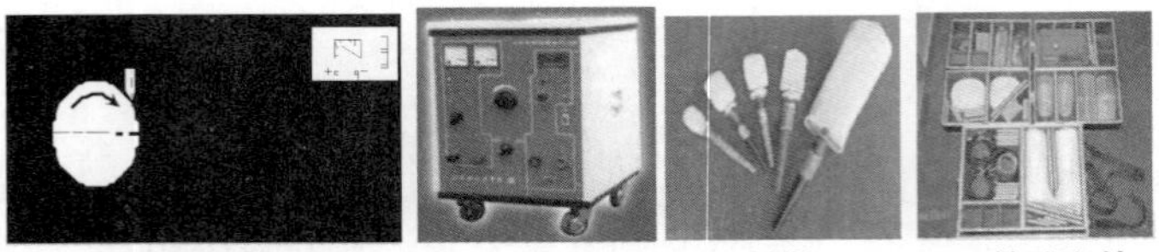

电刷镀技术工作原理　　电源　　镀笔　　工具及配件

图 5　纳米电刷镀技术

非导电的纳米颗粒与金属实现共沉积是纳米电刷镀镀层制备需解决的关键问题。我们通过准确控制刷镀参数,成功解决了非导电的纳米颗粒与金属的共沉积及其在镀层中弥散分布的重大难题,首次制备出了硬度和结合强度高、服役温度高、抗接触疲劳性能好的纳米颗粒复合刷镀层,该技术也获得了国家发明专利(表 1)。

表 1　纳米电刷镀镀层制备参数

工作电压/V	镀笔相对运动速度/($m \cdot min^{-1}$)	镀液温度/℃	工件极性
10~14	6~10	15~50	阳极

纳米电刷镀技术被成功地用于修复进口飞机发动机压气机叶片。不仅修复效果优异,而且修复成本大幅度降低,具有显著的社会和经济效益。

(二)自动化纳米颗粒复合电刷镀技术

针对手工电刷镀生产效率低、质量稳定性较差的现状,研发了自动化纳米颗粒复合电刷镀技术,解决了镀液连续供给和循环利用、纳米电刷镀工艺参数和镀覆过程的实时监控等关键技术(图 6)。

图 6　自动化纳米颗粒复合电刷镀技术

（三）自动化高速电弧喷涂技术

高速电弧喷涂技术是利用空气动力学原理，将高压空气通过高速喷管加速后雾化熔融金属丝材，并将雾化粒子高速喷射到工件表面形成致密涂层的技术。与普通电弧喷涂技术相比，高速电弧喷涂技术具有电弧稳定性好、沉积效率高、涂层组织致密等特点。

自主创新的自动化高速电弧喷涂技术，采用操作机或机器人系统的操作臂夹持喷枪，通过编程控制喷枪实现各种规划路径，实时反馈调节喷涂工艺参数，按照设定路径实现自动喷涂作业（图 7）。

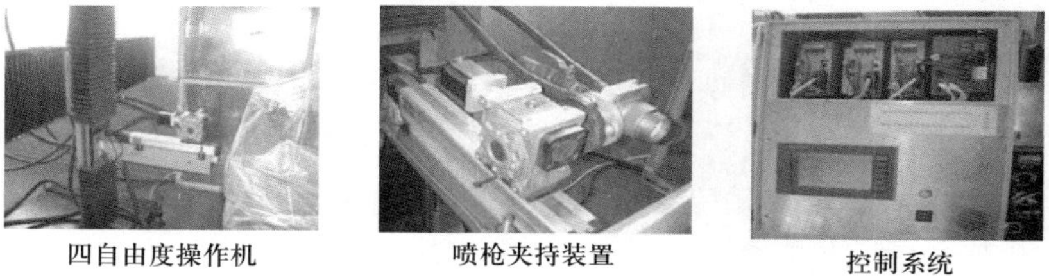

图 7　自动化高速电弧喷涂技术

自动化高速电弧喷涂技术被成功应用于废旧斯太尔发动机缸体的再制造，已完成再制造量 200 多台。采用自动化电弧喷涂技术再制造单件发动机缸体时间由手工的 1.5 小时缩短为 20 分钟，喷涂效率提高 4.5 倍。

建立了优质高效的再制造成形加工技术群，详见图 8。

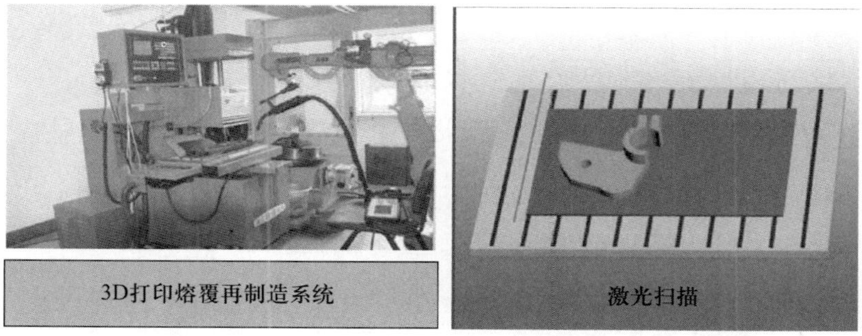

图 8　建立了优质高效的再制造成形加工技术群

激光熔覆成形实现了钛、铝和铸铁件的高效再制造，详见图 9。

等离子熔覆技术实现了薄壁件和阀体件的再制造。

建立了再制造毛坯寿命综合无损评估方法，见表 2。

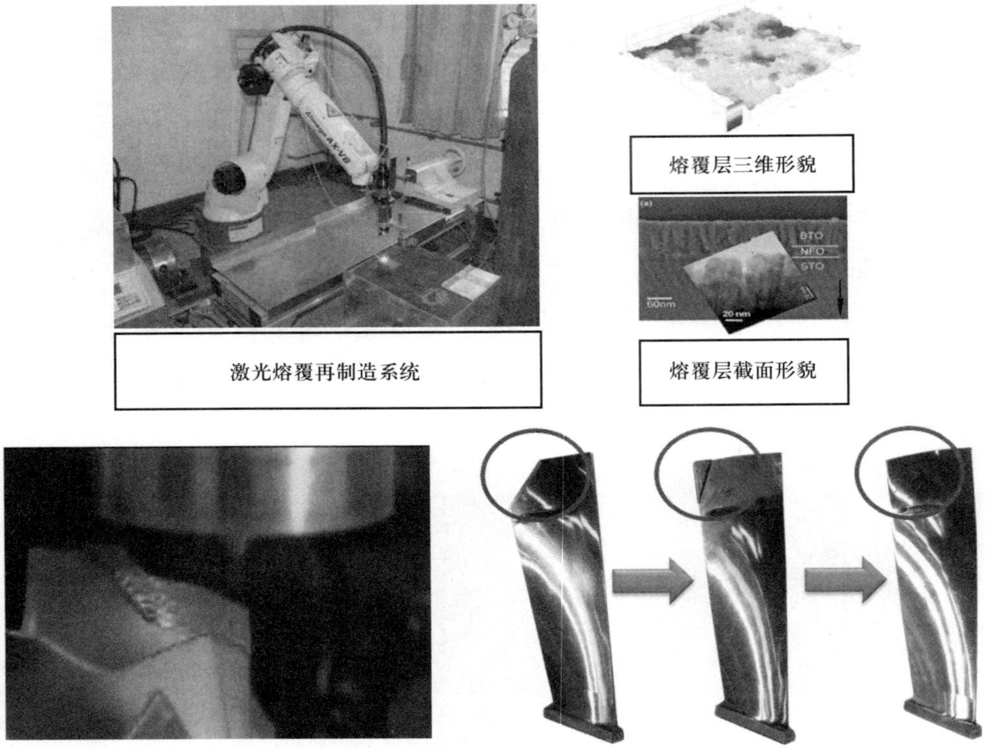

图 9　激光熔覆成形实现了钛、铝和铸铁件的高效再制造

表 2　建立了再制造毛坯寿命综合无损评估方法

服役环境个性化	零件运行工况差异大，服役环境复杂难测
失效模式多样化	表面磨损、腐蚀易检测，疲劳评估难度大
损伤机理模糊化	损伤机理复杂，但疲劳与裂纹、应力相关

建立了典型再制造零件的疲劳寿命评估模型。

建立了应力集中、裂纹尺寸和疲劳损伤的金属磁记忆检测评估方法。发明了再制造零件电/磁/声多功能综合无损检测方法与装置（图 10）。

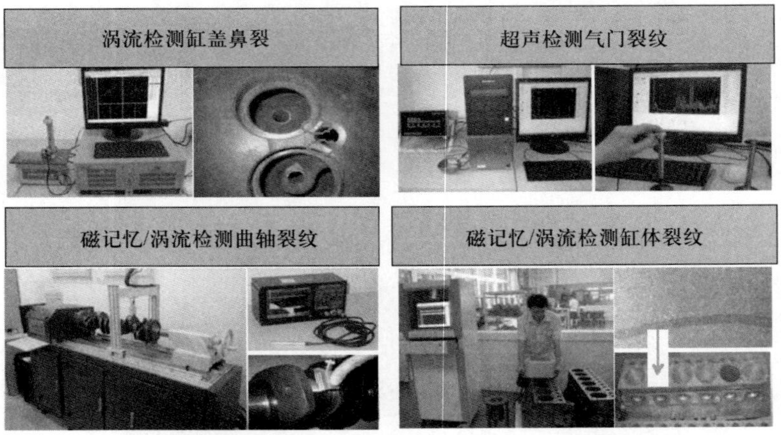

图 10　发明了再制造零件电/磁/声多功能综合无损检测方法与装置

建立了高效的再制造示范生产线(图 11)。

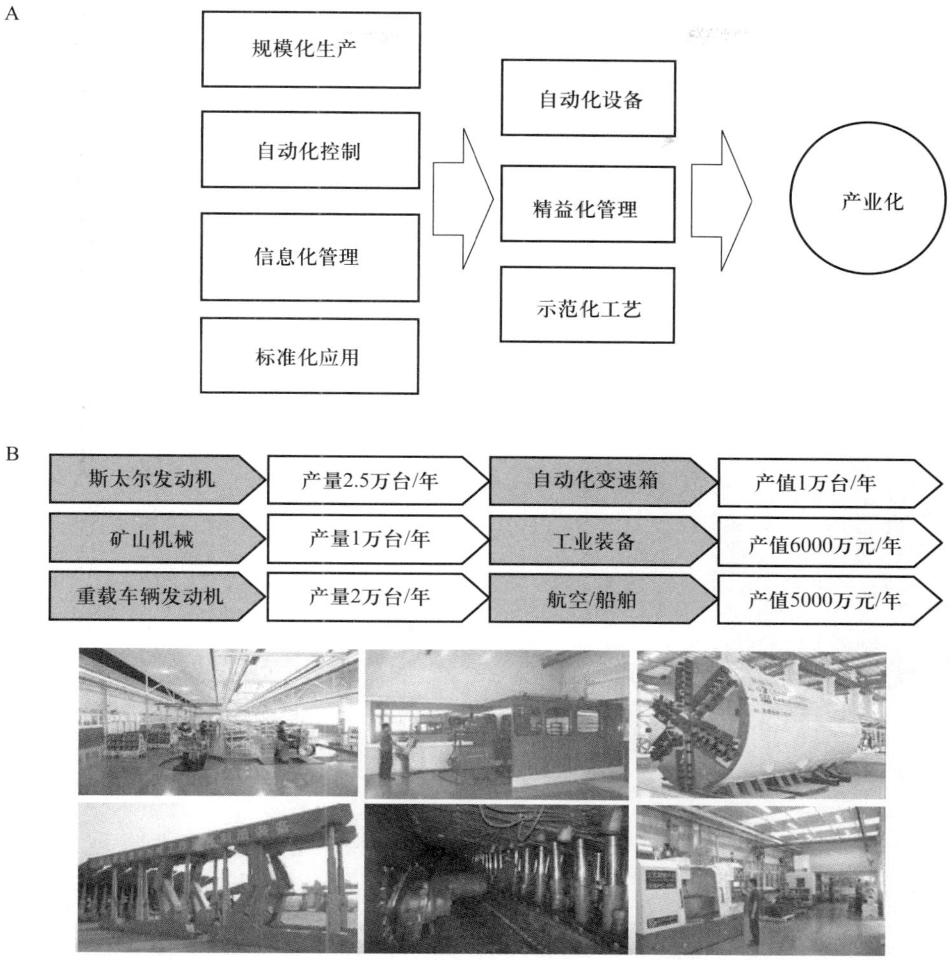

图 11　建立了高效的再制造示范生产线

推动发改委和工信部先后组织开展了 77 家再制造产业试点。

五、结　　语

2008 年,世界各国在美国达成了“全球 2028 机械工程展望”的共识,即全球应共同为了创造一个“更清洁、更健康、更安全和可持续发展”的世界而努力奋斗。

20 年后,自主创新的中国特色再制造仍是我国循环经济与可持续发展的重要技术支撑。

再制造是废旧产品高技术修复、改造的产业化。其重要特征是再制造产品质量和性能不低于新品,有些还达到或超过新品,成本只是新品的 50%,节能 60%,节材 70%,对环境的不良影响显著降低。

国外再制造采用的是换件修理法和尺寸修复法，而我国探索形成了以尺寸恢复和性能提升法为特色的中国自主创新的再制造模式。

产品质量是再制造的生命，先进的表面工程、纳米表面工程、自动化表面工程技术和严格的无损检测及寿命预测技术是再制造产品质量的有力保证。

徐滨士

中国工程院院士，波兰科学院外籍院士，维修工程、表面工程和再制造工程专家，现任再制造技术国家重点实验室名誉主任。

长期从事维修工程、表面工程和再制造工程研究，是我国表面工程学科和再制造工程学科的倡导者和开拓者之一。

出版专著20余部，制定国家标准10余项，发表学术论文千余篇，获国家发明专利60余项。先后获得国家科学技术进步奖一等奖1项、二等奖4项，国家自然科学奖二等奖1项，国家技术发明奖二等奖2项，省部级科学技术进步奖一等奖10项、二等奖9项。曾荣获何梁何利基金技术科学奖、“光华科技工程奖”、国际热处理与表面工程联合会“最高学术成就奖”、中国机械工程学会科技成就奖、中国焊接学会“终身成就奖”、中国表面工程学会和摩擦学学会“最高成就奖”等荣誉称号。

调试过程中的一种标准

William L. Gillis，Elizabeth A. Cudney

美国密苏里科技大学，工程管理与系统工程系

摘要：新建工程项目对调试服务的需求正迅速增长。调试（Cx）被视为一种以质量为重点的生产过程，通过设计、总装以及建筑物的最终运作等流程来确保工程所有者的需求得以满足。对业主来说，这些仅仅是高入住率建筑的基本要求。然而，其中一些人已经意识到，调试过程并不能保证所有完工建筑都尽如人意。需要指出的是，调试过程本身并不会导致这种结果，反倒可能在工程前期发现可能存在于完工建筑中的诸多问题。调试服务可能不够理想的原因有多种，但通常是由于项目团队之间沟通及信息传递不畅所致。调试过程能促进项目各阶段间的联系及信息传递更为顺畅。采用质量功能配置四阶段模型，通过填补主要调试活动之间的间隙，能够实现这种促进效果，从而为工序提供一种标准方法。四阶段模型能使各调试活动相互连贯并最终回到工程所有者的需求上来，提供一种更具优势的沟通及信息传递的方法。本文探究了调试服务出现偏差的可能原因，为制定调试标准的必要性提供了理论支持，并提出了一种可行的标准。

关键词：建设；工程管理；质量；调试

一、引　言

许多潜在的新楼房业主们都不知道什么是“调试”（Cx），对那些没有亲自建造过楼房的人来说更是如此。他们可能是从他们自己选择的建筑师那里第一次听说这个词。如果他们决定考 LEED 证书，他们肯定走哪儿都能碰到“调试”这一术语。但实际上，许多为他们自家的楼房签了有关调试服务合同的业主们，即使在对方履行了职责后，仍然不能完全理解什么是调试，至少还不能理解其本质。Doty（2007）解释说，调试应该在每个阶段都保护楼房所有者的利益，并且填补由设计和施工过程造成的冗余成本这一缺口。调试的核心概念是：① 识别工作目

标及实现方法;② 提供问题的早期诊断和干预;③ 训练操作人员;④ 准备可持续性维护活动;⑤ 量化调试能带来的利益。其主要目标是使用抽样技术尽早发现和纠正将造成长期影响且损失巨大的系统性问题。

Doty(2007)还表示,业主对其过程的支持是成功的必要条件。对于那些之前经历过调试过程但仍不清楚其过程是怎样的业主而言,那一项目很可能就是缺少了必要的业主支持。也有可能是他们根本都不知道他们应该参与调试过程。调试到底为何物或是应为何物?这一问题仍需辩论。对于调试的过程及其管理也是众说纷纭。目前,许多调试组织和专家正致力于改善过程,最终达到确保业主可以享受到他们的预算、时间表和其他条件允许的最优质服务。显然每个项目会有不同的参数,但在每个项目的终端业主满意应该是调试过程的目标。

然而在现实中,尤其是那些没有使用过调试服务的业主们所面临的一个问题是:应该向谁咨询和应该有何期待。目前,标准的调试过程还未出炉,因此,不同公司提供的调试服务各有不同,并且这一状况将会持续下去。快速流览一下现有的各类指南将有助于对该问题的理解。

二、概　　述

(一)调试的定义

《美国采暖、制冷和空调工程师协会(ASHRAE)指南》中的 0-2005 将调试过程定义为:"一个为改善工程交付的注重质量的过程,该过程重在验证和记录,以确保设备及其所有系统和配件被计划、设计、安装、测试、操作且维护,以满足业主对工程的要求。"(ASHRAE,2005)

这一定义通常是针对新建造建筑而言。对于其他非新造建筑的调试过程,按《ASHRAE 指南》0-2005 定义分别如下。

重新调试:"是调试过程对一个(使用过该过程的)已交付项目要求中的一项应用。这可能是作为一个正在进行的调试过程预先安排重新调试的一部分,也可能是由于用途改变、操作问题或其他需要引起的。"

复古调试:"调试过程应用到当前但之前没有调试过的设施。"

持续调试过程:"调试过程在入住和运营阶段延续以保证一项工程能够继续满足当前的以及不断变化的业主的要求。持续调试过程活动贯穿于设备的整个生命周期;其中一些活动将几乎不断地在进行,另一些活动则将是定期或者不定期的(根据需要)。参考'连续调试过程'。"

连续调试过程:"调试过程在入住和运营阶段延续以确保工程继续满足当前

和变化的工程所有者的需求。连续调试过程活动贯穿于设备的整个生命周期。参考'持续调试'。"(ASHRAE,2005)

换句话说,重新调试是对原施工期间被调试建筑物进行处理的一个过程,这一过程可能会被安排每三年进行一次,这一活动的目标是使该建筑系统回到其运营的最佳状态。复古调试则是针对那些从未被调试过的建筑物而言,其目标是发现建筑物的不足之处,无论是设备退化、校准问题、感应器失效、操作顺序和控制的问题,或是其他诸多可能,并且提出必要的更正建议,以使得建筑达到其最佳工作状态。持续调试类似于重新调试,因为它是一个调试的延续,并伴随建筑物的一生,但可能随时发生,没有固定的时间间隔,其目标是比重新调试更快地识别系统性能下降或变化,以便做出及时的反应。连续调试与持续调试几乎相同,但它胜在利用技术进行计量和检测整个系统,因此系统性能的变化可以被迅速识别并得以立即纠正,这是出于保持维修和能源成本最小的预期。

对于其他类别调试过程的理解也是十分重要的,因为它们都被应用于现有建筑物以及新建筑物原型的调试中,正如本研究所讨论的一样,是未来调试工作的基线。

(二)调试指南

虽然有很多不同的方法来实践,但调试行业和组织通常对 ASHRAE 的调试定义表示赞同。下列是通过发表指导方针或者最佳实践来定义何为调试以及如何提供服务的组织,这些都是有行业地位的组织,它们都对改善调试有所贡献,但仍然没有就关于如何提供调试服务的标准这一问题,达成一致。

① 美国采暖、制冷和空调工程师协会:《ASHRAE 指南》0-2005,调试过程

② 建筑调试协会(BCA):《新建建筑调试最佳实践》

③ 加州调试协作(CCC):《加州调试指南:新建筑》

④ 总务管理局(GSA):《建筑调试指南》

⑤ AABC 调试组(ACG):《ACG 调试指导》

⑥ 国家建筑科学研究所(NIBS):《为特定建筑系统提供大量技术调试指南》

每个指导方针都根据各个组织的商业重心有所调整,其他专注于特定系统的调试技术指南,也已由 ASHRAE 和 NIBS 在以指南 0 为平台的基础上得到发展(图 1)。

图 2 展示了一个基于《ASHRAE 指南》0-2005 且简化了的主要调试活动过程流程图,这些活动应该包含于所有业主期待的服务之中。

美国绿色建筑委员会(USGBC)颁布的《新建筑的 LEED 2009 指南》要求调试

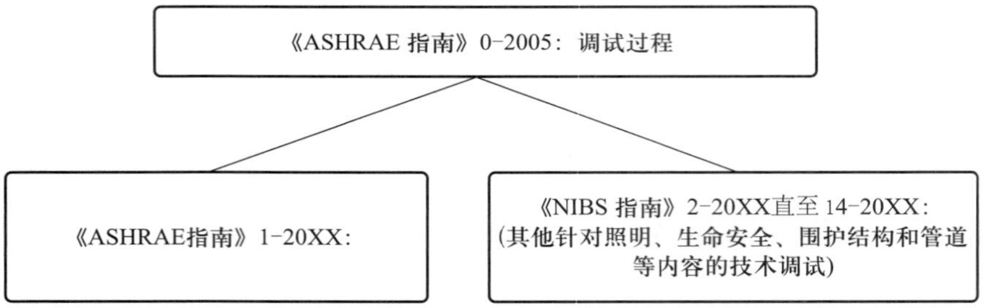

图 1　调试指南

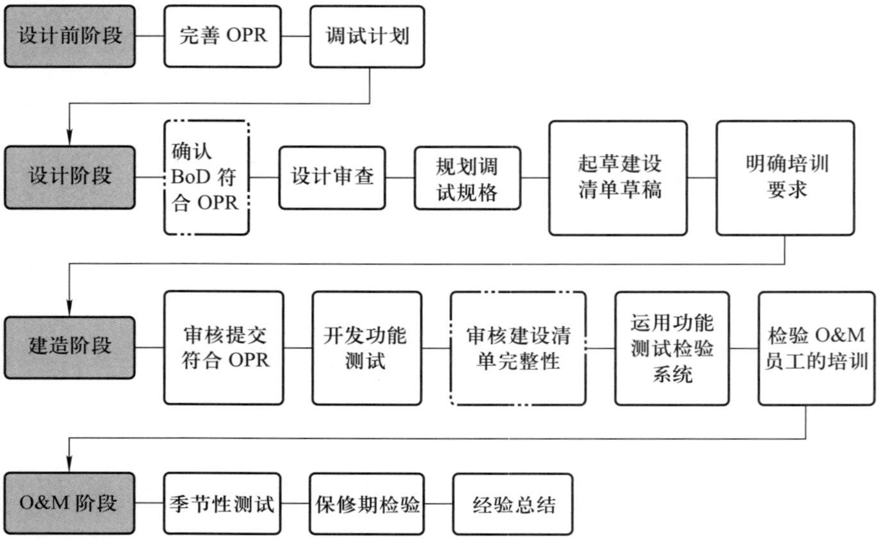

图 2　主要调试过程流程图

注：OPR，工程所有者的需求；BoD，设计基础；O&M，运营与维护

流程的缩减版。这样可实现两个层次的目标：首先，（按照每个项目的要求）达到其能源（energy）和大气环境（atmosphere）（EA）类型配额的先决条件；EA 的先决条件 1，建筑能源系统的基本调试；其次，为了达到两个附加点，项目可能会尝试去满足 EA 配额 3，增强型的调试（LEED，2009）。增强型的调试要求开展额外的调试活动，因此增强型调试过程会更紧密地符合《ASHRAE 指南》0-2005 的建议，但仍与完整的调试过程存在很大差距。Newsham 等（2009）的研究质疑调试过程是否开展得适当，或许问题应该是调试过程是否进行得完全。也就是说，调试到底应该要求什么内容这一问题又出来了。

主要的调试活动至关重要，但只是过程需要的一部分。必须认真考虑和谁联络，以开展调试活动。目前调试的增长增加了对合格调试供应商的需求，但什么是合格仍未有明确的答案。

（三）调试服务的需求增长

Mills 等（2004）在一项有关建筑物调试的成本-效益的综合性研究中指出：公共事业公司的倡议、将调试划入某些建筑规范中、政府的需求和专业的组织，这些都促进了增长，但在当时最大的驱动力是 LEED 的认证过程，即 LEED 有调试要求。LEED 将继续推动调试服务的增长。2006 年，已经有 552 栋大楼完成了 LEED 系统的认证（Turner & Frankel，2008）。2010 年 11 月，美国绿色建筑委员会报告称，LEED 的认证在全球超过了 10 亿平方英尺，另外还有 60 亿平方英尺正在注册认证中（USGBC，2011）。有些州将调试加入法规则贡献了另一部分的增长。加利福尼亚州、华盛顿州和马萨诸塞州当地的建筑法规中都有调试要求，爱达荷州公立学校也有调试要求，俄勒冈州的学校需要调试某些建筑系统（PECI，2009）。迅速发展的行业对合格从业人员的需求增长而供给却跟不上（Tseng，2005）。

（四）调试专业证书

专业认证通常表明：一个人拥有的在某一学科的能力达到了一定的水平。目前暂无法律规定一个人如果要签署调试服务合同需要具备调试专业证书，有很多能力、背景及经验参差不齐的人在提供调试服务。有些人有或声称有提供此类服务的专业认证。归根结底，潜在的调试提供者是否合格，这是留给业主去判断的。表 1 分门别类列出了谁在认证专业的调试人员，名称，认证有哪些要求，调试培训的要求和认证更新。

这些都是调试提供者获得的常见的认证，但是其他证书也是可用的。表 1 中没有列出的提供认证的两个组织是国家环境平衡局（NEBB）和测试调整和平衡局（TABB）。表 1 还总结了当前的认证，它们的赞助机构、有关认证要求和格式的信息。

表 2 列出了关于认证所需的经验范围的更多的信息。这并不是一个包罗万象的信息表格，而是美国采暖、制冷与空调工程师学会和建筑调试协会（BCA）要求条件的多重组合的极限。

可以看出有一个宽泛的要求来符合相应的检查、不同的教育水平和训练组合、不同的考试形式、调试工程经验和不同的更新要求。目前还不清楚哪个认证会为业主提供最好的调试服务。很可能随着越来越多的个人认证，认证的要求会变得苛刻，变得更加难以满足。服务提供商提高他们技能的机会是有的，这也是其中至少一个认证组织的要求。UW-Madison，建筑调试协会，美国采暖、制冷与空调工程师学会，以及其他组织提供某种形式的正式调试培训。通过这些不同能力的专业人士，一个标准的调试过程的方法将为业主提供一个途径，来更好地理解他们期待的调试服务。

表 1　调试专业认证证书

证书	组织	调试经验	培训要求	考试形式	证书更换
专业调试过程管理（CPMP）	美国采暖、制冷与空调工程师学会	3 个项目	无	2.5 小时 115 题	3 年，45 准同步数字系列（PDH）系统
认证的权威调试（CxA）	AABC 调试组	3 个项目	无	3 小时 100 题	仅需年费
认证的专业调试（CCP）	建筑调试协会	3 个项目 150000 规模系数 $ 30000000 建筑施工成本	任选	2 小时 125 题	3 年，继续调试工作证明
专业调试协会（ACP）	建筑调试协会	无	任选	2 小时 125 题	无
权威的调试过程提供者（CxAP）	UW-Madison	2～4 个项目，成本最低	40 小时	2.5 小时 4 部分	5 年，仅需年费
合格的调试过程提供者（QCxP）	UW-Madison	无	40 小时	2.5 小时 4 部分	有效期 5 年

表 2　专业要求的范围

美国采暖、制冷与空调工程师学会的专业要求（CPMP）	具有政府颁发的专业工程师或建筑师执照，至少有 3 年的设备操作/管理、建造、设计、咨询的经验 具有高中文凭或（和）高中文凭类似，或接受过施工交易培训或由全国或国际公认的贸易协会提供的建筑操作培训，具有至少 10 年的设施运营/管理、施工、设计或咨询的经验
建筑调试协会的专业要求（CCP）	建筑科学领域（如机械或电气工程、建筑科学和建筑）四年制本科或更高的学位和在近 5 年内连续 3 年以上扮演了调试提供者的领导角色 在非建筑科学领域两年的本科学位或高中文凭或普通教育发展（GED）和在近 5 年内连续 3 年以上扮演了调试提供者的领导角色和有至少 12 年的建筑相关经验

（五）调试的文献综述

调试领域的学术文献研究深度较浅。有若干种期刊经常提供关于调试的信息，但多数仅限于短栏目类型条目。仅有少数学者的研究集中在调试过程的各个方面。

早期的文献重点描述调试是什么以及业主怎样利用它对自己有利。调试有三个关键属性：① 调试是一个过程，即有一个任务流程来支持之前的每个任务，② 它是关于质量的，③ 重点是性能。缺乏任何一个属性就会影响整个建筑。如果能补救缺陷，业主会希望看到改善居住舒适度和生产力、能源和操作成本、室内环境质量、系统和设备的可靠性、建筑操作和维护、工人的生产力和市场转售价值（Tseng，2005）。

Doty（2007）指出，及时和准确的沟通是必要的，重点在于早期发现系统性问题，但是另外一个重点应该放在未来质量交付阶段。许多操作和维护人员的交付需要文档管理（运营管理）。调试过程应该在前期设计阶段开始以降低成本便于后期更改，这个过程需要大量的文档。没有明确的方法来记录过程，也没有方法来比较成本与节余比。业主和设计师之间的沟通和文档对调试工作来说是必不可少的，而 CxA 对两者都有利。调试过程的成本通常是借由比其更充分运营的建筑的预期能源节约来判断。调试源于新现代建筑，其中包含许多复杂的系统，需要专业知识来验证它们在一起是否能正常运作。而对这些需要更快、更便宜交付的建筑而言，生命周期分析经常被忽视（Nicholson & Molenaar，2000）。

许多业主认为调试过程是他们额外的成本，并且将这些额外支出看成是浪费了原本可用于其他投资的宝贵资源。调试从业者和相信调试过程的人都曾注重抓着调试的过程这一卖点，然而后来他们纷纷转向研究调试过程可带来的节余，因为从来也没有真实成本去衡量，所以节省成本的估算是基于专业经验的。节余的主要来源为首要规避成本、对未来某一缺陷的维修或重置成本，或者减少的维护和能源成本。这些节余通常通过对 OPR 的确认与保护和问题的早期检测和更正来实现（Doty，2007）。

能源节约是一个调试过程的实用卖点，因为它预计将提供长期节余。调试一个建筑并不能保证业主的全部能源目标都会实现。比如在提交审查过程中，设计团队成员批准提交的风机盘管，会因为不知道或者不记得产品设计的各方面而被拒绝通过。不正确的单元将消耗更多的能源。缺乏一个沟通的界面被列为是导致不正确批准的核心问题（Ellis，2009）。调试和节能之间有关联，但并不保证有必然的关联。能源消费在居住之后不受设计和施工团队控制，在很大程度上取决于入住率和运营管理人员维持系统正确操作的技能、工具和有效时间（Ellis，2009）。

为了使运营管理人员有工具来妥善维护建筑，至关重要的一个前提是，为他们提供的培训和文档应该是最新的。合适的文档首先来自于工程所有者的需求。研究表明,25% LEED 认证的建筑物未显现设计预测的节能(Turner & Frankel,2008)。可能的原因包括没有明确的工程所有者的需求、不协调的设计、低劣的建设、不适当的操作和维护等。设计阶段的调试将携带所需的长期措施贯穿整个过程,直至操作和维护阶段。需要一个全面的方法来调试(Enke,2010)。Enke(2010)指出,在他的经验中设计阶段调试提供了"…清晰和简洁的施工图,通常显著降低项目风险和意外开支,这些开支包括用于订单更改、更严格的合同投标、更易于维护的设施、必要的制度和程序来实现和维护设备性能。"如果建筑是经过良好调试的,那么运营人员就可以专注于预防性维护而不是忙着解决投诉。

Ye & Rahman(2011)也研究了建筑为什么无法达到预期的运营性能,并且阐述了错误的建设和项目阶段之间的信息丢失。信息丢失是在阶段变化的时候,由当事人之间的不协调引起的,可能导致项目延误、质量差、成本增加。他们认为应该从项目的终点逆推进行研究,即从居住阶段逆推到上游建设以至更早。各参与方高水平的互动在项目的整个生命周期中至关重要。

这里应当指出的是,当建筑夷为平地之时,项目生命周期就会延伸成为一个时间点。调试是一个不会终结在建筑用途的多阶段过程。验证建筑系统如设计者所期望的以及工程所有者所要求的进行运行仅仅是长期成功的第一步。一旦一个建筑得到成功调试,有完整和准确的文档,以及适当的系统来培训运营管理人员,建筑可以进入下一级别的运行。这些成果为业主提供一个持续改进的基线(Ellis,2008)。

完整和准确的项目文件从设计到运营管理对所有团队成员来说都很关键。Ellis(2009)注意到一种趋势:在设计完成之前将设计文档发布招标。尽管世界上没有任何设计是完美的,并且在设计和施工过程中自然有方法处理这些不完美,但是不完美和不完整是完全不同的问题。最主要的原因包括设计团队相信一些不完整的设计可以稍后完成而不影响进度或预算、业主无法表达项目需求、不延误施工开始日期。调试可以清晰地识别设计不完整的方面,并清楚地向业主陈述哪些似乎是缺失的,以及相关的影响或风险,从而在投标之前用不着等待一个完整的设计。对所有涉及方来说目标是完全透明的。

工程所有者的需求(OPR)、设计基础(BoD)和系统手册(SM)是调试过程中的关键文件。Barber(2008)将其描述为必要之恶,但这些文件往往被视为昂贵的、没有必要的,因此这些无价的工具未被充分利用。这些文件还促进有效的调试,为运营管理人员提供重要的信息。记录工程所有者的需求有许多有价值的属性,其中一个是减少业主的冲突指令。设计团队经常收到来自业主的不同组织的不同的侧重点和期望。一个充分全面的工程所有者的需求要求不同的组织就共同的功能需求达成共识。设计团队对工程所有者的需求理解并确认,之后提供一个设计和要求一致的文档描述,这便是设计的基础。SM 可能是最难理解的,但是可能是最重要的文档。SM 侧重于系统操作,目的是提供竣工系统的功能意图、设计基础、配置、操作序列和操作特征。这个文件将指导运营管理人员向长期可持续性方向发展(Barber,2008)。

国际绿色建筑代码(IgCC),可能是迄今为止最全面的绿色建筑代码,包含 CxA 对工程所有者的需求提供设计审查的要求,以及施工过程中提交审查的要求。不断的验证使项目质量得以构建。IgCC 也描述系统手册的要求,应包括系统叙述、操作序列、控制图、在功能测试中记录的设置点。Wilkinson(2012)解释说,这个系统手册的要求是不够的,还应包括建筑描述、操作和控制策略、维护程序、任何的测量位置。Wilkinson(2012)也表达了要更好地定义一个问题日志以便让团队了解项目进展。

Shakoorian(2006)进行了建筑物的调试过程中的性能评估,以确定哪些交付方式将提供最好的结果。交付选项可分为设计师主导和业主主导两种模式,其中,五大性能因素将被识别和审查:沟通、验证、协作、集成和完整性。使用德尔菲研究对一个专家小组进行了调查。该研究指出,无论是使用哪一种交付模式沟通性能测量都非常差,进而在调试改善交流的沟通问题中提出了更加严苛的测试方法。

(六)文献讨论

从先前的研究和论文中,可以发现一些常见的主题。首先,如果在设计前阶段一开始,调试过程就是最有效的,那么这就提供了一个让 CxA 协助业主确立对工程要求的机会。工程所有人的需求被认为是项目平稳的关键,调试的目标是确保设计和施工满足工程所有人的需求,使得所有系统按预期正常运行。节约能源是过程中的一个卖点,但节余并不总能实现。这通常是由于运营管理人员没有得到所需的培训或建筑最新的文档。文献研究的焦点似乎在项目的前、后端,项目所有阶段的一个通病是缺乏沟通。因此考虑到不同的指导方针、可能的潜在调试提供者、调试服务当前和预期的增长以及对调试服务的需求,一个为连接调试过程中各个(回到工程所有人需求环节的)调试活动的标准方法是必要的。

工程所有人的需求和设计基础都是活的文件,因为它们会变化。在图 2 中,“验证设计基础达到工程所有者的需求”和“验证建设清单的完整性”这两项活动,是在一个项目所需的工程中,当所有者的需求和设计基础改变时经常用到的两点。在设计前阶段的后期或设计阶段的早期,设计团队会提供设计基础供业主进行审查。如果设计基础和工程所有者的需求不一致,那么必须确定其中一个或两者都必须改变。为了做出关于'是否允许改变'这一问题的明智决定,必须分析它将如何影响工程所有者的需求。这个方法同样适用于施工期间提出更改。改变必须追溯到设计基础和工程所有者的需求,分析变化将如何影响其他设计标准和工程所有者的需求。快速分析在这个阶段的项目中是非常重要的。每当通过做出匆忙决定来保持项目的进程时,往往对工程没有一个完全的理解,则会对项目整体造成影响。一个使用了适应质量功能展开的标准方法(QFD)的四阶段模型,可以提供一种方法将设计改变跟踪追溯到工程所有者的需求。

三、方法论

(一)第一阶段:前期设计

工程所有者的需求是这个过程的出发点,一个精确的文件将确保设计团队掌握足够的关于建筑物功能的信息,从而了解他们应该如何制定设计基础以达到所有的预期。QFD 模型的第一个阶段将比较这些文件,任何存在的缺陷会被记录在问题日志中并通知其所有者。由此导致了所有者和设计团队之间的讨论与磨合,按照讨论的结果某个文件或者所有文件都可能会修改完善。这可能会需要多次的反复以达到双方最终的共识,达成共识也就是这个阶段的目标。在这个阶段结束时,工程所有者的需求和设计基础将会显示出一致性,从而使得设计团队可以把这两个文件推进到设计阶段。

每个被记录的问题条目都将被分析其产生的根本原因,且分子可能是以下多种原因中的一种。首先,工程所有者的需求中没有提供某些必要的信息,这有可能是因为某些信息没有被考虑或者由于某些原因在最终形成文件终稿的时候被忽视了。如果文件中包含了相关信息,那么问题可能是信息含糊不清或不准确(有人可能会认为这和没有提供信息是一样的)。设计团队也可能误解了信息并基于他们认为正确的信息而做出决策。设计团队还有可能会根据他们的经验做出假设或者根本没有考虑到文件的要求。不管原因是什么,了解了为什么会产生问题并寻找方法改善沟通,从而有助于改善整个过程。因为这个阶段可能需要多个反复,因此随时都有改进的机会。

(二)第二阶段:设计

下一阶段是设计审核,在这一阶段设计将会被用于对设计基础的验证。通常情况下,CxA 将由一份设计开发文件审核意见和两份施工文件的审核意见组成。审核意见的数量和文件完成的百分比是由与业主签订的合同决定的。任何缺陷或问题将再次被记录并报告给业主,同时将追溯问题的根源。如果必要,相互连接的 QFD 模式可以提供快速追溯到设计基础和工程所有者的需求的功能。

由此可能会发现在 BoD、OPR,或者设计文件中存在的一个问题的根源,可能需要对其中的某个甚至是全部三个文件进行修改完善。这个阶段中若有多个审核意见可能会为以后的每一个审核意见提供一个增进交流沟通的机会。其他在这个阶段产生的同时被 QFD 模式记录的活动包括:Cx 具体规则的制定、建设清单的制定和建设协调审核意见的形成(模式的顶部)。我们的目标是为招标过程提供最准确和完整的施工文件。这个阶段不仅审核了当前工作与前一阶段工作是否相符,也为下游客户、承包商和运营管理人员开始做准备。

(三)第三阶段:施工建设

第三阶段主要是关于施工建设,建设将通过交易的方式对设计进行验证。这里需要利用前一阶段制定的建设清单。分包商将在安装过程中以清单来衡量质量,这并不能消除分包商对内部质量保证或质量控制流程的需求。这是一种确保安装的某些方面满足 OPR 的手段,主要是因为其对任何可能需要的维护类型都比较容易获得。CxA 将对完成的清单进行取样并在现场调查时检验其精确度。与此同时,缺陷或问题将被记录和调查。一个问题可能的原因是交易的协调,水管工可能在可变空气容量(VAV)进入口之前铺设管道从而导致其无法被拆除。现在分析问题需要确定故障发生的原因并为持续改进提供反馈意见。同样的,相互连接的 QFD 阶段将使得问题很快追溯并可能需要更新以前的任何文档。

此阶段的其他活动包括提交评审、功能测试开发和培训。提交审查将决定承包商提出的材料和设备是否与之前的所有文档吻合,如果不是,找出其原因。功能测试在建筑施工完成后进行,用来验证系统是否正常运行。此阶段不仅将再次回顾前一阶段以验证系统,而且也关注下一阶段并为运营管理阶段开始准备。准确的建筑和功能建设、OPR、BoD、施工文件、功能测试、运营管理手册、系统手册和培训文档等一系列都在这一阶段形成,并交给运营管理人员。关于这个新建筑物的所有情况和信息都应提供给运营管理人员以便其日后审查,并确保审查中在回答做了什么、何时做、为什么以及怎么实现这些问题的时候是完全公开透明的。

(四)第四阶段:运营管理

该模型的运营管理阶段简单来说就是在周转阶段为运营管理员工提供一个

收集所有必要的文档的清单。完整的文件资料可以有助于运营和维护人员维护建筑物以最佳状态运营。在这个文档中包含的信息也为运营管理人员和住户之间提供了一个保持持续沟通的途径。在建筑物周转阶段试图利用 OPR 和 BoD 等文档的一个良机是为建筑物住户提供一个培训环节。在大多数情况下，住户对于整合到建筑物设计和施工中的效率要求不是很熟悉，该领域的经验表明，最广为住户所熟知的能耗标准和最常见的打维修电话的原因都是空调系统的控制。大多数住户经历过他们的工作空间的冷或暖期并试图通过调整恒温器来改善制冷或制热效果，如果办公室里是冷的，那么试图把恒温器调整到更高的温度并期望一次可以使办公区域变得更加温暖。然而这并不是一个合理的期望，但通常没有被人们意识到。

这种情况可能是由暖通空调控制策略决定的。例如，像 ASHRAE 55.1-2010 这样的标准，人体对热环境的舒适性告诉设计师，如果温度在 70~76℉之间，大多数人不会感到不舒服。因此，暖通空调温度控制的设置点就锁定在这个温度区间内。这就意味着如果室内温度已经达到 76℉，而恒温器又调整到一个高于 76℉的值，系统并不会响应把该片区域变得更温暖。这使得感到寒冷的居住者很泄气，并经常给维护部门打电话投诉和抱怨供暖系统不工作。而在同一区域的其他居住者可能很满意这块区域没有变得更暖和。这种情况也适用于与之相对应的有些居住者需要更冷的室温时的状况。

如果 OPR 和 BoD 等文件清晰且明确说明了为什么会选择这种控制策略，那么当居住者搬入的时候就可以告诉他们这一情况。有了对于该温控系统设计和运行的一定理解，居住者的投诉可能会减少。少数的一些喜欢温控系统预设点范围之外温度的居住者可以通过个人衣着的适当调整来使自己感到舒适而不是给维护部门投诉。通常情况下投诉是由于与居住者没有进行简单沟通而导致的结果。调试过程关注的是质量，然而质量是需要沟通，尤其是通过文档的沟通。详细准确的知识和信息必须通过这个调试项目传递到每个团队，由此可以为每个团队提供一个表达他们各自期望的非常好的机会。

在前面的例子中，如果关于暖通空调温控设置点的这些信息无法得到，这又是一个文档信息在交流和传输过程中的崩溃点。这些应该在 OPR 和 BoD 文档中包含的信息可以通过四阶段模型进行回溯进而找到这些文档。同时会调查为什么系统不能一开始就进入那些条目。当然，这个问题会在运营管理阶段之前被确定，因为暖通空调温控系统设置点的信息是施工期间所必需的。

调试的目的是确保建筑物所有者（业主）最终获得的是一个按照 OPR 文件设计并按照设计施工和运营的建筑。这涉及调试过程结束后业主的感觉是否满意。

当然这种感觉很大程度上是主观的。问题是决定调试过程是否完成的关键。显然,假设在项目过程中没有问题,人们会认为业主会对最终产品满意并将项目视为成功的项目。但是,如果仅看重有没有问题显然也是不够的。当一个问题(在项目阶段内)发生时,我们需要考虑它涉及哪些方面,以及在原来业主预算的基础上要超出多少成本,等等。对于任何为了改善调试过程,进行过分析、溯源和提供了反馈意见的问题,也许这对当前项目的业主并没有多少益处。但是,如果问题的分析一直延迟到项目的结尾,对调试过程的任何改进肯定会有助于改善下一个客户的项目。

方法论将基于整个调试过程来评估问题。发现每一个问题,需要分析其根本原因。基于对每个故障都是由于在沟通的过程中某种沟通的失效引起的认识,这将对方法论中可能的弱点提供反馈并产生改进方法的可能。当我们把一个文档当作沟通手段的时候,可能在信息输入、文档准备、信息审查或者信息使用环节会有崩溃和失效产生。在评估改进选项时这些因素都需要考虑进去。

Shakoorian(2006)提出用一张表来说明每个调试文档的关系,哪个团队成员将负责输入信息、准备文件审查文档或使用文档中的信息,并说明每个成员在文档中的作用。这张表也可以用来确定哪些文件是最重要的。正如所料,OPR 文件的排名是最高的,这表明该文档应该受到特别的重视。

每个文档的准确性对下游团队或用户都是至关重要的。如果文件不准确,问题肯定会出现。对文档输入、起草或创建以及任何文档审查的关注都将提高用户准确地完成他们的工作的能力。基于对 CxA 提供持续改善的认识,即使它只能有益于下一个客户,发现的问题也需要分析和解决。问题分析的重点是发现沟通障碍或崩溃的原因,寻找改进调试过程的方法,同时分析也应该包括其他的因素。

首先是成本,从一开始没有能够阻止其形成问题对业主、设计师或承包商会产生额外的成本。几乎所有的问题都伴随着一些与之相关的成本,无论这些成本是金钱、时间、劳动,甚至声誉。通常情况下,问题被越早地发现并解决,解决成本也越低。分析还应该考虑另一个方向,在项目过程中的某个特定时间点来发现和解决问题可能会带来哪些相关的节约。此外,还应重点考虑问题如果没有被发现而产生的额外成本。Nicholson & Molenaar(2000)调查了调试过程对于成本节约的优势并以此作为主要卖点来向未来的工程所有者推广调试服务。成本节约无疑是消除或减少问题的一个重要动机。

持续改进的最终目标是在项目一开始,在团队还在试图对 OPR 和 BoD 文件达成一致的时候就解决其绝大部分问题,而且解决这些问题的成本是不昂贵的。

四、案例研究

近期有两个项目被选中审查调试过程，因为调试过程与项目问题密切相关，并且有机会通过逆向分析该阶段问题来发现问题的根源所在。问题包括超过保修期之后提交的任何信息请求(RFI)、订单更改(CO)、保修问题、维护工作指令，以及被 CxA 记录在调试日志中的问题。表 3 列出了有关项目问题的信息。

表 3　项目问题

建筑编号	信息请求的数量	订单更改		保修问题的数量	工作指令的数量	调试问题的数量	
		数量	成本/百万美元			设计问题	建造问题
#1	312	173	3.9	注释 1	75注释2	注释 3	注释 3
#2	23	34	0.2	3	注释 4	263	44

注释 1 担保文件无法查阅。

2 在第二和第三年中，绝大多数问题与暖通空调和照明有关。所有源于建造完工的问题，主要是由照明控制和暖通空调设计和控制引起的。

3 调试问题文件无法查阅。

4 建筑刚刚超出保修期，工作指令暂未被提交。

(一) 项目数据

第 1 号建筑项目——这是一个为期四年、多阶段的现房扩建改造项目。这个地方原有两栋建筑：一个将被夷为平地，一个将被改造和扩建。保留下来是一个两层的建筑，大小约 67 000 平方英尺，被用作教室、办公室、实验室和教学实验室。在已经被夷为平地的建筑的那个位置额外扩建三层，增加大约 90 000 平方英尺面积，主要用作实验室，另外一些被用作办公室。一旦扩建完成，办公室和实验室就从现有建筑中被重新安置到新楼中去，一个完整的旧房改造就完成了。工程造价是 2600 万美元。

第 2 号建筑项目——这是一个主要目的为拆除外壳的楼房改造项目。大部分墙体内部砖石不会被动到。该建筑是一个带有完整地下室的三层楼房，面积为 30 000 平方英尺，地面三层的主要用途为研究实验室，也有少部分被用作办公室。工程造价是 460 万美元。

这两个建筑工程项目中的项目经理、工程经理、运营总监和助理董事自始至终都未变过。在与来自第 1 号建筑项目业主代表们的关于 1 号建筑调试的谈话过程中，可以明显感受到许多负面情绪。总体而言，可以说这个调试项目没有成功完成。结合表 3 信息来看，很多应该被调试服务提供者记录并且提供的信息下落不明。对研究者而言，我们无法得知是文件记录了但没被保存好，还是根本没有记录。有关调试服务原始协议通常可以帮助识别调试服务提供者的预期，然而包括原始协议在内的所有有关该项目调试服务的文件都下落不明。面对这种情况，施工经理指出，施工过程中问题一旦出现，他们就会迅速去修补，因此问题不可能出现在调试提供者的问题日志上。而第 2 号建筑项目的情况则截然相反。

在第 2 号建筑项目建造过程中，对调试团队包括施工经理和总承包商指出，记录问题的目的并不是去指点批评或是指出不合格的工作，而是记录发生了什么，它是如何解决的，最后使用这个记录列表来提高未来的项目质量。这个解释很受欢迎，大多数问题被记录到调试问题日志上。以上两个项目记录在案的问题都被分析，并且追溯到各个阶段，来探究问题是否本应该在项目的更早期阶段被发现。

（二）第 1 号建筑项目

记录在案的信息请求（RFI）一共有 312 条，前 9 条记录是有关现有建筑与扩建建筑连接处的相关细节，有关连接处的额外信息有 3 条，14 个月之后，又有细节问题被询问。这些细节问题的缺失，应该早在项目的设计阶段，在调试检查的 3~4 个设计评审阶段之一就被发现。至少前 9 个问题应该促使对连接处的图样与细节问题进行全面检查。有 10 个有关照明（主要是规划缺陷和电气/控制连接）的问题被发现。规划缺陷应在设计评审阶段被确认。目前尚不清楚电气连接问题施工前就应被发现。关于空调系统的问题有 63 个（占总数的 20%），这些问题涉及广泛，从适配问题（管道不能适应空间、干扰、穿透位置，等等）、扩散器类型，到液体循环加热的管道空气处理器完全失踪。液体循环加热的管道问题导致施工期 44,000 美元的订单变化。再强调一次，这些问题本应在调试审查环节就被发现，即利用设计阶段模型上层和矩阵主体下层的建设清单的改进来识别适配问题。7 个问题与门有关，其中一个漏掉了一扇门的规划，另一个有关电子门禁的问题造成了公司大约 245 000 美元的订单更改费用，这是一个应该比设计师规划更被优先考虑的业主需求，并且绝对应该在设计前阶段就被发现：设计是否满足业主需求的这一基本问题。

更改订单的数量高达 173，导致了大约 390 万美元的成本，单是由于一个工程延期就造成了超过 100 万美元的成本，而假如有调试的话，不会造成这么大的影响。值得一提的是，两个在上面 RFI 讨论中提到的订单更改中，有一对表现突出的问题：一是由于改变电单行图纸来纠正差异，造成了大约 70 000 美元的成本；二是发电机和相关连接在项目阶段的改变，造成了大约 99 000 美元的成本。这两个问题都应在调试审查过程中被发现。

如表 3 中所发现的问题那样,保修问题和调试提供者在设计和施工阶段的问题日志,要么不存在,要么业主没有收到,要么被放错了地方。不管是什么情况,总之这些重要的文件不可使用,是其过程中的重大事故。

工作指令在过了保修期的两年时间内被发现有大量的问题,这些问题应该在调试过程中就被注意到。首先要指出的是,有 75 个工作指令被提交,其中大部分涉及暖通空调和照明系统以及门锁。对于其中大多数问题而言,各种控制和控制组件似乎是失灵的。正如前面所提到的,业主代表们发现了空调和照明系统从营业额到日期都存在问题。尽管文件不可用,业主代表们已经确认,这些系统都提供有明显的联系电话和服务保证。如果根源问题从未被识别与解决,维修投诉电话就不会中断。调试过程应该识别出的潜在问题有:引起可维护性质疑的控制系统的复杂性、审查建议的设备、提交的审查评论、运营管理人员培训、功能测试以及解释所有这一切是如何工作的系统手册。

(三) 第 2 号建筑项目

在所有的问题中有 23 个是信息请求,其中包括对某些电气设备、管道保温、混凝土表面抬升和冷冻水立管等的安装中的具体细节的了解要求。这些都是看似相对次要的请求,但是这些遗漏的细节在设计阶段的图纸审查时会被发现。

有 34 项订单更改,总成本约为 20 万美元。最重要的一项更改花费了 65 000 美元,包括对每一个空间的数据和 VOIP 功能进行升级。这个更改本应该在设计前阶段作为 OPR 的一部分被提及,并确保在 BoD 文件中也被提及。另一项重要的更改是价值 38 000 美元的添加 5 个额外的实验室新通风柜,同样的,这项更改也本该在设计阶段完成。

设计问题在审查过程中以对每个图纸评论的方式记录下来,这些评论总计多达 263 条。大多数评论是由运营管理人员在调试审查过程中审查图纸时做出的。大部分的评论所要求的设计修改并不增加额外的纠正成本。运营管理人员的评论是在施工开始后完成的,然而这些变化本该早在设计前期阶段就包含在 OPR 文件中。即便没有产生高昂的成本,这依然是一种沟通的失效。

调试者在施工期间记录了 44 个问题,其中大多数问题是在功能测试期间被发现的。许多问题涉及暖通空调控制,并为业主提供了尽可能的改善。还有一些问题涉及在某些故障发生时缺乏警报以通知运营管理部门,在每个所需的传感器可以获得的前提下这些都是简单的控制编程更改。几个在指定应急灯上的镇流器在停电模拟期间没有工作导致灯没有打开。其他几个项目被发现没有按照最初的设计施工,但又发现这些改变是通过了设计师和业主同意的,并在竣工文件中有记录，但调试中却没有被提及。其中一个改变是在外面空气线圈上添加安装了冻结预防泵。这一改变虽然实施了，但是在建成竣工图纸上从未显示，因此也没有引起运营管理人员的注意。这是导致系统在第一次硬冷过程中出现故障的原因，并且花了相当长的时间通过故障诊断过程才发现该问题。这是一个在施工阶段和进入运营管理阶段之间的沟通失败。调试发现了这个问题，设计师将这一改动添加到了竣工图纸中，但这一信息从未传递到运营管理人员那里。

在与第 1 号建筑项目的实际案例对比之后，第 2 号建筑项目被视为一个成功完成的项目。我们认为调试的过程出现了大幅改善，但仍然希望能为未来的调试者在未来的项目中提供一种标准化的方法，并以此作为以后进行调试的一种标准预期范式。

（四）四阶段模式案例

下面是一个具体示例，初拟的设计更改追溯到 OPR 文件以确定问题的原因和做出这项改变后潜在的设计影响。在这个例子中，我们假设初拟一种施工过程中的改变，包括暖通空调风管的部分安装。这其实是一个涉及电气管道、空调管道、消防灭火管道等设施竞争吊顶和上层结构之间的最小空间的协调问题。电气管道和消防喷水灭火管道已经安装完成了，新提出的改变只能考虑减少空调管道尺寸（空调管道的截面积在原始设计的基础上减少）以保证其能穿过这一区域。

空调管道的安装可以追溯到施工建设清单，而后是系统文档，再后是子系统和组件文档，最后回溯到设计阶段。在设计阶段，跟踪回溯可以通过 CxA 的设计审核矩阵回溯到任何相关的 BoD 文档（也可能是多个 BoD 文档）。作为分析的一方面，回溯也常常往上看（协调问题）以发现潜在的协调问题。事实证明，这种协调问题可能在设计阶段被发现并通过 CxA 告知业主。通过在设计过程中使用建筑信息模型（BIM），设计团队可以发现有足够的空间安置所有的组件。在某种程度上，这种 3D 建模信息系统并没有在建筑业的总承包商和分包商中得到广泛的传播。继续追溯到设计前期阶段，我们发现 BoD 标准原则上的改变将会影响其他 BoD（由于其技术相关性在顶层被发现），这些影响也需要被分析。现在依据回溯到 OPR 文件我们发现这个 BoD 可能与暖通空调系统的低噪音和能耗的 OPR 文档相关，并会对其产生影响。这是一个能源与环境设计认证项目，该项目也发现对这些 OPR 文件的修改可能影响其他试图实现的能源与环境设计指标。以前只有了解了所有这些潜在的影响后，业主才可以基于这些影响做出决策。但如今业主处于知情的位置，知晓他的任何一个决策将如何影响整个项目，而不仅仅是从保持项目进度（不耽误工期）的角度来做决策。

五、结　　语

研究调试过程和调试者之间的能力水平有许多不同的理论方法，这需要有一个标准的过程。本文利用四阶段模型对项目的每个阶段所需的信息和文档进行了验证。这将为任何 CxA 提供一种面向所有业主的一致性方法，不论调试的认证类别、调试培训、经验、偏好的指南等因素是怎样的。无论项目的规模和复杂性如何，通过把握构建模型和跟踪所需的信息的本质，该方法通过改善沟通和知识转移减少了问题的产生，并在项目结束的时候为运营管理人员提供适当的文档资料。

如前所述，一个新建筑的成功调试仅仅是开始。一个成功的调试需要具备许多条件，然而其中的一个关键是提供给运营管理人员的文档资料。如果运营管理人员可以以可持续的方式进行运作和维护，那么他们就很可能在建筑物的生命周期中维持其以最优效率运行。促进从业主到设计团队、从设计团队到总承包商和分包商、从总承包商到运营管理人员的知识转移为持续的调试提供了基础，同时也为业主提供持续性的益处，全方位确保 OPR 得到实现。该模型还提供了一种在整个项目流程中跟踪回溯问题的手段，并以此来发现问题的根源，发现沟通不畅的原因，进而进行持续不断的改进，并增强可能的设计变更对项目整体影响的理解。

本文提出的方法确实为调试过程提供了一个标准，也为未来相关的学术研究提供了一个平台。这些研究领域包括：改进项目沟通和文件备份、主要和次要的调试活动的持续改进、成本节约和质量成本更深入的分析。在标准化方法被实施以前，本文此类相关研究即便有实现的可能，也是相当困难的。

参考文献

ACG-AABC Commissioning Group. (2005). ACG Commissioning Guideline: For Building Owners, Design Professionals, and Commissioning Service Providers.

American Society of Heating. (2005). Refrigerating and Air-Conditioning Engineers, ASHRAE Guideline 0-2005, The Commissioning Process.

Barber, K. (2008). Commissioning documents: Necessary evil. Consulting, Specifying Engineer, 43(6), 51-57.

Building Commissioning Association. (2011). New Construction Building Commissioning Best Practice.

California Commissioning Collaborative. (2006). California Commissioning Guide: New Buildings.

Doty, S. (2007) Quantifying Commissioning Benefits. Energy Engineering, 104(3), 20-28, 31-35.

Doty, S. (2007). Simplifying the Commissioning Process. Energy Engineering, 104(2), 25-28, 31-45.

Doty, S. (2007). Tips for Applying Commissioning. Energy Engineering, 104(3), 6-19.

Ellis, R. (2008). COMMISSIONING: Is Just the Start. Engineered Systems, 25(12), 18-18.

Ellis, R. (2009). Commissioning & Energy Conservation. Engineered Systems, 26(10), 20-20.

Ellis, R. (2009). Some Solutions Really Aren't. Engineered Systems, 26(11), 20-20.

Enke, H. J. (2010). Commissioning High Performance Buildings. ASHRAE Journal, 52(1), 12-14,16,18.

Mills, E., Friedman, H., Powell, T., et al (2004). The Cost-Effectiveness of Commercial-Buildings Commissioning LBNL-56637.

National Institute of Building Sciences, http://www.nibs.org/.

Newsham, G.R., Mancini, S. and Birt, B.J. (2009). Do LEED-certified Buildings Save Energy? Yes, but…, Energy and Buildings, 41(8), 897-905.

Nicholson, M. & Molenaar, K. (2000). Building Commissioning: Ensuring Quality and Savings, Construction Congress VI, American Society of Civil Engineers, 1074-1082.

Portland Energy Conservation, Inc. (PECI, 2009), accessed 03/02/2013, http://www. bcd. oregon. gov/committees/10cec/20090702_ho/070809_submitted_by_Tyler_CommissioningProposal.pdf

Shakoorian, A. (2006). Performance Assessment of Building Commissioning Process as a Quality Assurance System," Georgia Institute of Technology.

Tseng, P. C. (2005). Commissioning Sustainable Buildings. ASHRAE Journal, 47(9), S20-S24.

Turner, C. and Frankel, M. (2008). Energy Performance of LEED for New Construction Buildings. New Building Institute. accessed 03/02/2013, https://acce. com/legalresources/publications/greenhousecounsel/upload/Docs3930.pdf

U.S. General Services Administration. (2005). The Building Commissioning Guide April.

U.S. Green Building Council. (2009). LEED Reference Guide for Green Building Design and Construction.

USGBC. One Billion Square Feet of LEED Certified Green Building Projects Worldwide. USGBC. U. S. Green Building Council, 10 Nov. 2010. Web. 22 Apr. 2011. <www.usgbc.org>.

Wilkinson, R. (2012). Commissioning Provisions of the International Green Construction Code. Heating Plumbing Air Conditioning, 84(4).

Ye K. M. & Rahman, H. (2011). Attentiveness of Building Commissioning in the Malaysian Construction Industry. World Academy of Science, Engineering & Technology, 80255-80259.

伊丽莎白·安妮·卡德尼（Elizabeth Anne Cudney）

美国密苏里科技大学设计工程中心主任，密苏里大学理工学院管理工程及系统管理部副教授。曾任哈特福德大学机械工程部兼职教授，美国丹纳赫集团雅各布斯车辆系统公司高级制造工程师，美国德纳公司工业工程师。

主要的研究领域包括质量工程、模式识别和医疗系统工程。发表了40余篇学术期刊论文和70余篇会议论文，出版了5本专著分别涉及马田系统、稳健设计、精益、六西格玛和六西格玛的设计。

广州地铁建设工程风险识别与管理措施

孙成伟

广州市地下铁道总公司，广州

摘要：本文重点介绍了广州地铁在轨道交通建设过程中面临的地质风险，对工程地质风险进行了分析与识别，提出了相应的工程应对措施，并从工程管理着手，探讨了广州地铁建设过程中的风险控制对策，力求使人的智慧、专业能力、责任性得到充分发挥，将风险规避、转移、降低，以达到解决大部分或全部可预见的工程风险。

关键词：地铁建设；风险识别；控制对策

Construction Project Risk Identification and Management Measures of Guangzhou Metro

Chengwei Sun

Guangzhou Metro Corporation, Guangzhou

Abstract: This paper mainly introduces the geological risks in the process of rail transit construction and puts forward the corresponding engineering measures after analyzing the geological risks during the construction of Guangzhou metro. Starting with engineering management, it discusses the countermeasures of the risk control during the construction. It aims to make the best use of human wisdom, professional ability and accountability, so as to

avoid or reduce the risks and solve most of the foreseeable project risks.
Keywords: metro construction; risk identification; control countermeasures

一、引　言

广州地处珠江三角洲冲积平原，地质条件复杂多变，素有“地质博物馆”之称，处于四个Ⅳ级构造区：增城凸起，广花凹陷，东莞盆地，三水断陷盆地。广州市断裂构造密集，断裂带部位岩体破碎，易成为地下水通道，造成地下工程涌水、突水事故。广州市河网密布，普遍发育砂层，地下水丰富，易造成渗水、涌水，导致隧道、基坑或边坡失稳；发育了的含水量较高的淤泥层，自稳能力差，易发生沉降导致建筑物失稳等工程事故，对基坑和隧道开挖造成困难。

整体上，三大岩类（沉积岩、岩浆岩、变质岩）均有发育，多条断裂交错分布，软弱土层分布广泛，砂页层、石灰岩、花岗岩、混合花岗岩等成因不同，工程特性各异。广州市岩层总体上较浅，包括垂直方向上上部为松软土层下部为坚硬的岩层、上部为全强风化下部为中微风化、微风化岩层中夹全强风化等复杂情况，为地铁工程的实施带来极大困难。

广州地铁新一轮线网建设中，有 11 条线（段）、307.1 km、360 多个工点在同步建设。工程多次下穿珠江、河涌、武广高铁、京广铁路、广深铁路和多条高速公路；穿越房屋密集且基础条件差的老城区；多次进行桩基托换。地铁建设本身就是一项风险较高的庞大系统工程，它具有地下工程建设投资大、施工工艺复杂、施工周期长、周边环境复杂、不可预见风险因素多，再加上建设规模大、发展快带来的技术和管理力量不足、风险管理重视程度不够、投入不足等原因，工程建设中容易发生各类风险，如果管理控制不到位，极其容易引发事故，造成人身伤亡和财产损失，给企业和社会造成危机。唯有通过实施风险管理，减少工程建设风险的发生，才能避免或降低事故、事件的发生。

二、广州地铁工程遇到的主要地质风险

地铁土建工程主要包括车站和区间（隧道）两大部分。车站施工一般为大型深基坑工程，深度最深达 30 余米，主要采用明挖和暗挖法施工。而修建地下车站常面临周边房屋密集、距离较近的不利条件，所以车站的建设不仅需考虑地铁自身的安全，还需把对周边建筑物的保护作为头等大事来抓，确保地铁建设期对城市的不利影响减至最低。区间隧道包括明挖、暗挖及盾构法区间，埋深由数米到 30~40 余米，由于区间需设置折返线、停车线，常常伴有大型、特大、超大型隧道断

面，并且在城市区修建地下区间，需穿越建筑物基础，安全等级要求均较高，实施难度大。

对地铁实施产生不良影响的地质条件主要有：① 地表水系发育，河网密布；② 砂层富水，地下水丰富；③ 断裂构造密集；④ 软土普遍发育，工程性质差；⑤ 岩溶发育；⑥ 岩性复杂多变，工程特性差异大；⑦ 地层软硬不均；⑧ 花岗岩残积层遇水软化崩解。主要表现在以下八个方面。

（一）地表水、地下水丰富

广州市降雨充沛，河网密布，在珠江三角洲河网分布区，线路经过了珠江、三枝香水道、赤岗涌、黄埔涌、仑头海、官洲河、新造海、沙湾水道、市桥沥、蕉门滘等河涌及众多水塘、水沟。

同时，广州普遍发育砂层，地下水丰富，易造成渗水、涌水，导致隧道、基坑或边坡失稳，对隧道、基坑的开挖造成困难。地下水水位高，对基础浮托作用明显，需进行抗浮验算并采取抗浮措施。

（二）断裂构造密集

广州市断裂构造密集，地铁线路经过的有广三断裂、广从断裂、瘦狗岭断裂、海珠断裂、清泉街断裂、麓湖断裂、环市路断裂、化龙-南沙断裂及文冲断裂新市-嘉禾断裂组、三元里温泉断裂等十多条断裂。断裂带部位岩体破碎，相对周边完整的基岩属于软弱地层，易形成地下水通道，隧道施工时易造成涌水、突水等工程事故。

（三）软土工程性质差

在上海，较差的软土层为淤泥质土，天然含水量为47.5%；而广州除发育淤泥质土外，更多地发育了含水量更高的淤泥层。如四号线黄阁-金洲段连续分布了厚达数米至30米不等的淤泥层，含水量高达72.4%，该层埋深最深处约45米。淤泥层自稳能力差，易发生沉降导致建筑物失稳等工程事故，对于基坑和隧道开挖造成困难。

（四）岩性复杂多变

红层碎屑岩（泥质粉砂岩、粉砂质泥岩、砾岩、含砾砂岩等）、石灰岩、混合花岗岩、花岗岩等成因不同，工程特性各异。红层一般为软岩-较软岩，其砾岩则岩质较为坚硬；红层风化程度差异较大，节理裂隙发育，易形成地下水的良好通道；全风化、强风化层遇水易软化，自稳性差，对隧道洞室及基坑侧壁稳定不利。

石灰岩、炭质灰岩岩质较为坚硬，但是溶洞及伴生土洞发育。在岩溶发育地段，岩层的富水性和透水性好，透水性强，涌水量很大，工程实施时止水、堵水等极难进行。溶洞和土洞（尤其是土洞）对地基稳定性和地下工程施工影响很大，容易造成地面塌陷、地下水突涌、盾构机“栽头”等事故。

混合花岗岩、花岗岩岩质坚硬，属较硬岩-坚硬岩，其风化壳中易发育球状风化（即“孤石”），天然抗压强度达 100 多兆帕，施工机具极难挖掘，给隧道掘进、基坑开挖及桩基施工造成困难。

（五）地层软硬不均

广州市发育的岩层总体上较浅，地铁隧道、车站基坑大多进入岩层。在这种地质条件下，隧道常要穿过复合地层，包括在垂直方向上上部为松软土层下部为坚硬的岩层、上部为全强风化下部为中微风化、微风化岩层中夹全-强风化等复杂情况，对盾构机的选型和施工带来困难。

（六）花岗岩、混合花岗岩残积层遇水软化、崩解

花岗岩、混合花岗岩残积层，当遇水浸泡时，该土层会迅速软化及崩解，甚至流淌，极易造成基坑侧壁失稳、基底软化涌水、掌子面坍塌和周边建筑物地基沉降等事故，对防水措施、施工组织提出了更高的要求，也增加了工程风险和困难。

（七）花岗岩残积层中暗含孤石

花岗岩的球状风化，是花岗岩岩体风化过程中特有的一种地质现象。其特征是体量比较小，多为 1.0～3.0 米，常存在于花岗岩的全风化<6H>、强风化<7H>、残积层<5H>中，与其周围的围岩的强度相差巨大，不易被钻探发现，在施工过程中由于瞬间荷载突然加大，甚至会造成盾构机刀盘变形和刀具的严重损坏。

（八）溶洞、土洞密集

广州西北部的荔湾区、白云区和花都区岩溶广泛发育，溶洞和土洞（尤其是土洞）对地基稳定性和地下工程施工影响很大，容易造成地面塌陷、地下水突涌、盾构机跌落等事故。

三、地铁工程地质风险分析与识别及应对措施

（一）地表水、地下水地质风险

1. 地表水、地下水地质风险分析

（1）洪涝及内涝

广州地区年降雨量大，季节性暴雨降水量集中，加上城市靠近海边，海拔较低，地表径流水位落差不大，地表水容易形成洪涝和内涝，造成地铁出入口或风井补淹，危害地铁工程建设和运营。

（2）承压水突涌

由于地铁结构底板大部分埋深较大，广州地区地表水系发育、地面标高较低，因此地下水位埋深很浅。地铁地下工程施工期间，结构侧壁或基底常常面临高压力水头。若基坑底以下的不透水层较薄，不透水层下方的含水层水头较高时，上覆土自重不足以抵挡下部水压，基底就会隆起破坏，容易引起基底突涌，导致基坑失稳。

2. 应对地表水、地下水地质风险的工程措施

（1）开展防洪排涝专题评估

在地铁设计阶段，委托具备资质的水利、水文机构开展地铁工程防洪排涝评估，指导地铁工程车站出入口、区间风亭设计，抬高出入口及风亭的设计标高，防止地下水倒灌入地铁工程地下空间。

（2）截水、排水与地层加固相结合

对于地下水发育的基坑工程，选用截水效果好的止水帷幕，如地下连续墙或全包式旋喷止水帷幕。当存在引起基底突涌的地下水时，必要时在坑底全断面加固隔断承压水。为防止围护结构墙底渗透破坏，在围护结构外侧注浆或旋喷加固。有条件时在基坑内侧和外侧降低地下水，通过明沟、集水井或降水井点降低地下水位并疏排坑内地下水，对施工有影响的富水地层进行预先加固等。

（二）断裂带地质风险

1. 断裂带地质风险分析

广州地铁线网与多条断裂带不同程度相交。断裂带的不利影响主要原因归结于三方面：第一，断裂构造破坏了岩体的完整性，胶结不良的破碎带自稳能力差，在工程施工产生临空面时易坍塌。第二，断裂带部位岩体破碎，破碎的带状路径常成为导水通道和富水带，造成施工排水困难。并且，断裂带部位的过度排水

又会导致周边环境中的土层固结沉降,危及周边建筑和管线安全。第三,存在储水空隙,易形成导水通道和富水带(段),造成施工排水困难。

断裂带造成的地质风险表现在以下几方面:

(1)因断裂带失水引起基坑周边地面下沉,房屋开裂;

(2)断裂带将地表水、地下水引导至工程场地,导致地下空间涌水、突水,严重时会造成基坑或隧道淹没;

(3)断裂带及上、下盘地层岩性差异,导致盾构机刀具磨损破坏严重,施工进度慢;

(4)隧道施工时因断裂带岩体破碎,自稳性差,造成顶板多次冒落,事故处理工作量大。

以上风险会造成地铁工程投资增加、工期拖延,危及安全。

2. 应对断裂带地质风险的工程措施

加强断裂带勘察工作,查明断裂带范围及地质、水文特征;必要时采用高压旋喷、注浆等方法加固断层泥和构造角砾岩,或对断裂带部位进行隔断施工;加强断裂破碎带部位的临时结构或永久结构。

(三)软土地质风险

1. 软土地质风险分析与识别

(1)围护结构侧向变形或破坏

深基坑开挖引起土体卸荷,必定会引起围护结构两侧的土压力差,因岩土体时空效应导致围护结构墙体变形是必然的,即使围护结构采用厚600~1000 mm的大刚度地下连续墙,墙体仍然会发生变形。如果结构安全措施不足或支撑设置不及时、施工组织不当,易造成周边地表变形过大,甚至引起基坑垮塌和失稳。

对于软土层中的深基坑,因软土具有的"高含水量、高孔隙比、高压缩性、低渗透性、低固结系数、高灵敏度、易扰动"等对工程不利的特性,软土基坑围护结构更容易发生侧向变形,软土基坑周边地表沉降、开裂和基坑坍塌、失稳问题更加突出。

(2)引起隧道变形或结构破坏

由于软土沉降固结过程缓慢,软土沉降变形至稳定所需的时间十分漫长,因此软土地区隧道工后沉降可能性很大,隧道沉降和变形在相当长一段时间内难以稳定,隧道沉降、变形较大的部位,会造成线路纵坡的变化及管片错台、开裂和破损等,影响地铁运营及永久结构安全。

(3) 施工过程中盾构机栽头

盾构机机体的重量在轴向上是不均匀的,盾构机头部位的重量很大。盾构掘进突然遇到软土地层时,会因软土地基承载力不足发生“栽头”,其结果是盾构机姿态难以控制、隧道偏离设计轨迹,甚至造成盾构管片错台、开裂和破损。

(4) 盾构工作井或隧道围护结构施工质量及防止基坑开挖时的底涌难以保证

2. 应对软土的工程措施

软土地层深基坑施工中,为有效抑制围护结构的变形,在支护结构体系中除通过支撑体系实现外,还采取对被动土压区土体结构进行加固提高土体的反力系数的措施。软土地层深基坑地基加固的常用方法有:注浆加固、深层搅拌桩加固、高压旋喷桩加固等。

针对软土地基工程,结合软土的发育部位和层厚,必要时采取换填或地基处理加固。

(四) 上软下硬复合地层地质风险

1. 上软下硬复合地层地质风险分析

(1) 第四系地层的上软下硬

这种地层组合特点主要反映在第四系土层标贯击数差别、含水量差别和土粒粒径差别造成隧道断面范围地层上软下硬。盾构推进过程中,导致刀盘上部和下部受力不均,需要针对软硬不同的地层配置不同刀具,施工时会造成盾构机姿态难以控制、刀具磨损严重等一系列问题。

(2) 岩石风化带中的上软下硬

这种地层组合的特点主要反映在土层和岩层交界部位、不同岩性相邻部位、岩石风化带分界部位、沉积岩结构变化部位及断裂带上下盘地层在硬度、完整性等方面存在突变。

盾构机在这种地层中由于刀盘轴向受力不均,掘进极其困难。此外,复合地层在软硬分界部位往往存在软弱结构面,采用矿山法进行开挖时,围岩易沿软弱结构面坍塌,矿山法支护需要加强软弱层的支护措施。

2. 应对上软下硬复合地层地质风险的措施

针对复合地层软硬不均剧烈变化部位,加强勘察及施工超前地质预报工作,提前做好施工应对复合地层准备,如合理划分工法里程分界,合理选择盾构机类型并有针对性地设计盾构刀盘、刀具。

（五）富水砂层地质风险

1. 富水砂层地质风险分析

（1）砂层基坑及隧道坍塌

在饱和地下水状态下粉细砂层易随地下水流动被携带，饱和砂层中盾构施工的主要问题往往发生在左、右线连接横通道施工和盾构机进出工作井两方面。由于上述特殊部位粉细砂层加固效果不佳或采取的施工工艺、施工程序欠妥当，使得粉细砂跟随地下水大量涌入基坑或隧道临空面，造成基坑或隧道坍塌。

（2）砂层渗透破坏危害基坑和周边环境

对于海陆交互相淤泥质砂、粉细砂和冲-洪积砂层，级配良好，当围护墙有缺陷时易产生止水帷幕渗水，细小砂固体颗粒容易沿渗漏路径形成流砂，如不及时堵漏，流砂路径处的土体中固体颗粒进一步被渗水掏空，将形成更加危险的渗透破坏——管涌，造成坑内涌水影响基底作业，使场地周边地层失水沉降，造成建筑物沉降和管线破坏。

（3）隧道地表沉陷或坍塌

中粗砂层常呈松散状，其中的粉粒和黏粒含量较低，当采用土压平衡盾构机在砂层中掘进时，盾构机推进时掌子面土压较难控制平衡；当采用泥水平衡盾构机在砂层中掘进时，对出土的干砂量控制难度大，砂土出土超量时会迅速引发地表沉陷或坍塌。

2. 应对富水砂层地质风险的工程措施

（1）WSS 无收缩双液注浆

（2）TSS 特别适合砂层的注浆

（六）花岗岩球状风化（孤石）地质风险

1. 孤石地质风险分析与识别

（1）车站及桩基孤石危险与风险

对于地铁车站基坑及桩基工程，孤石会增加成孔及成槽施工难度。端承桩桩端置于孤石层中时，有可能危及工程安全。

（2）盾构工程孤石危害与风险

对于盾构法，花岗岩球状风化（孤石）是公认的世界难题。盾构掘进过程中如遇到孤石，掘进非常困难并频繁卡刀盘；盾构机姿态难以控制；刀具磨损非常严重，刀座和刀盘易变形；换刀困难，特别是在隧道埋深大或孤石上方存在地面建筑物时；掘进时震动过大，对保护地面环境不利。

2. 应对孤石地质风险的工程措施

(1) 施工前尽可能查明孤石,有条件的地段提前采用地面预处理方式进行孤石处理。

(2) 地面预处理孤石的方法有:冲孔法、深孔爆破法、旋挖法、连续墙成槽机抓取法、人工挖孔爆破取出法、人工挖孔人工破除法、施做-竖井取出法、地面预注浆加固后盾构破除法等。

(七) 溶洞、土洞地质风险

广州地区岩溶主要有两种类型:一种是石灰岩、炭质灰岩地层中的岩溶,另一种是碎屑岩(主要是泥灰岩、灰质砾岩)中的岩溶。土洞与溶洞或溶蚀裂隙共生,发生在隐伏岩溶之上的第四系土层中,主要发生在土层与灰岩分界部位附近的黏性土层中。

1. 溶洞、土洞地质风险分析

(1) 地基稳定性风险

岩溶顶板塌陷造成桩基或浅基础失稳,盾构机遇溶洞和土洞时机头易跌落至洞中。盾构机在灰岩地层上掘进时因盾构机自重较大,溶洞顶板岩层可能因承受过大剪力或弯矩发生破坏,造成岩溶顶板坍塌和盾构机"栽头"。对于地铁隧道永久结构,因同样的原因需要考虑岩溶地基稳定性问题。

(2) 岩溶水突涌风险

复杂的地下水活动是岩溶形成的必要条件之一。岩溶发育区地下水丰富或者水压很大,容易发生岩溶水突涌,造成注浆困难、盾构螺旋输送机喷涌、基坑或隧道透水等。

(3) 盾构机刀具损毁危险

岩溶区的石笋、石芽、溶沟、溶槽往往急剧发育,沿隧道洞身范围常常存在剧烈的岩面起伏。盾构刀盘在旋转过程中由于突然遇到突出的岩体,产生的瞬间冲击荷载容易损坏盾构机的刀具或刀盘。

(4) 岩溶区容易诱发土洞和地面塌陷,危害地铁运营

岩溶区地下水位季节性变化及人工抽汲地下水活动等,容易改变岩溶区水文地质条件,诱发土洞和地面塌陷。土洞为不稳定地下空间,容易扩展和变化,会威胁地铁运营安全。

2. 应对溶洞、土洞地质风险的工程措施

(1) 加强岩溶区勘察工作

除了按设计需要做好初、详勘基本工作外,针对岩溶区车站、区间施工安全需

要开展岩溶专项勘察，必要时开展岩溶区水文地质勘察，岩溶区的桩基及地下连续墙工程进行超前地质钻探。

（2）施工阶段进行岩溶治理

对有影响的溶洞和土洞进行充填注浆，当溶洞和土洞体积较大且无充填或半充填时，采用充填水泥砂浆和固结注浆相结合的方法进行岩溶处理。对于有影响的溶沟、溶槽及破碎带（含岩溶坍塌区）采用固结注浆进行处理（固结注浆需采用“前进式”或“后退式”分段注浆）。

对于围护结构或桩基础，由于孔内漏水，必要时下放钢护筒后施工，对于发育较大溶洞的部位，向孔内抛填黄泥和片石后再成孔。对于灰岩区盾构隧道设计时在管片上预留注浆管，盾构施工过程中加强二次注浆，地面溶（土）洞采用充填水泥砂浆或注浆，溶沟、溶槽及破碎带（含岩溶坍塌区）采用固结注浆。

（八）有毒有害气体地质风险

1. 有毒有害气体地质风险分析

在盾构施工过程中遇到的可燃、易爆或有毒气体主要来自三个方面：一是地层中自然赋存的，二是在盾构施工过程中产生的，三是不明来源的有毒有害气体。

盾构机在推进过程中，如果在中风化或微风化地层中，或者出现刀盘前方结了泥饼等情况时，刀盘在推进时会由于摩擦力的作用积聚大量热能。有证据显示，该热能足以使滚刀达到淬火的程度。正是这种高温时的围岩中的可燃有机岩中的碳元素在缺氧状态下不完全燃烧，从而产生大量的 CO。在有明火的条件下，这种气体会发生爆炸。

2. 应对有毒有害气体的工程措施

（1）加强有毒有害气体勘察

广州市地下铁道总公司从“十二五”线网项目开始，在初勘和详勘阶段均要求勘察单位针对地铁施工中可能遇到的有毒有害气体进行勘察、取样和化验分析，对于软土、填埋垃圾等部位，作为有毒有害气体勘察的重点部位。

（2）加强施工阶段的监测和通风措施

针对地层中有毒有害气体，在查明原因的基础上，施工部门一方面在隧道内需加大通风量，一方面需加强对气体的监测。

四、广州地铁建设的风险控制对策

广州市地下铁道总公司推行先进的管理理念与企业实际相融合，依托市委市政府强有力的支持，在工程管理方面做到了内外兼顾、前后衔接、上下一体、资源匹配，在工程的安全控制、质量控制、成本控制、进度控制、合同管理、信息管理、组织协调“四控两管一协调”各环节做到细节上的稳妥把控。地下工程施工管理应以风险管理为核心，风险管理是一个实践性的动态管理过程，不能仅仅是理论概率分析，还必须建立一个具有操作性的风险控制程式。主要管理手段如下所述。

（一）推行“四化”管理

推行“规范化、标准化、精细化、信息化”为主题的“四化”管理，建立“工程管理一体化项目管理平台”，将各自为战、松散的参建单位，集中在一体化项目管理平台统一管理，提高工作效率和协同能力，提升管控水平。

1. 建章立制，加强精细化管理

精细化管理主要针对“生产过程”“专业标准”“工序管理”“投资管理”“信息管理”“资料管理”等进行管理。主要措施为：细化施工工序，固化工序流程，编制精细化管理手册，建立相关管理制度和规定，并在工程实践中加以推广、应用。

2. 依托信息技术，搭建管理平台

从信息化入手，实现建设工程“管理流程的规范化、生产工序的标准化、管理过程的精细化、管理决策的科学化”，建设了覆盖地铁建设全过程业务的一体化项目管理平台。

3. 建立样板，统一过程管理标准

针对不同施工阶段和工序选取示范工点，逐一落实各项管理制度、规定及技术要求，明确过程管理的标准，建立工程样板，全面进行经验分享，发挥示范效应，使其他工程单位在后续工程建设中少走弯路。同时，建立了包括技术标准化委员会、总工程师室和各技术标准化工作小组的三级技术标准化管理机构；涵盖轨道交通设计、施工、验收和运营四个门类，构建了包括基础标准、通用标准和专用标准三个层次的技术标准体系，做到有据可依。

4. 重点检查，落实主体责任

针对地铁建设过程中容易出现质量问题和安全风险的关键工序进行重点检查，落实实施主体责任，责任到人，有效减少了扯皮。

（二）加强工程建设全过程的风险管控

针对地铁工程建设全过程所涉及的安全风险进行识别、评估和管控。一是评估并预控客观存在的可能会对地下工程实施产生损害性的所有原生风险。二是动态控制工程建设过程中演变产生的、可预见风险危害的次生风险与不可预见的风险或事故。三是建立以“准确认知地质为基础，创新方法为手段，精细管理为根本的'以人为本'"的风险控制模式。依次将工程风险按照"风险评估—风险预控—风险控制"三个阶段进行管控。四是加强信息化管理，利用信息化手段，建立"应急平台、深基坑在线监测系统、远程视频监控系统"等风险信息化系统，对建设工程风险和施工作业全过程监控，并接入广州市地下铁道总公司的监控中心，实现实时查看，防微杜渐。五是建立风险管理台账，及时掌握各工点风险管控情况，每月组织安全例会进行风险检查、评估和考核，实时更新风险信息，落实责任追究机制。六是加强工程现场施工管理，推进工程绿色施工。

力求人的智慧、专业能力、责任性得到充分发挥，充分应用先进实用的方法将风险规避、转移、降低，以达到解决大部分或全部可预见的工程风险的目的。

参考文献

[1] 竺维彬，张志良，林志元，等. 2013. 广州市轨道交通土建工程工法应用与创新.北京：人民交通出版社.

[2] 全根源，孙成伟，姚世峰，等.（2014）.广州地铁一体化项目管理平台规划、建设和应用.城市轨道交通研究，(11).

[3] 竺维彬，鞠世健.（2009）. 地铁盾构施工风险源及典型事故的研究.广州：暨南大学出版社.

孙成伟

1970年1月出生于辽宁西丰，满族，中国地质大学（武汉）岩土工程专业毕业，博士学位，教授级高级工程师，现任广州市地下铁道总公司建设事业总部副总经理、总工程师。历任广州市地下铁道总公司工程处工程师、土建项目经理、前期工作部副经理、总部副总工程师等职务。

目前分管广州地铁九号线、十三号线、二十一号线、四号线南延段、知识城线、广佛线二期以及三号线北延线机场北站7条线路的土建工程建设。分管广州地铁在建线路的重大技术、设计管理工作。

工作期间，先后主持完成了"广州地区花岗岩残积层的岩土工程特性及地铁施工方法研究""广州市轨道交通六号线东山口站左线站台"盾构隧道扩挖"施工关键技术研究""广州轨道交通六号线二期花岗岩风化层明挖基坑设计与施工技术研究"的科研项目。发表论文多篇，出版专著多部。

2011年获得广东省"五一劳动奖章"、广东省十项工程劳动竞赛"模范科技工作者"奖励。

精益产品开发——更快，更好……更清洁？

Geert Letens

比利时皇家军事学院

摘要：在当前全球竞争的经济时代，对大多数技术导向型企业来说，入市时机是至关重要的竞争因素。大量研究表明，龙头企业大约一半税收来自最近5年研发的产品。因而，在实现更快、更好、更便宜的竞赛中，创新和新产品研发已经成为最具决定性的商业活动。遗憾的是，50%～80%的新产品会带来失利，这使得对新产品研发过程的持续改进成为一个企业健康发展的关键所在。

为应对这种挑战，精益产品开发应运而生，成为企业实现创新并获得技术领先竞争优势所采用的主要手段。精益产品开发源于日本汽车制造业如丰田汽车公司的最佳实践研究。近20年来，在国防及航空航天企业也得到长足发展，而且最新的实验证据有望把精益产品开发引入完全有别于传统研究环境的领域。

本文旨在理清精益产品开发中仍然存在的模糊概念，以刊登在《工程管理杂志》专刊上该主题下六篇论文的论点为基础，探究精益产品开发的关键问题。通过将精益原则与传统新产品开发实践中的优势相结合，形成一个以价值为中心基于风险进行决策，将员工与流程，改进的方案、流水线与资产组合管理，优化的知识管理以及学习型组织的创造性进行社会技术集成的整合系统，以证明产品开发能达到的速度水平和质量高度。

然而，不断加剧的全球竞争在改善人们生活质量的同时，更快、更好、更便宜的理念也在威胁着我们整个地球的未来。由于多数产品的社会及生态影响在设计阶段已经产生，因而有必要探究将精益产品开发与生态设计原则相结合。基于此，本文还将通过鉴别支持未来生活和商业可持续发展的三重底线目标所需的相关方式方法，实现对精益产品开发和生态设计两方面的整合。

一、引　　言

新产品的开发会带来创新突破、产品重新定位或成本降低（Crawford and

Benedetto,2008),这对大多数企业来说具有重大战略意义。如果没有新产品,企业就无法维持收入,从而无法在当前的市场中捍卫自己的地位或者开发新的市场(Griffin,1997)。Cooper(2000)发现,美国公司销售收入的50%和利润总额的40%都源于新产品。然而,许多组织仍在新产品的开发计划中挣扎。Barczak等(2009)发现,美国企业推出的新产品中只有59%是成功的,这样的成功率自20世纪90年代中期以来几乎没有变化。这其实是一个令人震惊的失败率,它使得对新产品研发过程的持续改进成为一个企业健康发展的关键所在。

为应对这种挑战,精益产品开发(LPD)应运而生,并成为企业实现创新并获得技术领先竞争优势所采用的主要手段。在进行了20多年的研究后,精益产品开发的概念仍然模糊。2011年《工程管理杂志》(*EMJ*)推出了有关这一主题的专刊。专刊的六篇论文认为,精益产品开发的关键环节对于技术导向型企业来说至关重要,在当前全球经济竞争的时代,要求企业以更少的时间更快、更好、更便宜地投入市场竞争中。

不幸的是,更快、更好、更便宜的理念也在威胁着我们整个地球的未来。由于确定多数产品的设计理念中也包含了对社会和生态的影响,本文通过研究关键的理论和实践的相似性和差异性的认定来探索精益产品开发以及生态设计的共生关系。为此,我们首先对精益产品开发的历史进行综述,从《工程管理杂志》专刊发表的文章中提炼出关键观点。然后,我们总结了绿色工程的关键原则并讨论它们与精益思想的基本原则如何相匹配。最后,将会探讨它们的相似点和共同利益,同时指出未来它们在整合发展中会遇到的困难。

二、精益产品开发的历史

最早将精益原则应用到产品开发上的两部重要著作可以追溯到19世纪早期,即“改变世界的机器”(Womack et al,1990),和“产品开发绩效”(Clark and Fujimoto,1991)。最早的开发者将重点放在了精益原则和最佳实践上,如日本汽车制造商丰田汽车公司。近20年来,该原则在国防及航空航天领域得到长足发展。近来,它被成功引入各个行业(Reinertsen,2009; Oosterwal,2010; Mascitelli,2011),因此,精益产品开发作为企业首选的改进方法脱颖而出,引领企业产生创新和技术领先的竞争优势。

探索更有效和高效的方法来开发新产品是行业非常明晰的需要,因而与精益产品开发相关的出版物越来越多(León and Farris,2011),这表明该领域已经日益普及。遗憾的是,许多文章往往缺乏科学深度和理论基础。为了进一步激发有关精益产品开发的科学辩论,《工程管理杂志》于2011年推出了精益产品开发专刊。

三、《工程管理杂志》专刊关键观点

刊登在《工程管理杂志》专刊上的六篇论文的论点试图定义究竟什么是精益产品开发，它与其他新产品开发方法的关系，精益产品的开发是否存在可信的实验性证据，最重要的是如何成功地在各个行业中介绍精益产品开发。虽然对这些论文进行全面的总结并不是本文的目的，但专刊中的一些观点，对于研究精益产品的开发和绿色技术，如绿色工程和生态设计，是互补还是矛盾，是很重要的。

León，Farris（2011）进行了结构化的文献综述，其目的是在产品开发的大环境下更好地理解精益产品开发，在文献的基础上，将目前精益产品开发研究的主题分为7个知识领域。这使他们可以通过罗列一些理论和实例来解决产品开发中的一些核心问题，并确定领域内部和各领域之间未来的研究方向。

第一个观点是提出传统精益思维理念在产品开发过程中的重要性。“精益原则”这一知识领域中的文献表明价值定位、绘制价值流、提高流动性、过渡到趋于完美，所有因素在产品开发的环境中都要保持高度相关（Hines and Rich，1997；Haque and James-Moore，2004）。这一观点最近被Oppenheim等（2011）所证实，他们在Womack，Jones（2010）推出的传统原则基础上对系统工程的各种精益学派进行了有价值的概述。

一些研究者针对将精益原则及其局限性应用在所有产品开发中提出警告（如Cusumano，1994；Browning，2003）。León，Farris总结的其他六个领域（基于性能、基于决策、流程建模、战略、供应商/合作伙伴关系、基于知识），汇总了在产品研发中运用精益原则的重要思考。

首先，很重要的一点是虽然减少浪费可能是优化生产价值的一个有力措施，但产品开发的重点首先要变换到从客户的视角认同价值。因此，有许多精益产品开发的论文要么提出在单一层面或者多项目层面（基于性能的知识领域，如Haque and James-Moore，2004）来评估精益产品开发实践的有效性和效率，要么通过价值评估和风险管理聚焦于某些技术，这些技术有利于进行决策（决策领域，如Ward et al.，1995）。

其次，涉及鉴别价值流，需要重点思考两个方面。一是在速学周期中要高度集中注意力，来克服最初的知识缺口（Radeka and Sutton，2007）。如果这些缺口出现在产品开发过程的后期，可能会导致大量循环返工，使预算超支和工时严重超延。二是如果想要加快上市时间，并优化整个企业的绩效，那么在项目启动阶段就要加强产品开发和过程的开发。这意味着在开发过程的早期就要考虑产品和服务的特性。关于流程建模知识领域的论文都为项目活动排序、同步工程和前装提供了建议(Eppinger et al,1994;Browning,2002)。

然而,无论是 Liker,Morgan(2006; 2011)还是 Letens 等(2011)的文章都清楚地表明,在企业中引入精益产品开发时,必须有系统的观念。他们在《工程管理杂志》专刊的论文中提出"精益产品开发是一个系统:以福特车身钣金为实例",Liker,Morgan 描述了福特汽车公司如何将丰田汽车公司集人力、过程和工具于一体的精益产品开发系统观念成功应用于本公司,为丰田的精益产品开发系统的稳健性和可移动性提供了强大的证据。基于文献在精益产品开发和新产品开发上的最佳实例,Letens 等(2011)进一步明确了该系统跨越一个组织的各个层次。对于企业实现功能、项目和贷款组合层面的突破至关重要。

因此,这两篇论文为下列的主题受到了集中的关注提供了证据:战略领域(即产品平台和投资组合管理,Cusumano and Nobeoka,1998)、供应领域(源于供应商的创新潜能,Ro et al,2008),以及基于知识的领域,即探索技术来优化知识传授和学习网络(Nonaka and Takeuchi,1995;Dyer and Nobeoka,2000)。

除了应在产品开发环境下区分精益原则在不同领域中的作用,找出实践这些原则的关键实例也同样重要。为此,Hoppmann 等(2011)用内容分析来研究现有的精益产品实例,将它们集成到高度交织的理论框架中,其中包括 11 个精益产品开发组成部分。他们的研究成果表明,只有组件的并发性才会引领产品开发的高效能。表 1 概述了这些组成部分,并说明它们是如何映射在各个领域中,这些领域是由 León,Farris(2011)提出的。

表 1 精益产品开发重要知识领域中精益产品的组成部分

决策领域	**流程领域**
1. 大项目经理	5. 工作量水平
2. 专家职业道路	6. 基于责任的规划与控制
3. 快速原型、模拟和测试	7. 同步工程
4. 集基工程	8. 流程标准化
知识领域	**供应领域**
9. 跨项目知识转移	10. 供应商整合
基于性能	**战略领域**
无	11. 产品种类管理

Nepal 等(2011)对这些技术一体化的重要性做了进一步的说明。他们的研究成果还证明了一些特殊工具的必要性,比如设计结构矩阵和产品开发价值流

图,有助于分析产品开发的潜在复杂性和消除返工浪费。Beauregard 等(2011)提供了明确的实验证据表明,即使是在航空航天领域,也需要充分了解多任务、同时任务、任务大小、任务价值和预算决策对精益产品开发绩效所带来的影响。

总之,发表在《工程管理杂志》专刊上的论文表明,虽然精益思维的五项基本原则为精益产品开发提供了强大的支撑,但通过利用一些特殊的多元技术使这些原则与产品开发的环境一致也是同样重要的。这些源于各个领域(León and Farris,2011)和组成部分(Hoppmann et al,2011)的技术需要与企业系统相结合并与其保持一致(Liker and Morgan,2011),这些技术会渗透到企业的各个层面,这个过程需要各个成员的通力合作和努力(Letens et al,2011)。这着重强调了在企业引入精益产品开发中加入社会技术观念的重要性,并表明了整个精益变革所要面临的挑战,精益产品开发的成功需要超越单个项目层面。

四、工程可持续性

前面几节强调了精益产品开发是经由新产品开发实现经济发展的催化剂,然而由于企业同时要承担环境保护和社会发展的责任,也面临着越来越大的压力。企业社会责任意味着企业至少要做到遵守法律、道德标准和国际规范,更广泛的意义是它鼓励企业的发展对环境和利益相关者产生积极的影响,如客户、投资者、员工和社区。一旦人们认识到一个新产品的设计阶段可以决定产品预期效果即性能、成本、对环境的影响的60%到80%,那么工程和设计的关联性朝着实现三重底线的目标发展(经济、环境、社会)也就微不足道。因此,可持续发展工程指的是结合社会、环境和经济因素并在产品开发的初级阶段就将其引入产品、开发过程和能源系统设计。然而,由于大多数有关可持续性的文献的重点是解决环境问题(Seuring and Müller,2008),本文将聚焦于绿色工程和生态设计的原则,确认其与精益产品开发的相似和不同之处。

五、设计中的环保责任

整合了环境保护问题的产品设计的术语在过去20年有了改变。最初被称为绿色设计(或绿色工程),之后常常被称为对环境无害或环境敏感的设计或生态设计(通常在欧洲范围内使用),或为环境而设计(DFE),后者在美国更为多用(Baumann et al,2002)。尽管在所有这些术语中反映出了进化的差异,但在本文中将这些术语视为可替换的词汇。

与精益产品开发相似的是,生态设计这一概念起源于20世纪80年代末至90年代初,最先专注于引起环境问题的两个主要原因是:为了了解防治污染和节约资源的概念和方法，政策的制定、技术和研究方向都面临不小的挑战（Hübner，2002）。因此也衍生了两个主要的研究方向：清洁生产和生态设计。清洁生产和企业的经济目标高度关联，更加高效的生产技术有助于减少资源的消耗，从而降低生产成本。因此，制造商很快感觉到绿化流程带来的好处。产品的生态设计其实是一个更复杂的挑战（Hübner，2002）。一些互相矛盾的观点也随即出现，但在最初阶段它们大多未从商业视角考虑，忽略了生态设计中财务、管理和竞争力的影响（Baumann，2002）。

美国工业设计师协会发布了生态设计中12个成分的目录，实现了其第一个里程碑，内容主要集中在资源减少和工业设计和再设计的循环再利用机会（IDSA，1992）。在表2中可以看出，这些指南并不与任何精益产品开发的原则相悖，却会增加设计决策的难度，因为除了要考虑最终用户的要求，设计人员需要额外考虑各种其他利益相关者的需求（生产、分配、处置），在某些情况下，还受到严格的法律制约。从精益的角度来看，这意味着前两个精益原则应该得到更多的关注。首先，从多数利益相关者视角出发，确认价值的精益实践变得更加重要。同时，引进了速学周期支持知识的发展，这将使我们对所有设计中涉及的缺陷有更好的了解。

表2　生态设计的12个成分

1. 增强持久性	8. 提高产品的能源/资源的利用率
2. 易修复	9. 产品中不使用有毒/有问题的材料，在产品报废前保证该产品是可替换的或易移除的
3. 可再修复的设计	10. 在产品设计中融入环保教育
4. 可重复利用的设计	11. 致力于设计资源节约的产品（也就是消除产品后续浪费）
5. 用可再生材料	12. 减少产品设计的包装
6. 用通用的可再生材料	
7. 易于分离的可再生材料和不可再生材料	

美国工业设计师协会（IDSA），1992

其次，正如整个生态设计文献中所强调的，很明显设计者需要考虑它的扩展价值，包括整个产品和从设计概念到报废的流程生命周期。分析该扩展价值，找到潜在资源浪费是一巨大的挑战：主要包括对返厂的精确分析（返工、服务、回收和处置）以及在价值流的每一步骤考虑能源消耗、资源消耗和环境污染。

这意味着当新技术的流程（精益第三原则）得到优化，如拆卸（DFD）设计和再循环（DFR）设计则需要考虑消除环境废物。因此，各种工程学科通常热衷于4种方法以改进工艺和产品，使它们从环保的角度出发变得更高效：产品品质增强，废物减少，物料管理，污染防治。因此，和精益产品开发类似，绿色工程力求整合各类学科，从而形成一个贯穿于整个产品生命周期的生态系统的整体思维。生命周期分析（LCA）被认为是在减少对环境影响的同时使利益相关者的社会和经济利益最大化的重要手段。因此，生命周期分析成为生态设计和涵盖了三重底线中的所有元素的更大视角的可持续观点之间的缺失环节。生命周期分析也是新产品价值整体评估的重要投入，另外还需要考虑环境和社会因素，如公共健康。因此，类似于 LPD，绿色工程是基于同步工程上的一种方法，它支持设计人员实现多重目标而不牺牲任何重要的价值。

六、绿色工程原则 vs 精益原则

为进一步深入理解绿色工程与精益产品开发之间的关系，本节将基于 5 个基本精益原则，对绿色工程的基本原则进行分类。主要的绿色工程原则选自于两个不同的会议：作为桑德斯丁会议成果的 9 条指导方针（Abraham and Nguyen，2004），以及美国化学学会 2003 年提出的 12 项原则（Anastas and Zimmerman，2003）。表 3 举例说明了绿色工程原则对传统精益原则的影响结果。

表 3　绿色原则证实精益原则

桑德斯丁会议	美国化学学会
价值	
1. 全面地规划过程及成果，运用系统分析，整合环境影响测评工具 2. 确保人类健康和福祉的同时保护和提升自然生态系统	1. 固有的代替随机的——设计师需努力确保所有物料和能量的投入和产出尽可能没有危害 7. 持久耐用代替长存不灭——应该把定向的耐用而不是长存不灭作为设计目标 6. 保存复杂性——从可循环、再利用以及利益倾向中做设计选择时，嵌入式熵和复杂性应被看成投资
价值流	
3. 将生命周期思维运用到所有工程活动中	11. 为有价值的"来世"而设计——产品、进程以及系统应被设计成符合有价值的"来世"的性能 2. 预防代替处置——预防浪费比废物产生之后再去处置或清理更好 10. 集成物料和能量流——产品、进程和系统设计应包括集成以及有效能量和物料流的互联

续表

桑德斯丁会议	美国化学学会
流程	
4. 确保所有物料和能量的投入和产出尽可能安全、良性 5.使自然资源消耗最小化 6. 尽可能避免浪费	4. 效率最大化——产品、进程和系统设计应使质量、能量、空间以及时间效率最大化 3. 分离设计——应设计出分离和提纯工序以使能量损耗和材料使用最少化 9. 物料差异最小化——使多成分产品的物料差异最小化以提高分解和保留值 12. 可再生替代纯消耗——物料和能量投入应该是可再生的而不是纯消耗
拉动	
7. 在已知地区地理、愿景以及文化的情况下,开发和应用工程解决办法	5. 拉高产出 vs 推动投入——产品、进程以及系统应通过使用能量和物料实现"拉高产出"而不是"推动投入" 8. 满足需求,使超额最小化——多余的容量和性能(如"一刀切")的设计方案应视为一种设计缺陷
完善	
8. 在当前或者已有优势的技术基础上开发工程解决办法;提升、创新、创造(技术)实现可持续性 9. 在发展工程解决办法时主动考虑群体及利益相关者	无

七、思考与结论

产品创新和产品设计是支持社会向永续性发展转变的重要因素。资源的过度利用以及产品、分配、使用和处理的社会生态影响证明当前制定产品创新和产品设计的决策方法还不充分(Byggeth et al, 2007)。开发一种整合了精益产品开发的优势以及绿色工程的方法可能解决这个问题。鉴于精益产品开发重在强调提升经济利益,绿色工程主要聚焦降低环境影响,两种方法的结合应该能帮助我们发现三重底线中至少两种元素之间的平衡。

然而,要整合两种产品开发的方法并不容易。由于要实现不同的目标,匹配不同的价值构成,支持对不同的价值流的分析,一些工具和方法也随之不同。因而,如果精益产品开发主要是开发有利可图的新产品并尽快推向市场,那么精益产品开发中加入绿色工程观点意味着考虑到一系列确保可持续解决方案必不可少的更大的需求以及设计限制。咋看,这似乎并不符合甚至违背了严格的经济学观点，事实上这是在进一步强调为加快严格限制和极度不确定条件下产品开发而进行的各种精益产品开发实践的重要性。McDonough，Braungart（2002）在其出版的《从摇篮到摇篮》一书中强调，设计是一个意向的信号。为了确保设计者在精益和可持续观点指导下设计新产品时有明确的目的，他们需要对即将出现的问题有一个整体认识，目的是充分了解所有权衡的设计空间限制，拉动支撑形成价值优化的价值元素以及针对有关的社会、环境和经济的利益相关者进行的意在降低风险的决策。

八、未来研究局限及研究方向

本文描述的概念仍存在一些局限性，因此作为最优先选择，有必要采用更严格的研究方法重复这个思考的过程。尽管如此，这些观点也算令人鼓舞，它们为未来研究开辟了卓有价值的路径：获取对综合方法的一个更为清晰的视角，列出针对共同利益的具体实践，探究支持综合方法在不同文化背景的企业及社会中实现的因素。这些研究成果不仅有助于以正确的方法进行开发，还使我们能够为可持续的未来生活及商业活动开发正确的东西。

参考文献

1. Abraham, M. A., and Nguyen, N. (2003). Green engineering: Defining the principles—results from the Sandestin Conference. Environmental Progress, 22(4): 233-236.
2. Anastas, P.T. and Zimmerman, J.B. (2003). Design through the Twelve Principles of Green Engineering. Environmental Science and Technology, 37(5): 94A-101A.
3. Barczak, G., Griffin, A., and Kahn, K. B. (2009). Perspective: Trends and drivers of success in NPD practices: Results of the 2003 PDMA best practices study. Journal of Product Innovation Management, 26(1): 3-23.
4. Baumann, H., Boons, F., and Bragd, A. (2002). Mapping the green product development field: engineering, policy and business perspectives. Journal of Cleaner Production, 10(5): 409-425.
5. Beauregard, Y., Bhuiyan, N., and Thomson, V. (2011). Post-certification engineering taxonomy and task value optimization in the aerospace industry. Engineering Management Journal, 23(1):86-100.
6. Browning, T. (2002). Process integration using the design structure matrix. System Engineering, 5(3): 180-193.
7. Browning, T. (2003). On customer value and improvement in product development processes. Systems Engineering, 6(1): 49-61.
8. Byggeth, S. H., Henrik, N., Johan, W., et al. (2007). Introductory procedure for sustainability-driven design optimization, guidelines for a decision support method adapted to NPD processes. International Conference on Engineering Design, Iced'07 28-31 August 2007, Paris, France.

9. Clark, K. B. and Fujimoto, T. (1991). Product development performance: Strategy, Organization, and Management in the World Auto Industry. Boston, MA: Harvard Business School Press.

10. Cooper, R. (2000). Winning with new products: Doing it right. Ivey Business Journal, 64(6): 54-60.

11. Crawford, C. M., and Benedetto, C. A. D. (2008). New product management. NY: McGraw-Hill.

12. Cusumano, M.A. (1994). The Limits of 'Lean'. Sloan Management Review, 35(4): 27-32.

13. Cusumano, M. A. and Nobeoka, K. (1998). Thinking beyond lean: how multi-project management is transforming product development at Toyota and other companies. New York: Free Press.

14. Dyer, J. H. and Nobeoka, K. (2000). Creating and managing a high-performance knowledge-sharing network: the Toyota case. Strategic Management Journal: Special Issue: Strategic Networks, 21(3): 345-367.

15. Eppinger, S. D., Whitney, D. E., Smith, R P., et al. (1994). A model-based method for organizing tasks in product development. Research in Engineering Design, 6(1): 3083-3089.

16. Griffin, A. (1997). PDMA research on new product development practices: Updating trends and benchmarking best practices. Journal of Product Innovation Management, 14(6): 429-458.

17. Haque, B. and James-Moore, M. (2004). Applying lean thinking to new product introduction. Journal of Engineering Design, 15(1): 1-32.

18. Hines, P. and Rich, N. (1997). The seven value stream mapping tools. International Journal of Operations & Production Management, 17(1): 46-64.

19. Hoppmann, J., Rebentisch, E., Dombrowski, U., et al. (2011). A framework for organizing lean product development. Engineering Management Journal, 23(1): 3-15.

20. Hübner, R. (2012). Ecodesign: Reach, Limits and Challenges. 20 years of Ecodesign—time for a critical reflection. Forum Ware International 1/2012, ISSN 1810-7028, Vienna.

21. IDSA, Industrial Designers Society of America (1992). 12 Facts of Ecological Design, Innovation Special.

22. León, H. and Farris, J. (2011). Lean product development research: current state and future directions. Engineering Management Journal, 23(1): 29-51.

23. Letens, G., Farris, J., and Van Aken, E. (2011). A multilevel framework for lean product development system design. Engineering Management Journal, 23(1): 69-85.

24. Liker, J. K. and Morgan, J. M. (2006). The Toyota way in services: the case of lean product development. The Academy of Management Perspectives, 20(2): 5-20.

25. Liker, J. and Morgan, J. (2011). Lean product development as a system: a case study of body and stamping development at Ford. Engineering Management Journal, 23(1): 16-28.

26. Mascitelli, R. (2011). Mastering Lean Product Development: A Practical, Event-Driven Process for Maximizing Speed, Profits, and Quality. Northridge, CA: Technology Perspectives.

27. McDonough, W. and Braungart, M. (2002). Cradle to cradle: Remaking the way we make things. New York: MacMillan.

28. McWilliams, A. and Siegel, D. (2001). Corporate social responsibility: A theory of the firm perspective. Academy of Management Review, 26: 117-127.

29. Nepal, B., Yadav, O., and Solanki, R. (2011). Improving the NPD process by applying lean principles: a case study. Engineering Management Journal, 23(1): 65-81.

30. Nonaka, I. and Takeuchi, H. (1995). The Knowledge-Creating Company: How Japanese Companies Create the Dynamics of Innovation. New York: Oxford University Press.

31. Oosterwal, D. P. (2010). The Lean Machine: How Harley-Davidson Drove Top-Line Growth and Profitability with Revolutionary Lean Product Development. New York: Amacom.

32. Oppenheim, B. W., Murman, E. M., and Secor, D. A.(2011). Lean enablers for systems engineering. Systems Engineering, 14(1): 29-55.

33. Radeka, K. and Sutton, J. M. (2007). What is 'lean' about product development? An overview of lean product development. PDMA Visions, 31(2): 11-15.

34. Reinertsen, D. G. (2009). The principles of product development flow: second generation lean product development. Redondo Beach, Canada: Celeritas.

35. Ro, Y. K., Liker, J. K., and Fixson, S. K. (2008). Evolving models of supplier involvement in design: the deterioration of the Japanese Model in U.S. Auto. IEEE Transactions on Engineering Management, 55(2): 359-377.

36. Seuring, S. and Müller, M. (2008). From a literature review to a conceptual framework for sustainable supply chain management. Journal of Cleaner Production, 16(15): 1699-1710.

37. Ward, A. C., Liker, J. J., Cristiano, J. J., et al. (1995). The second Toyota Paradox: how delaying decisions can make cars faster. Sloan Management Review, 36:3.

38. Womack, J. P. and Jones, D. T. (2010). Lean thinking: banish waste and create wealth in your corporation. New York:Simon and Schuster.

39. Womack, J. P., Jones, D. T., and Roos, D. (1990). The machine that changed the world. New York: Rawson Associates.

吉尔特·雷顿斯(Geert Letens)

比利时皇家军事学院经济管理行政学部陆军中校,根特管理学院研究员,美国弗吉尼亚理工学院客座教授。现任TchI变革与创新中心主席,CIMCIL知识研究所主任,美国工程管理学会下任主席。曾任美国工业工程师协会(IIE)工程管理系统2012年度主席,美国工业工程师协会2013-2014年度国际(欧洲)副主席。研究方向包括组织变革及发展、绩效管理、精益产品开发。

系统工程的探索与实践——准格尔煤田绿色开采及综合利用示范工程

凌　文

神华集团有限责任公司，北京

摘要：本文概要地分析了我国煤炭工业发展面临的主要问题，以理念创新为引领，以科技创新为支撑，以管理创新为动力，以准格尔煤田开发为工程依托，重点介绍了神华集团在绿色开发与综合利用方面的探索与工程实践，以及在科技创新与管理创新方面的做法与经验。

关键词：煤炭；绿色开发；综合利用；探索与实践

一、引　　言

近年来，大气雾霾、水体污染、生态破坏等各类环保问题日益突出，引发全社会对环保问题的高度关注。煤炭行业在为国民经济和社会发展发挥主体能源作用和做出重大贡献的同时，传统的粗放式开发也引起了地下水破坏和地表生态损伤的问题，煤炭非洁净利用引发了污染物和温室气体排放等问题。煤炭绿色（安全、高效、生态）开发和清洁利用成为煤炭工业转型发展和可持续发展的关键和社会共同的期盼。在我国经济社会发展进入新常态，煤炭产能严重过剩和同质化竞争进一步加剧的新形势下，如何进行煤炭资源的清洁高效绿色开发和清洁高效综合利用，成为摆在我国煤炭开采领域专家、学者以及广大企业经营管理者面前的一个重大课题。神华集团作为世界最大的煤炭供应商，致力于成为“世界一流清洁能源供应商”和“清洁能源技术方案提供者”，在煤炭资源的绿色开发和综合利用方面做了一些有益探索。提出并实施了煤炭资源与环境协调开发理念，建立了煤炭资源与环境协调开发、煤炭共伴生资源综合开发利用的新模式及其工程技术体系，实现了煤炭开发与综合利用系统内部各要素协调、系统边界扩展协调、系统与环境协调的新局面。

以神华集团所属的几个露天煤矿为例，这些露天煤矿大都位于内蒙古区域，属于我国常年干旱缺水的北方地区，年总降水量平均仅为 200～800 mm，植被稀疏，生态脆弱，荒漠化比较严重。在上述地区开发露天煤矿，将覆盖于煤层上的岩土全部剥离，形成大型的人工挖损地貌和堆垫地貌，极易造成严重的水土流失和区域环境损伤。为解决这一难题，神华集团坚持“科技创新和管理创新可以实现煤炭绿色开发和清洁利用”的理念，实施科技创新与管理创新“双轮驱动”，支撑露天煤矿绿色开发与矿区生态环境重建相协调，成功走出了一条“煤炭开采与生态保护同步、节能减排与环境再造并行”的发展之路。下面以神华集团所属准格尔矿区为例，做一简要介绍。

二、工程实施背景及现状

准格尔煤田位于内蒙古自治区鄂尔多斯市东部，地处西北黄土丘陵区域，原生地表沟壑纵横，水土流失、土壤风蚀沙化严重，原始地表水土流失模数为每年 13 000 t/km^2，属极度侵蚀。采用露天开采工艺开发准格尔煤田，从项目一期工程可行性研究开始，就有许多专家、学者对在该区域开发露天煤矿是否会进一步恶化当地生态环境提出质疑，再加上其他因素，导致项目几度被提上日程，又数次被搁浅。直至 20 世纪 80 年代末，在综合权衡各方面因素后，国家才决定建设大型露天煤矿开发准格尔煤田。

准格尔项目一期工程是国家“八五”“九五”重点建设项目，项目首创了“煤电路”同步建设的“准格尔模式”，这种模式是神华煤、电、路、港、航、油化一体化商业模式的重要组成部分。项目包括年设计产能为 1200 万吨的露天煤矿，2×10 万千瓦的坑口电厂，正线全长 264 千米的大准（大同至准格尔）铁路，于 1976 年开始筹建，1990 年开工建设，1999 年末正式投产运营。经过几次改扩建，累计投资近 500 亿元，建成了年产能 6900 万吨的黑岱沟、哈尔乌素两个露天煤矿及配套的选煤厂，年运输能力均过亿吨的两条铁路——大准铁路（大同至准格尔）和准池铁路（准格尔至神池），电力装机总容量 96 万千瓦的煤矸石发电厂，以及规划中的粉煤灰提取氧化铝循环经济产业项目，初步形成了“煤炭开采—洗选加工—铁路运输—坑口发电—粉煤灰综合利用—绿色生态产业”的煤炭绿色开发与清洁高效综合利用产业链，凸显了神华一体化模式中上下游产业链深度协作、高度协同和低成本运营的优势。

三、“科技+管理”双轮驱动资源绿色开发与综合利用的实践

神华准格尔能源有限公司（简称准能公司）从建矿伊始，就瞄准了建设“世界

一流露天煤矿”的目标，持续推进科技与管理创新，形成了“科技创新+管理创新”双轮驱动的管理体系与创新模式，有效支撑了“煤—路—电—铝—生态”纵向一体化的清洁高效产业链建设。

（一）科技创新

1）露天开采方面

针对准格尔矿区厚煤层、厚覆盖层的地质赋存条件，选择了最经济合理的综合工艺：上部黄土轮斗连续工艺，中部岩层单斗-卡车间断工艺及抛掷爆破-吊斗铲无运输倒堆工艺，下部煤层单斗-卡车-半固定式破碎站半连续工艺，实现了低碳高效开采。特别是，率先研究应用抛掷爆破-吊斗铲无运输倒堆工艺，攻克了厚覆盖层煤炭运输通道布设、厚煤层高强度分层开采、宽采掘带高台阶抛掷爆破与吊斗铲作业及安全保障等技术难题，形成了适合我国煤炭赋存状况的高台阶抛掷爆破与吊斗铲倒堆开采工艺技术。该工艺将采掘、运输、排弃一次完成，全员工效、整体效率和节能降耗水平显著提高。一套吊斗铲系统，相当于 3 台 395B 电铲、24 台 154 吨卡车，操作人员由 120 人减少到 12 人；有效抛掷率达 35%左右，每年可减少运输剥离物 700 余万立方米；实现了耗电替代耗油，年均节能 2 万吨标准煤，年节约成本 1.24 亿元。该成果属我国露天煤矿开采理论和技术的重大创新，获 2012 年度国家科学技术进步奖二等奖。

此外，还实施了“准格尔现代露天煤矿开发重大关键技术研究与应用”“露天煤矿抛掷爆破的炸药制备关键技术研究及应用”等科技创新项目，解决了 4 大露天开采工艺联合开采问题。研发了抛掷爆破专用炸药及关键设备，打破了国外在抛掷爆破方面的技术和价格的双重垄断。

2）安全保障方面

实施“露天煤矿运输车辆交通预警系统研发”项目，解决了长期困扰露天采矿业各种车辆在有限的作业区域内极易发生碰撞的世界级难题，项目获“第 65 届德国纽伦堡国际发明展”二等奖和内蒙古自治区科技进步奖二等奖。实施“排矸场稳定性预控技术研究”“排土场地质勘察与边坡稳定性评价”等科技创新项目，集成了 GPS、传感器、数据通信、锚索应力监测等技术，建立了各类边坡的实时预警系统，保障了采矿作业安全。

3）粉煤灰综合利用方面

经过 10 余年产学研协同创新，攻克了“一步酸溶法”提取氧化铝的关键技术，解决了主要设备防腐、酸性气体环保等关键工程技术难题，建成粉煤灰提取氧化铝和镓中试装置，历经 3 年系统运行调试和改进，形成了年产国标一级氧化铝

4000 吨、4N 级纯度镓 360 千克的生产规模。该工艺仅有配料、溶出、分离洗涤、蒸发结晶、煅烧、酸回收等 6 个工序。经鉴定，该工艺属国内外首创，具有流程短、成本低和环境友好等优势，填补了粉煤灰酸法制备冶金级氧化铝的国际空白，达到了国际领先水平。该项目是“十二五”国家科技支撑计划项目。已获得授权专利 46 项（其中发明专利 18 项），制定企业标准 4 项。目前，规划投资 1400 亿元的“煤-电-粉煤灰-氧化铝”循环经济示范工程，被国土资源部和财政部列为首批矿产资源综合利用示范基地。

4）环境保护、复垦绿化方面

为了解决黄土高原水资源匮乏、水土流失严重、生态脆弱的难题，开发了水土流失控制、土地复垦、土壤改良、植物筛选等工程技术，建立了矿区生态重建技术体系；还采取了整体包围、分层阻拦泥沙等措施，构筑水土保持工程的宏观防御体系，有力地支持了矿区的复垦绿化工作。

（二）管理创新

1）区域经济一体化管控模式

在 20 世纪 90 年代，准格尔“煤电路”一体化建设模式在国内尚属罕见。由煤炭人主导建设的“煤电路”工程，具有高度的系统联动性和复杂性。准能公司在煤炭行业首创了公司层级的“指挥部”与直属单位层级的“各专业项目部”分工协作的管控模式，既发挥了“指挥部”统筹资源、高效协调的“资源优化配置”职能，又调动了“各专业项目部”专业化管理能力强的“自我调控”积极性，提升了系统管控能力。在煤炭经济“新常态”下，坚持经济效益、社会效益和社会责任“三同时”，把发展现代生态农业和打造未来城市功能为核心的绿色产业，同黑色的煤炭产业、白色的粉煤灰提取氧化铝产业、金色的铁路运输并列为准能公司的 4 项支柱产业，既要矿区发展，又要绿水青山，制定实施“七彩准能”的发展战略，进一步拓展“煤电路”模式为“煤—路—电—铝—硅”循环经济模式，通过高度协同、深度融合、互为支撑、对冲风险、资源共享的一体化运营与管控，着力打造以煤为主的准格尔区域经济一体化新模式。

2）煤炭共伴生资源协同开发模式

准格尔煤田探明资源量约 265 亿吨，共伴生铝资源约 40 亿吨，为我国现有氧化铝基础资源量的 7 倍左右；共伴生镓资源约 86 万吨，相当于全世界之前已探明镓资源总量的 80%，这些资源广泛存在于粉煤灰等传统废弃物中，一直未得到利用，既浪费资源，又污染环境，与近年我国铝土矿对外依存度超过 50% 的现实形成鲜明反差。针对上述问题，提出煤炭开发系统边界扩展思想，成功探索了煤共伴生资源综合开发利用新途径，研发了铝、镓高效环保型回收关键技术，形成了自主知识产权体系，创新了煤共伴生资源循环经济的发展。

3）生态开采与清洁利用的协同管控体系

坚持“生态环境保护与煤田开发并重”的指导方针，为实现“生态开采”和“清洁利用”的目标，遵从资源回收最大化、环境损伤最小化、能源利用效率最大化、资源与环境开发可持续的4项原则，制定了安全、效率、效益、环保、社会责任等5类指标体系，形成了具有高协同度的运营管理体系，将土地复垦、生态保护、水土保持纳入到生产运营的全过程，强化矿山生态环境保护与治理力度，变沟壑纵横为万亩良田，有力地支撑了“煤—路—电—铝—硅—生态”一体化的清洁高效产业链的形成。

4）世界一流露天煤矿标准及评价体系

准能公司经过多年的快速发展，在露采技术、设备管理、安全生产、环境保护等方面走在行业的前列。从露天煤矿的基础条件、生产、安全、管理、经营、环境保护、可持续发展能力等方面，研究制定了《世界一流露天煤矿标准及评价体系》企业标准，不仅对神华集团露天煤矿的发展具有指导作用，而且对于国内其他露天煤矿的发展也具有导向和指引作用。该成果获国家能源局2012年度软科学研究优秀成果奖二等奖。

（三）主要成效

1）煤炭开采

建成了世界上单坑产量最大（3500万吨）、效率和资源回收率高、煤炭开发与生态修复相协调的露天煤矿。集成创新了吊斗铲、轮斗、电铲-单斗卡车、半连续4大露采工艺联合开采，开国内综合开采工艺之先河。两矿全员采煤工效最高达到每日116.7吨/工，资源回采率始终保持在96%以上；两矿吨煤开采综合能耗为3.1千克/吨标准煤，远低于露天开采行业限额标准8.2千克/吨标准煤。对煤炭及剥离物的采掘、运输、破碎、皮带输送、洗选加工、存储、矸石处置等各个作业环节全面清洁化整治，通过洒水抑尘、喷洒抑尘剂、输煤皮带全封闭、安装布袋除尘器、选煤厂内粉尘综合治理、煤泥水完全闭路循环、储煤场地安装防风抑尘网等措施，煤炭采区抑尘减排50%以上，破碎站、储煤场抑尘减排80%以上，每年减少煤炭损失90余万吨。黑岱沟露天煤矿经认定成为国家首批“绿色矿山”，哈尔乌素矿也成为国家第四批“绿色矿山”试点单位。

2）铁路运输

通过引进先进的大功率电力机车，加大万吨列车开行对数（25对/天），对接触网进行无功补偿，运煤列车喷洒固化剂等措施，提高了自有的大准铁路、准池铁路的运输效率，降低了煤炭运输过程中对环境的污染。铁路运输综合能耗低于21千克标准煤/万吨·千米，达到铁路运输行业先进水平。

3）坑口发电

煤矿生产的劣质煤和煤矸石通过自有铁路运输至坑口矸石发电厂用于发电，年消耗劣质煤和煤矸石300余万吨，既节约了资源，又减少了煤矿固体废弃物对环境的污染。通过关停落后燃煤机组、对在役锅炉进行炉外脱硫脱硝、节能改造等措施，提升了能效及污染物减排水平。坑口电厂还使用了污水处理厂产生的中水，年循环利用中水近500万吨。

4）粉煤灰综合利用

年产4000吨氧化铝的工业化中试厂已于2011年8月投入运行，实现了安、稳、长、满、优的运行，生产的氧化铝达到了国家冶金级氧化铝一级品的标准。项目通过了中国有色金属工业协会和中国煤炭工业协会组织的科技成果鉴定，工艺技术具备了工业化推广应用的条件。“神华准格尔矿区煤炭绿色开采及伴生资源综合利用示范基地”被列为首批40个国家级矿产资源综合利用示范基地之一，并得到中央国有资本产业升级与发展专项资金支持，共获国家支持资金15.4亿元。

5）矿区复垦和生态建设

全面落实开发建设与生态环境保护、水土保持“三同时”规定，从吨煤成本中提取0.45元作为复垦及绿化基金，用于复垦绿化、生态保护、水土保持，将露天矿剥离产生的岩石、黄土排弃至排土场进行土地复垦，形成了“表土采集堆存→岩石排弃压实→表土覆盖→土地整形→土地熟化→种植绿化”等一整套完善的复垦绿化作业流程。截至2014年年底，准能公司在复垦绿化、水土保持方面累计投入近20亿元，累计完成复垦总面积2019公顷，种植各种乔灌木6360万株，牧草1555公顷；工业广场绿化面积达212公顷，绿化率89.5%；植被平均覆盖率达75%以上，植被覆盖度比自然地貌提高2~3倍；水土保持治理面积20平方千米以上，水土流失控制程度达90%以上，水蚀模数已从本底值每年13 000吨/平方千米下降到目前的1500吨/平方千米，减少地表径流量65.43万吨/年，水土侵蚀量比原来减少80%以上。公司在20余年复垦绿化基础上，首期规划区总面积18.3万亩（1亩≈667平方米），按照“超前规划，分期实施，稳步推进”的工作思路，把采矿后形成的排土场改良成更肥沃、生产力更高的土地。在开发煤炭资源的同时，发展生态农牧业。已在复垦区域启动了农业种植试验。2012—2014年完成了1717亩示范区建设，选择适宜的排土场地进行土豆、玉米、谷类、大豆、油菜等农作物种植，获得成功。

四、结　　语

资源清洁高效开发和综合利用水平是衡量一个能源企业经济结构、发展方式、科技水平、管理能力的综合指标。只有搞好资源的清洁高效开发和综合利用工作，不断增强企业核心竞争力，才能从根本上解决煤炭企业的可持续发展问题。神华集团将继续通过实施科技创新和管理创新的深度拓展与相互融合，继续推进煤炭绿色开发、高效转化和超低排放，积极为社会提供终端的清洁能源，同时，大力构建清洁、高效、低碳绿色能源系统，实现“能源、经济、社会、环境”和谐发展，把神华集团建成以“技术领先、管理先进、创新驱动、价值创造”为基本内涵的世界一流清洁能源企业。

参考文献

[1] 才庆祥，洪宇.(2008).露天煤矿高效开采新技术.徐州：中国矿业大学出版社.

[2] 郭昭华，连恺.(1996).黑岱沟露天煤矿生态综合整治工程初步研究与生态恢复进展.露天采煤技术，(增刊)：52-57.

凌　文

1963 年出生，哈尔滨人，博士，教授，博士生导师，现任神华集团公司总经理。全国劳动模范，全国金融劳动模范，全国优秀博士后，国家百千万人才，享受国务院政府特殊津贴。

1984 年上海交通大学应用数学专业本科毕业，1987 年哈尔滨工业大学系统工程专业硕士毕业，1991 年哈尔滨工业大学系统工程专业博士毕业，1994 年上海交通大学系统工程研究所博士后出站。

1993 年 6 月进入中国工商银行总行工作，历任副处长、处长、工银亚洲副总经理、国际业务部副总经理等职。2001 年 12 月进入神华集团工作，历任副总经理、中国神华总裁、总经理等职，其中 2010 年 7 月至 2015 年 1 月兼任神华公益基金会理事长。

主要社会职务：中国人民大学、哈尔滨工业大学、中国矿业大学等兼职教授。教育部全国高等学校设置评议委员会专家，中国系统工程学会副理事长，中国能源学会副会长，全国现代管理领域专业技术人才知识更新工程(653 工程)专家指导委员会委员。

主要成就："基于科技资源整合模式的煤炭开发利用技术创新工程"获 2009 年国家科学技术进步奖二等奖，"千万吨矿井群资源与环境协调开发技术"获 2012 年国家科学技术进步奖二等奖；"6.3 米大采高液压支架"获 2009 年河南省科技进步奖一等奖，"综采高压、大流量泵站及系统"获 2012 年中国煤炭工业科学技术奖一等奖。另外还获省部级一等奖 3 项、发明专利 10 项。"一种由粉煤灰提取镓的方法""一种由粉煤灰提取氧化铝的方法"等获 8 项中国和 2 项国外发明专利。

主持以风险管理为导向的内部控制体系建设，获国家企业管理现代化创新成果特等奖。在商业银行率先建立信贷风险管理系统，获中国人民银行科技进步奖二等奖。抓住资本市场最佳窗口，主持操盘中国神华发行 H 股、A 股，融资近 900 亿元人民币，至今保持着大型国企海内外上市最大融资额和最高增值倍数记录。

社会公益方面：主持组建神华公益基金会，实施神华爱心系列工程。兼任理事长期间，在全国共救助白血病、先天性心脏病儿童 16 028 名；捐建 12 所"神华爱心学校"，受惠学生达 14 000 人；捐赠价值 3.55 亿元的图书，在 7139 所学校建立"神华爱心书屋"，受惠学生达 500 万。

工程管理知识体系的进步

Hiral Shah[1] ,Walter Nowocin[2]

1 美国明尼苏达州 梅普尔格罗夫 圣·克劳德州立大学

2 美国明尼苏达州美敦力公司

摘要:青年工程师通常在获得技术领域大学文凭3~6年内会被提拔担任领导角色,如团队带头人或者经理等。要想胜任领导角色,工程师们还需要不断更新自身的工程管理知识并学习新技能。工程管理知识体系旨在梳理适用于工程管理学科的知识、技能及能力领域。该体系主要回答了“怎样成为一名合格的工程经理?”这个问题。工程管理知识体系基于验证研究,适用于课程开发、认证考试以及专业人员培训项目。本文介绍了工程管理知识体系中的11个领域,并对《工程管理知识体系指南》的未来出版问题予以探讨。美国工程管理学会组织的助理工程经理(AEM)以及专业工程经理(PEM)两项认证考试即是参照工程管理知识体系实施。这些认证考试有助于工程管理从业者证明自身具备该学科实践所必需的技能和资格。本文将对这项认证做具体介绍,还将探讨工程管理知识体系及认证项目的前景。

关键词:知识体系;工程管理;认证考试;工程经理;能力领域

一、引　　言

青年工程师通常在获得技术领域大学文凭3~6年内会被提拔担任领导角色,如团队带头人或者经理等。虽然他们拥有强大的技术功底,但他们往往不是一个成功的领导者,并且无法完成分配给他们的管理目标。究其原因,主要是因为他们缺乏管理知识和管理技能。

想要取得成功,工程管理的毕业生必须能够有效地解决问题,在多学科小组中表现突出,在书面与口头表达上畅通无阻,发现道德问题,并做出适当的决定,意识到环境因素在工程决策中的重要性,并对工程学中的经济学和商业部分有较充分的了解。如果达不到以上的要求就意味着客户的流失或者让客户失望，意味着无利可图的项目，意味着错过最后期限，意味着心怀不满的同事伙伴，而在最坏的情况下，意味着青年工程师职业生涯的终结（Bergeron，2001）。

工程管理知识体系（EMBOK）概述了在工程管理领域工作的专业人士所应该具备的能力范围。本文介绍了知识体系中的 11 个领域，并提供了工程管理认证考试的相关信息，这有助于工程管理从业者证明自身具备该学科实践所必需的技能和资格。另外，本文对认证程序和知识体系的未来计划也进行了进一步的描述。

二、什么是工程管理知识体系？

美国工程管理学会（ASEM）将工程管理定义为一门规划、组织和配置资源的艺术与科学，并能够指挥和控制技术构成的活动。工程管理知识体系描述了在工程管理领域中所需的技能。它基本上回答了一个问题："怎样才能成为一个合格的工程经理？"并提供了工程管理学科的通用词汇（Shah，2012）。

三、工程管理知识体系的历史

《工程管理知识体系指南》的第一版是在工程管理国际认证（EMCI）的支持下由美国工程管理学会（ASME）发布的，ASEM 只在外围参与其发展。第二版于 2009 年出版，ASME 作为版权持有者，获得了更多 ASME 学者和专业人士的投入。第三版于 2012 年出版，ASME 仍是版权持有人，对内容和版面进行了升级。《工程管理知识体系指南》目前的第三版除了原有的 11 个领域，还新增了 4 个新的领域，分别是：① 工程管理简介，② 运营与供应链管理，③ 技术研发管理，④ 系统工程。

四、工程管理知识体系的验证

工程管理知识体系中能力领域是 2014 年通过工程管理专业人员的角色定位研究验证的。这些专业人士被要求在 5 点李克特式量表上测量其能力领域，并补充任何对于工程管理领域的从业者来说必须知道的重要新主题。

五、工程管理知识体系的领域

工程管理知识体系涵盖了 11 个领域，它们所代表的是工程管理领域中最前沿的信息。这些领域从内容分析领域到书籍出版，还包括工程管理能力领域的研究和学术界、产业界相关专家的投入。

这11个领域包括：① 工程管理简介；② 领导与组织管理；③ 策略规划；④ 金融资源管理；⑤ 项目管理；⑥ 运营和供应链管理；⑦ 工程组织中的市场和销售管理；⑧ 技术研发管理；⑨ 系统工程；⑩ 工程管理中的法律问题；⑪ 职业道德规范条例。每一个领域都根据《工程管理知识体系指南》第三版中的信息进行了总结。

（1）工程管理简介

该领域提供了工程管理学科的导论框架。它定义了策划、组织、资源分配，并指导和控制了领域范围内的活动。在这一领域讨论的其他主题包括：工程管理技能、工程经理的角色演绎和未来所面临的挑战。

（2）领导与组织管理

当一个没有受过正规的管理培训或没有充足的管理经验的工程师晋升到管理职位，他们可能会对关键的管理原则缺乏透彻的了解。这是非常遗憾的，不管是对于新的管理人员还是经验丰富的管理人员来说，都需要这些原则来指导他们应对日常管理中遇到的挑战，特别是对于那些涉及人事管理的人群。

第二部分探讨了若干条管理原则，特别是管理方式和组织结构，这对于管理人士来说是最具有指导意义的，其中也包括以脑力劳动为主的工程师。

在这部分讨论的其他主题还有：管理思想、管理和激励知识型员工、组织结构、管理系统和系统思维、领导能力、人力资源管理和团队合作。

（3）战略规划

战略规划模式分为两大类：规划和管理。战略规划在工程管理知识体系中被定义为建立、实施、修正和不断提高企业战略计划的一系列流程。战略管理被定义为用来实现战略技术工具和技术，以及在对正式规划过程再循环的讨论之前发生的特殊事件迅速做出反应所需要做出的努力。

在这一部分讨论的其他主题包括：战略规划、战略规划过程、战略管理、战略制定、战略实施、战略性能评估和配置经验的重要性。

（4）金融资源管理

对于工程师所从事的大部分活动，尤其是在工程管理中，金钱是衡量产出价值的最适当的工具。影响工程的设计原则都是基于产出利益最大化和资金投入最小化的概念。一个工程经理只有通过了解资金核算的过程才可以确保其做出的决定达到优化使用金融资源，并为他们的组织创造最大的价值。

在这一部分讨论的其他主题包括：会计、财务、预算、工程经济学、成本与效益估算。

（5）项目管理

项目管理是应用于项目活动以满足项目要求的知识、技能、工具和技术。由于通过组织开展的项目数量大幅增加，项目管理已成为大多数企业的关键技能。工程管理知识体系将《项目管理知识体系指南》作为项目管理行业公认的最佳实例，具备项目管理师资质认证，并将其整个过程描述为：启动、规划、执行、监控和结束。

（6）运营和供应链管理

任何商业机构的最终成功都取决于它的决心和满足客户需求的能力。如今，企业注重质量、速度、效率和客户价值的全球竞争力，任何企业或机构的长期可持续性取决于其恪守与时俱进的承诺。

在这一部分所讨论的主题有：质量管理、流程改进、运营管理、库存管理和供应链、设备管理和测量供应链性能。

（7）工程组织中的市场和销售管理

营销推动销售过程。战略营销努力帮助企业确定客户的需求，并进一步指导发展战略，把产品推向市场。虽然销售和市场营销是源自同一个“系统”，但它们在目标上是不一样的。销售集中在激发潜在客户购买产品或服务上。

在这一领域讨论的主题是：销售和广告实例、客户满意度战略、营销和品牌技术、产品组合分析、全球贸易和国际业务以及定价策略。

（8）技术研发管理

技术是企业成功的关键。技术的开发和利用为企业提供竞争优势，从而改善人类生存条件。

在这一部分讨论的主题是：概述、管理和新产品中的技术研发。

（9）系统工程

系统工程是一种多学科的方法，主要用于大型复杂的以及复合的系统交易。系统工程的重点是系统开发，但也考虑系统的整个生命周期。通常，系统工程过程是一个需求驱动的过程，利用需求来确保开发的系统符合所有特定客户的需求。

在这一部分讨论的主题是：系统工程方法、实施系统工程、当前重点领域的系统工程。

（10）工程管理中的法律问题

商业法律采取多种形式规范企业单位和商业行为。法律旨在通过指导如何利用条款和条件、具体的业绩预期、违约协议等来保障各方的权益。

在这一部分讨论的主题有：商务合同、环境问题、人力资源、知识产权、担保/

负债/保险和监管要求/规范/标准。

(11) 职业道德规范条例

道德用来界定行为的对与错、好与坏、人们应该做什么和不应该做什么。虽然道德并不等同于法律本身,但许多非法行为也是不道德的。有些不道德的行为是法律所禁止的,但有些不道德的行为却是完全合法的。一些组织,包括专业协会,会建立道德守则来帮助成员发展,做出有效的决策,并规范自身的道德行为。

这一部分讨论的其他主题是:伦理本质、利益相关者和伦理学、道德理论、工程师和管理人员的道德、实际道德决策的原则和职业行为规范的性质。

六、工程管理知识体系的应用

工程管理知识体系的应用为在工程管理领域工作的人们提供一个基本的指导。工程管理知识体系可用于课程开发、培训计划、职业发展计划、认证考试开发、项目认证和许多其他领域。它为工程管理领域的进步提供了框架。《工程管理知识体系指南》可以被看作是工程管理学科的一个基本参考。

基于工程管理知识体系并由美国工程管理学会组织的两个认证考试是:(1)助理工程经理(AEM)和(2)专业工程经理(PEM),二者都属于工程经理职业资格认证(EMPC)项目。

工程经理职业资格认证(EMPC)

由美国工程管理学会组织的工程经理职业资格认证(EMPC)的主要目的是在工程管理学科中解决如何认定和雇用娴熟的专业人员。此外,一位专业的工程经理可以通过资格认证考试测试他们的知识和技能。

美国工程管理学会开创了职业资格认证的两个级别:助理工程经理(AEM)和专业工程经理(PEM)。此类资格认证考试的申请需要达到合格标准。助理工程经理(AEM)和专业工程经理(PEM)阶段如果想换发新证,在前3年累计45个学分(PDU)并支付换证的费用便可以了。

1. 助理工程经理(AEM)

AEM职业资格认证是为了给在技术管理或监管任务初期的青年技术人才提供证明。具有工程管理学士或硕士学位(非美国工程管理学会认证项目)的考生必须接受40小时与工程管理知识体系中3个或3个以上领域相关的训练,或有两年(1)相关专业经验或(2)在科技类公司管理知识型员工(www.asem.org)。这些考生在美国工程管理学会的考试中回答100道与工程管理知识体系有关的多选题并需至少答对70%才能通过助理工程经理资格认证。AEM认证的有效期为3年。

在美国工程管理学会认证项目中，有工程管理硕士学位的考生通过支付认证费便可获得 AEM 认证，无须通过 AEM 考试。

2. 专业工程经理(PEM)

专业工程经理职业资格认证是通过测试那些经验丰富的技术管理人员的技术与经验而提供一种专业证明。PEM 认证的有效期为 3 年。参加 PEM 认证考试的考生须符合相应的经验要求和教育资格标准。PEM 考试包含了 200 道与工程管理知识体系有关的多选题，考生必须在 4 小时以内答完，并答对 70%以上才能获得认证。

拥有工程管理博士学位并在管理项目中有 3 年或以上工作经验的人通过支付认证费便可获得 PEM 认证，无须通过 PEM 考试。

七、工程管理知识体系的未来

工程管理学科已取得进展并在劳动力市场中受到越来越多的关注。工程管理知识体系则需要与时俱进，以体现该领域的发展趋势，同时满足工业的发展需要。美国工程管理学会计划每 3~4 年出版一个《工程管理知识体系指南》的新版本，以满足产业界、学术界和全球工程管理群体的需求。

《工程管理知识体系指南》以后的版本会体现出各个领域在项目和组织层面交融的框架。这项计划会为管理知识型员工、复杂的技术项目、技术驱动型组织、变革管理的可持续发展提供具体的信息。在这些领域范围内将会展现出更多的国际因素，如与虚拟团队合作处理文化差异，以及在能源、环境、灾害管理、法律等方面应对全球化的挑战。这些领域范围内的竞争力将根据《工程管理杂志》(*EMJ*)中系统的文献综述、行业从业者的反馈和特定领域的调查来进行更新。认证考试也会根据工程管理知识体系的更改进行更新。

参考文献

Bergeron, H.E. (2001). A perspective on the need to give an introduction to Engineering Management to all engineering students. In: Hayden, W. et al. (ed). Leadership and Management in Engineering, 26.

Shah, H.A. (2012). Introduction to Engineering Management. In: Shah, H.A. (ed.). A Guide to the Engineering Management Body of Knowledge. Rolla, MO: American Society for Engineering Management. 1-12.

Shah, H.A. (2012). A Guide to the Engineering Management Body of Knowledge. Rolla, MO: American Society for Engineering Management.

沃尔特·诺沃新(Walter Nowocin)

美国明尼苏达州美敦力公司(Medtronic Inc.)高级经理,同时担任圣·克劳德州立大学副教授和《工程管理知识体系指南》(即将出版)副主编。美国工程管理学会会员、国际自动化学会高级会员、NCSL国际卫生委员会委员。

两型工程管理理论探讨与实践

陈晓红

湖南商学院

中南大学两型社会研究院

摘要:本报告主要分三部分:① 两型工程管理的现实背景;② 两型工程管理的理论探讨;③ 两型工程管理的实践探索。

一、两型工程管理的现实背景

(一)建设两型社会与生态文明是国家的重大战略任务

建设两型社会与生态文明是国家的重大战略任务,详见表1。

表1 建设两型社会与生态文明是国家的重大战略任务

时间点	两型社会建设	生态文明建设
十六届五中全会	提出建设资源节约和环境友好的两型社会	
十七大报告	资源节约、环境保护提升为基本国策;将两型社会建设放在工业化、现代化发展战略的突出位置	首次将生态文明写入党的行动纲领
“十二五”规划纲要	坚持把建设两型社会作为加快转变经济发展方式的重要着力点	加快形成两型生产方式和消费模式,提高生态文明水平
十八大报告	要求确保到2020年实现全面建成小康社会宏伟目标,资源节约型、环境友好型社会建设取得重大进展	生态文明建设与经济建设、政治建设、文化建设、社会建设“五位一体”中国特色社会主义总战略布局

续表

时间点	两型社会建设	生态文明建设
十八届三中全会	健全国土空间开发、资源节约利用、生态环境保护的体制机制，推动形成人与自然和谐发展现代化建设新格局	围绕建设美丽中国，建立系统完整的生态文明制度体系，用制度保护生态环境；明确生态文明制度建设的四大任务
2015 年 3 月中共中央政治局会议	促进资源节约循环高效利用、加大自然生态系统和环境保护力度；明确提出“绿色化”，扩容“新四化”为“五化”	通过《关于加快推进生态文明建设的意见》

习近平总书记强调：两型社会和生态文明是人类文明的发展方向，是全社会的共同责任，是“中国梦”的抓手。

建设美丽中国，是实现中华民族伟大复兴的中国梦的重要内容。

我们在生态环境方面欠账太多，如果不从现在起就紧紧抓起来，将来付出的代价会更大。要清醒认识保护生态环境、治理环境污染的紧迫性和艰巨性，清醒认识加强生态文明建设的重要性和必要性。

李克强总理强调：要像对贫困宣战一样向污染宣战，努力建设生态文明的美好家园。

从历史看，两型、生态建设源远流长；人类文明由工业文明向生态文明演进；现代两型工程应运而生（图 1）。

人类历史是一部文明进步史和发展史。从历史视角看，可以追溯两型的历史源头，追寻人类社会对自然环境的艰辛认知、探索的历程，把握人类社会发展规律和两型的历史必然。

图 1　人类历史是一部文明进步史和发展史

（1）原始文明阶段：人不敌天，敬畏自然

在原始文明阶段，生产生活方式原始低下，人类对自然的影响十分有限。人类一方面崇拜大自然，另一方面又惧怕大自然，抵御不了水、火、雷、电等自然灾害的威胁。于是，远古的先民们以动物作为图腾崇拜，如“黄帝族以熊为图腾”“夏族以玄鸟为图腾”等。图腾崇拜，体现了对大自然的敬畏、保护，是最原始的生态思想萌芽（图 2）。

图 2　图腾崇拜

（2）农业文明阶段：天人合一，道法自然

农耕文明是以黄土地为生命保障的文明。人类开始不断利用和改造自然。人们在向自然索取的同时，处理与自然的关系，追求“天人合一”“道法自然”，形成了人与自然和谐的朴素生态思想。强调按自然规律办事，主动适应自然。

（3）工业文明阶段：人定胜天，掠夺自然

以第一次工业革命为标志，人类进入传统工业文明，物质生活水平得到极大的提高。在“人类中心主义”“人定胜天”和追求利润最大化等价值观指引下，人类不断“向自然宣战”“征服自然”，地球自然资源和生态环境面临着前所未有的威胁。金融危机、环境破坏、恐怖活动被称为 21 世纪三大威胁。

（4）生态文明阶段：天人和谐，顺应自然

生态文明是文明转型的结果，与 20 世纪 60—70 年代以来全球环境运动、可持续发展理论的形成密不可分。

可持续发展理论经历了四次飞跃（图 3）。生态文明是可持续发展实践的必然结果。

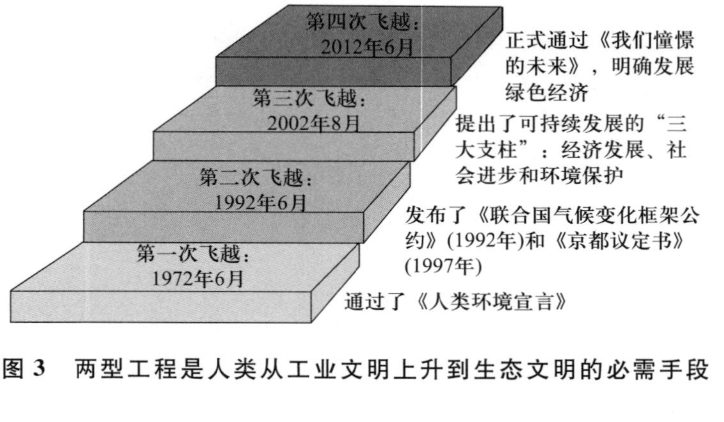

图 3　两型工程是人类从工业文明上升到生态文明的必需手段

梳理人类文明轨迹，从原始文明、农业文明、工业文明到生态文明，人类的工程行为经历了被动适应环境、开发利用环境、盲目“战胜”环境到主动保护环境的曲折发展历程。

（二）从现实看，推进两型工程迫在眉睫

1. 低碳经济发展已经成为当今世界潮流，全球变暖成为不争的事实

近 30 年（1983—2012）可能是北半球自 1400 年以来最热的 30 年。1880-2012 年，全球海陆表面平均温度升高了 0.85℃；2003-2012 年平均温度比 1850-1900 年上升了 0.78℃。

从 1901 年到 2010 年，全球平均海平面上升了 0.19 米；1971-2010 年间平均速度达每年 2.0 毫米；1993 年到 2010 年间平均速度则达到每年 3.2 毫米。

全球大部分地区积雪退缩，特别是在春季和夏季。

海平面的不断上升使得一批城市面临存在的威胁。

海平面上升将影响河口湾生态系统和海岸带经济。70%大城市、一半人口和 60%国民经济生产位于海岸带低洼地区。

我国海平面上升趋势明显。近 50 年来海平面呈上升趋势，速率为 1.0~2.5 毫米/年。到 2050 年约上升 12 ~ 50 厘米，珠江、长江、黄河三角洲附近海面上升 9 ~ 107 厘米。

2. 全球变暖与两型工程

人居环境：全球变暖与气候恶劣引起部分居住区危险性增加，需要实施环境治理、生态修复工程。

日常生活：夏季高温导致降温所需能源增加，造成用电受到限制，需要实施新能源开发、节能工程。

人类健康：由于全球变暖带来的传染性疾病（疟疾、登革热、黑热病和血吸虫病等）范围扩大，需要实施生态防疫等工程。

低碳经济是指通过技术创新和制度创新，降低能源和资源的消耗，尽可能地减少温室气体和污染物排放，实现经济社会的可持续发展，是一种以低能耗、低排放、低污染为特征的新型经济模式，其经济性、技术性、目标性的统一需要两型工程的支撑（图 4）。

我国是世界第一大能源消费国，2014 年能源消费总量达 42.6 亿吨标准煤。CO_2、SO_2、COD（化学需氧量）排放总量高居世界之首（图 5）。

3. 我国资源与环境面临巨大的压力

我国 45 种主要矿产资源人均占有量为世界平均水平的 1/2，人均耕地、草地资源为 1/3，人均水资源为 1/4，人均森林资源为 1/5，人均石油占有量仅为 1/10。

我国已成为世界第一的煤炭、钢铁、铜等资源消费大国，世界第二的石油和电力消费大国。我国一次能源消费量占世界总量的比例接近 20%，位居世界第一。

图 4　低碳经济的发展需要两型工程的支撑

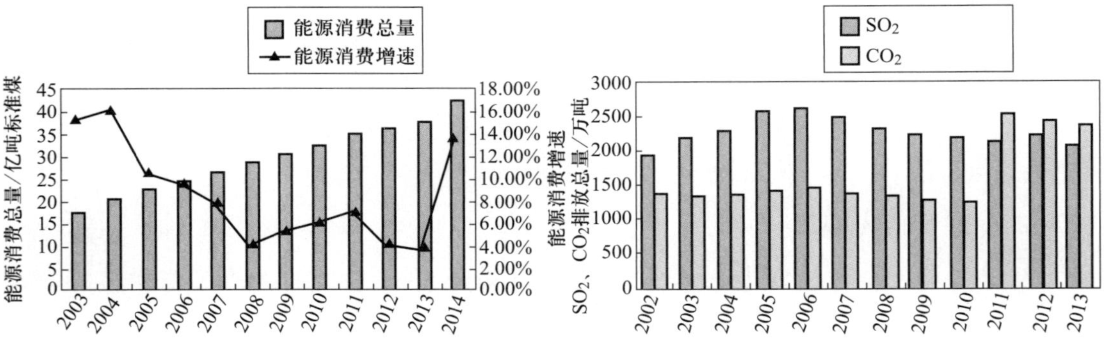

图 5　我国资源与环境面临巨大的压力

注：数据来源：《中国统计年鉴》《IPCC 评估报告》

2014 年，我国以占世界 GDP 的 13.2%，消耗了约 50% 的煤、11.6% 的石油、50% 的钢和 58.6% 的水泥；我国能源消耗强度是美国的 3 倍、日本的 5 倍、世界平均水平的 3.28 倍。

（1）资源禀赋不足，消耗总量大，利用水平低

我国主要常规能源储量均出现了不同程度的短缺。据预测，中国天然气仅够使用 30 年，石油、煤分别只能使用 15 年、81 年。

（2）能源保障形势严峻，资源供需缺口迅速扩大

2013 年矿产品贸易进出口总额 1.03 万亿美元，同比增长 4%。其中，进口额同比增长 1.4%，出口额同比增长 7.6%（图 6）。石油对外依存度为 57.84%，铁矿石对外依存度为 71%。我国国内资源已难以支撑传统工业的持续增长。

（3）中国快速的城市化进程加大了对能源、资源的需求（图 7）。

“摊大饼”式的城市扩张，导致交通拥堵等“大城市病”问题突出。

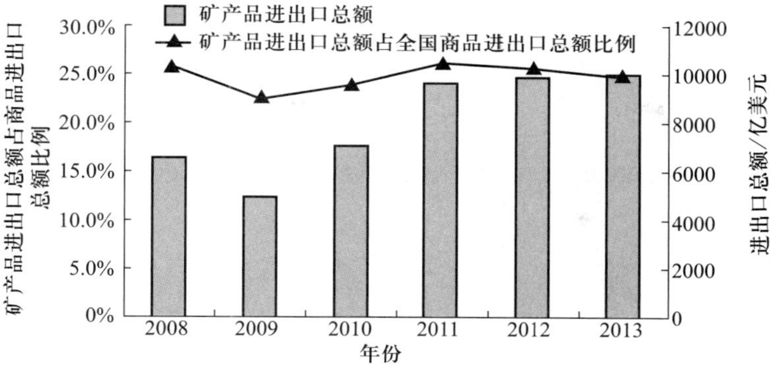

图 6　我国矿产品进出口状况

注:数据来源:《中国国土资源公报》

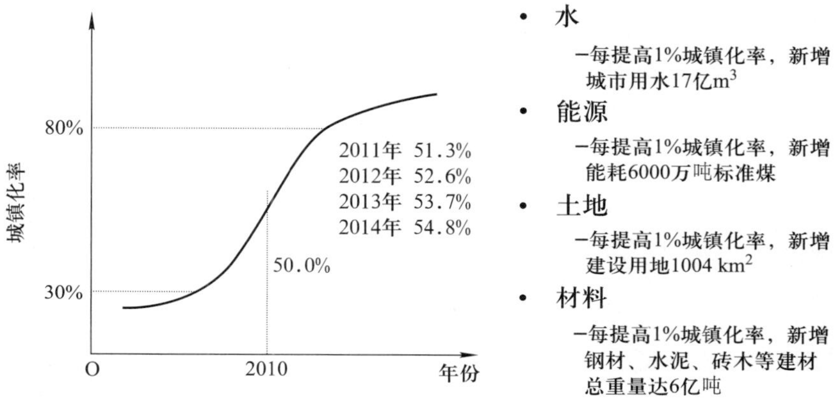

城镇化演化过程中的S型曲线

图 7　中国快速的城市化进程加大了对能源、资源的需求

注:数据来源:《中国统计年鉴》

北京 2014 年常住人口达 2151.6 万人,机动车拥有量 537 万辆,如何相应提高城市道路承载能力、破解交通拥堵难题成为市政府头痛的事。北京以“平均 52 分钟”位居全国城市上班耗时榜首。2014 年 11 月 15 日,北京拥堵指数攀升至 9.5 的峰值(10 为最高),平均速度只有 15.9 km/h。

(4) 环境破坏严重,付出了沉重代价。

1) 水污染成“心腹之患”

水是生命之源、生产之要、生态之基。当前我国 70% 的江河湖泊被污染,75% 的湖泊出现不同程度的富营养化,90% 流经城市的河段受到严重污染。

以湖南省为例,结构性和水质性缺水严重,近 60% 的城市和 70% 的县城不同程度存在供水紧张,20% 以上的河段水质为 IV 类以下。

2) 大气污染成“心肺之患”

空气是最公平的公共产品。目前,我国 70% 左右的城市空气质量达不到新的环境空气质量标准,4亿多人呼吸不到洁净的空气,雾霾天气频繁发生。

2015年1月份全国74个城市空气质量状况显示,平均达标天数比例仅为37.6%,平均超标天数比例为62.4%。

高煤炭消耗和高汽车保有量将排放大量的空气污染物。机动车保有量激增,尾气排放成为大气污染的主要源头(图8)。汽车尾气含有多种有毒物质,是PM2.5的重要来源(图9)

图8　机动车保有量激增,尾气排放成为大气污染的主要源头

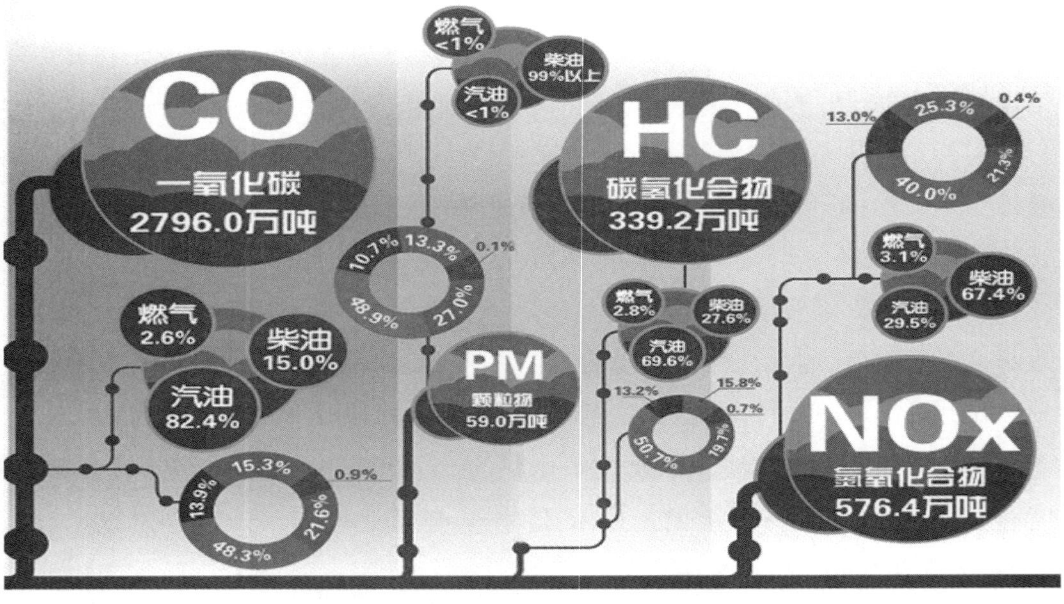

图9　汽车尾气含有多种有毒物质,是PM2.5的重要来源

3）土壤污染成“心头之患”

“民以食为天”。影响农产品质量安全的根源之一是土壤污染。全国有约19.4%的耕地受到污染；受重金属污染的耕地面积达2000万公顷（3亿亩），占全国总耕地面积的1/6。湖南省26%的耕地、27%的农田灌溉水和25%的农田大气受到不同程度的污染。被重金属污染的耕地面积为1420万亩，占25%。其中，中重度污染面积约470万亩，占8%；轻度污染面积约950万亩，占17%。

4）各地频发重大环境污染事件

北京：十面霾伏；南京：死麻雀事件；上海康桥：血铅事件；湖南：大米镉超标；广东：重大水污染，等等。

反思

从大米里认识了石蜡，从火腿里认识了敌敌畏，从咸鸭蛋、辣椒酱里认识了苏丹红，从火锅里认识了福尔马林，从银耳、蜜枣里认识了硫黄，从木耳中认识了硫酸铜，从啤酒里认识了甲醛，从奶粉里认识了三聚氰胺。

让人民群众喝上干净的水，需要实施水污染治理工程。

让人民群众呼吸上新鲜的空气，需要实施大气污染防治工程。

让人民群众吃上放心的食物，需要实施农产品、食品安全工程。

……

4. 中国应对资源环境挑战的现实选择

建设两型工程是我国应对资源环境挑战的必由之路。国家把两型社会与生态文明建设放到突出地位，高投入、高消耗、高污染排放的增长模式必须转向自觉、自律的包容性增长的新模式，在可持续发展、科学发展中，消耗更少，产出更多，发展“又好又快”，以实现人和自然的和谐。

（三）从理念看，两型文化博大精深

两型文化是以资源环境价值观为指导的社会意识形态、人类精神和社会制度。

两型文化的核心是资源节约、环境友好。

强调地球是我们和子孙后代的唯一家园，人类是自然生命系统的一部分；强调地球的资源是有限的；强调自由是对自然法则的遵从，受自然法则的约束。两型文化包括表层的物质文化、中层的制度文化和深层的精神文化三个层次。物质文化是基础，制度文化是结果，精神文化是源泉（图10）。

（1）两型物质文化

两型物质文化是环境物质文化的最高级形式，环境物质文化是指以物质及物

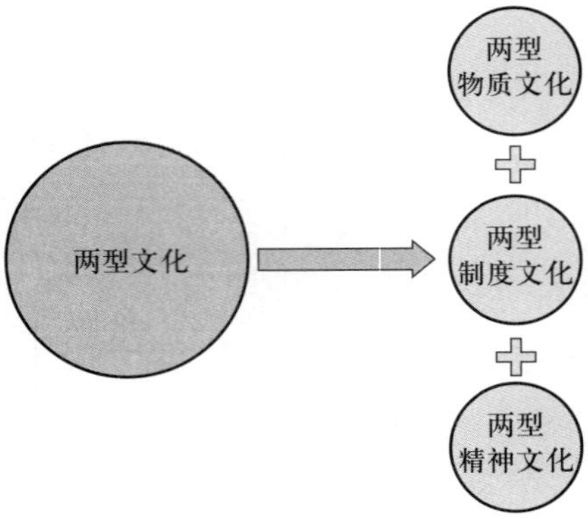

图 10　两型文化

化形态表现出来的文化，包括人类社会中对于环境质量具有一定影响的生存行为。

从经济增长方式对资源环境影响的角度来看，环境物质文化包括三种模式（图 11）：① 传统模式，资源—产品—废弃物；② 末端治理模式，先污染，后治理；③ 循环经济模式，资源—产品—废弃物—资源（再生）。

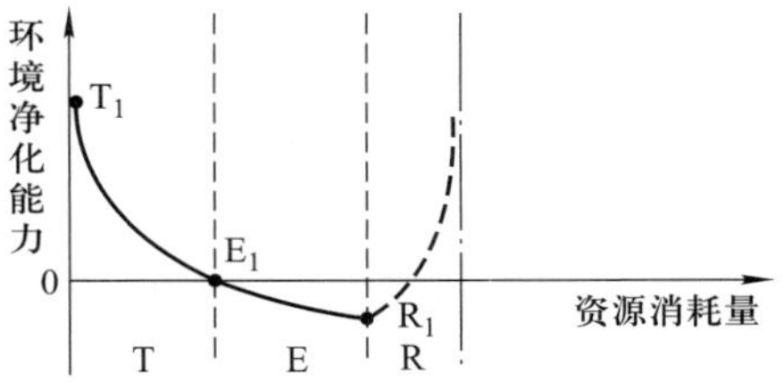

图 11　环境物质文化

注：T：传统模式；E：末端治理模式；R：循环经济模式

（2）两型制度文化

两型制度文化是以人们资源节约、环境友好的行为规则或制度形式表现出来的两型文化。两型制度通常包括资源环境保护法律和法规、环境保护、资源节约的行政管理体制和机构、环境资源保护利用的管理方式和制度等。制度具有目标设置和过程调控的功能。

建设生态文明与两型社会，必须树立正确的政绩观，实施绿色国民经济核算制度，科学确立环境评价标准，保障公民的环境权益，完善环境保护的经济调节机制，健全和完善环境保护的法律法规等。

（3）两型精神文化

两型精神文化是指人们对资源环境状态、问题的心理反应以及相应的精神产品，包括两型意识、两型伦理、两型教育、两型科技等（图 12）。

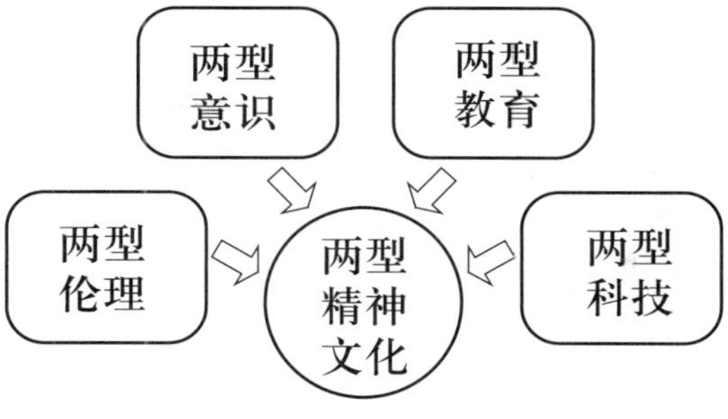

图 12　两型精神文化

两型意识：摈弃了人统治自然的思想，要求工程活动“尊重自然”的文化，按照人与自然和谐的价值观，实现精神领域的一系列转变。

两型伦理：强调人与自然环境相互依存、相互促进、共存共荣，主张人与人的生存平等、利益平等和发展平等，实现代内平等、代际平等。

两型教育：要求将资源环境的价值观、伦理观、经济观、法制观、行政观、科学观等有机结合起来。

两型科技：要使科学技术向着有利于“人—社会—自然”复合生态系统规律的方向发展，实现科学技术发展的两型化、生态化。

文化是可持续发展的灵魂。两型文化是对传统工业文明的反思和超越，是在更高层次上对自然法则的尊重与回归。必须把两型文化建设摆在重要位置，着力培育两型与生态的价值观、发展观、财富观、消费观和法治观，在全社会营造崇尚、弘扬两型文化的浓厚氛围（图 13）。

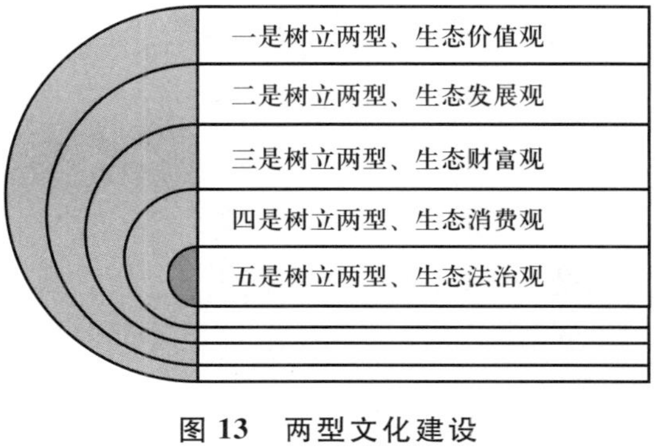

图 13　两型文化建设

二、两型工程管理的理论探讨

（一）两型工程概念内涵

资源节约型与环境友好型工程，简称两型工程，是为实现可持续发展的目标，在建设资源节约型与环境友好型社会中,所规划、建设、运营的一系列服务于资源节约、环境友好目标的工程的总称。

两型工程是一类着眼于经济社会、环境生态系统、可持续发展能力的整合工程。其主要目的是要解决当今世界面临的生态环境保护与社会经济发展的协调问题。两型工程的关键在于资源高效开发与集约节约利用、环境保护、生态修复等技术的系统规划、开发与集成。

(二)两型工程哲学探讨

两型工程作为协调资源环境与经济发展这对矛盾关系的统一体,既属于世界观范畴,也属于方法论范畴。

在推进两型社会建设的路径上,需要把握其蕴含的重大工程哲学思想和辩证法(图 14)。

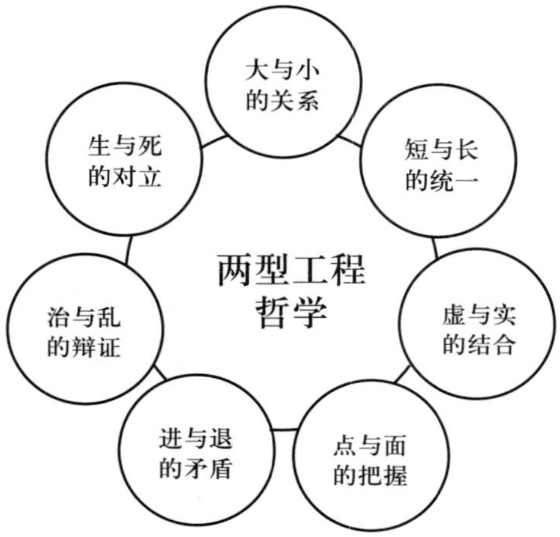

图 14　两型工程哲学

(1)大与小的关系

两型工程建设是个大思路,必须从小处着手,从身边事做起。

以湖南省为例:

如果每辆机动车平均每天少开 1000 米,以 2011 年全省机动车保有量 740 万辆计算,一年可以节油 29 711 万升,折合标准煤约 36 万吨;可以减排 CO_2 81 万多吨,相当于每年新造林 40 多万亩(1 亩≈667 平方米)。

如果每个家庭一天节约 1 度电,全省一天可节省 2000 万度电,相当于一座 10 兆瓦光伏电站一年的发电量;一年可以减排约 728 万吨 CO_2 和大量废气、粉尘。

（2）短与长的统一

两型工程建设既是当务之急，也是长远之策，决不能以牺牲资源环境为代价，换取一时的发展。两型工程追求绿色发展。

（3）虚与实的结合

两型工程建设是一个崭新的理念，必须虚功实做，必须求真务实、真抓实干，既要有制度优化，也要有项目支撑。

（4）点与面的把握

两型工程建设关乎全局，涉及方方面面，必须重点突破，以点带面，整体推进。

（5）进与退的矛盾

进一步山穷水尽，退一步海阔天空。从一定意义上讲，“退”是为了更好地“进”。退低端产业，促两型产业。

（6）治与乱的辩证

两型工程是推动发展方式由粗放向集约、资源环境利用由“乱”到“治”的过程，强调转型发展。

（7）生与死的对立

节约资源就是给后人留下财富，保护环境就是保护人类自己。

两型社会和生态文明建设既是一个经济、社会问题，同时也是一个国际问题、政治问题和文化问题，是一个复杂的系统（图 15）。

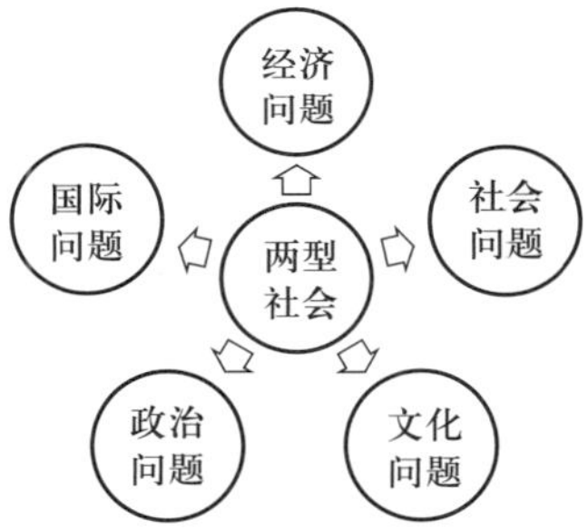

图 15　两型社会和生态文明建设

现代两型工程具有规模庞大化、目标多元化、结构复杂化、系统集成化等特点，工程活动的生态环境影响力也在不断增大。

（三）两型工程管理理论与方法

“两型”工程是复杂的系统工程，需要理论方法与辅助决策工具的创新。

两型工程建设面临的难点和问题，详见图 16。

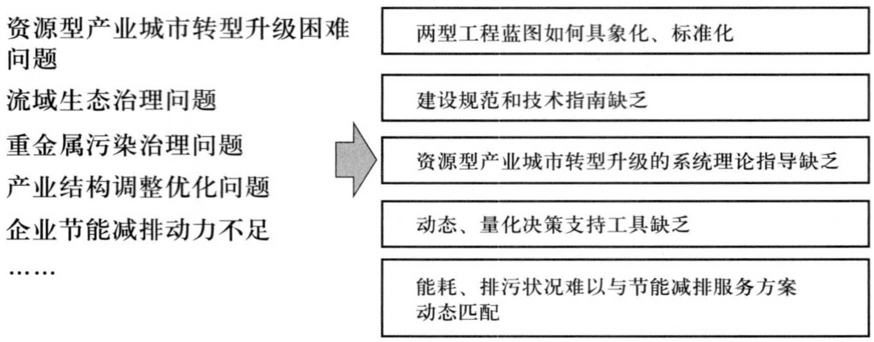

图 16　两型工程建设面临的难点和问题

1.“标准引领、智能监测、平台决策、服务推进”的两型工程理论,详见图 17

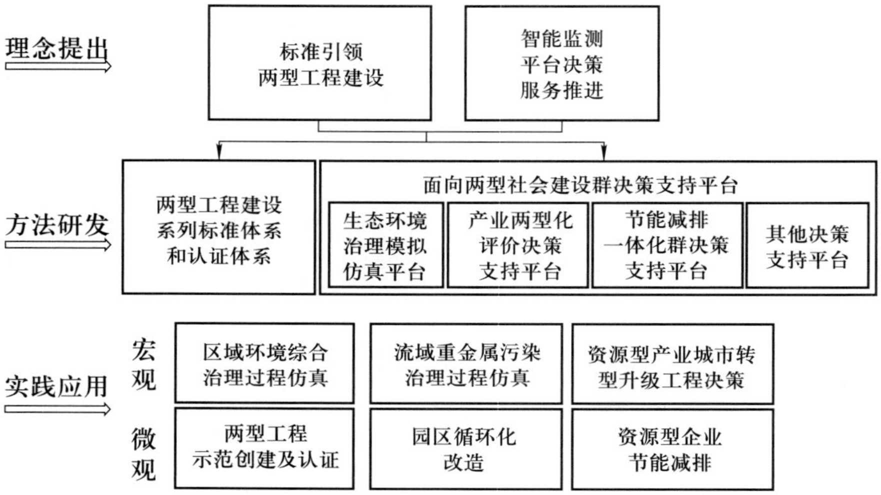

图 17　“标准引领、智能监测、平台决策、服务推进”的两型工程理论

(1) 以标准引领两型工程建设的新理念,详见图 18。

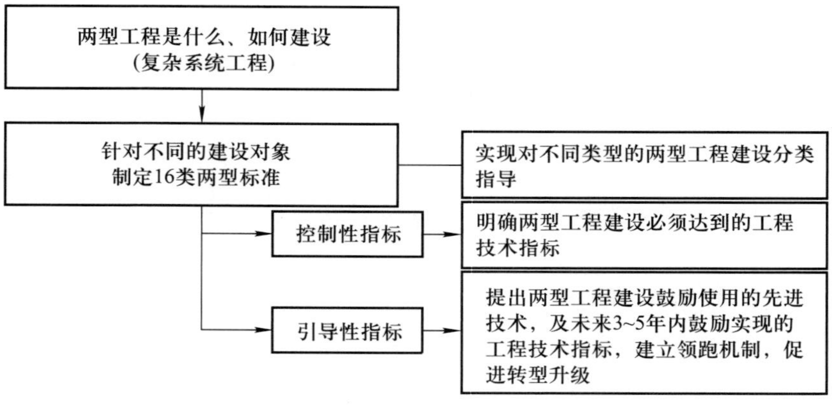

图 18　以标准引领两型工程建设的新理念

(2)构建了两型工程建设标准体系(16类),详见图19。

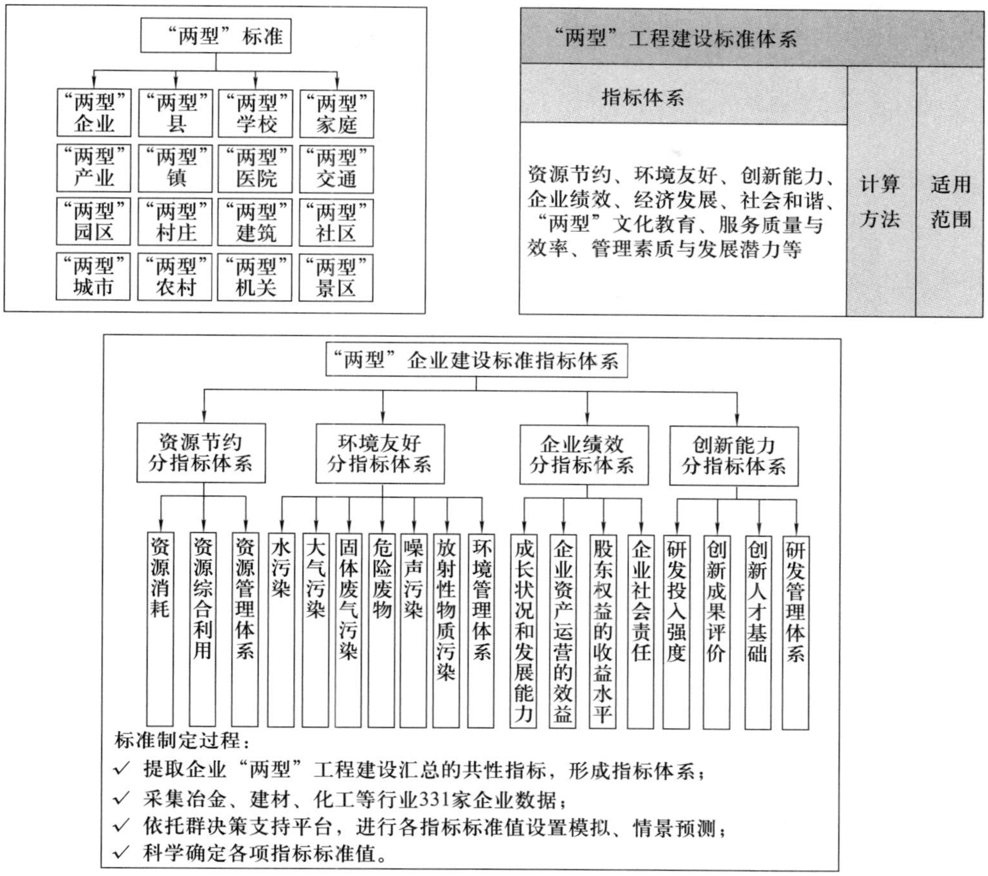

图19　构建了两型工程建设标准体系(16类)

2. 面向两型工程服务的群决策支持平台

突破一批决策关键技术与方法,研发了面向两型工程服务的群决策支持平台(图20)。

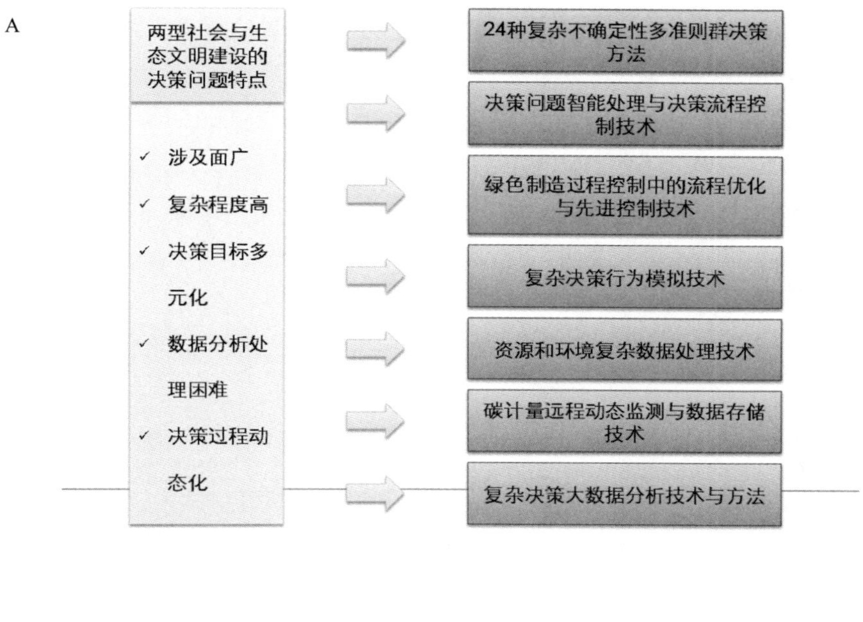

B

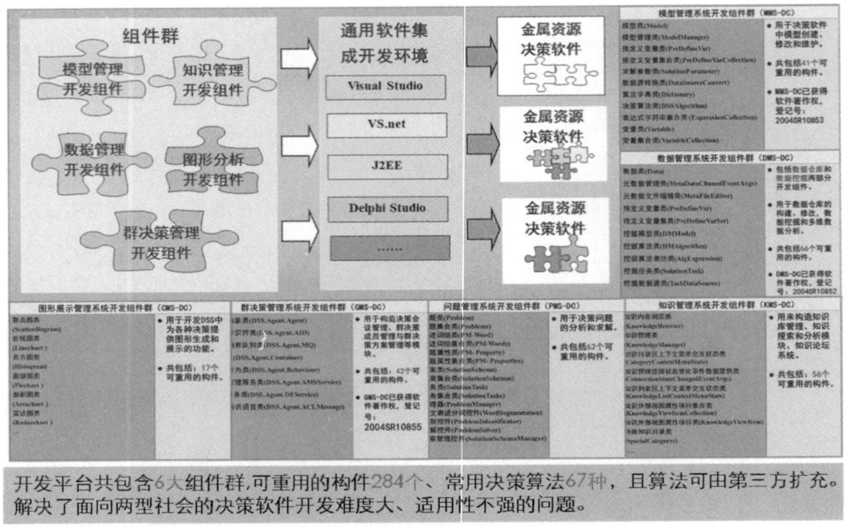

图 20　研发了面向两型工程服务的群决策支持平台

（1）以全过程模拟仿真为主要内涵的区域生态环境综合治理工程仿真平台（图 21）。

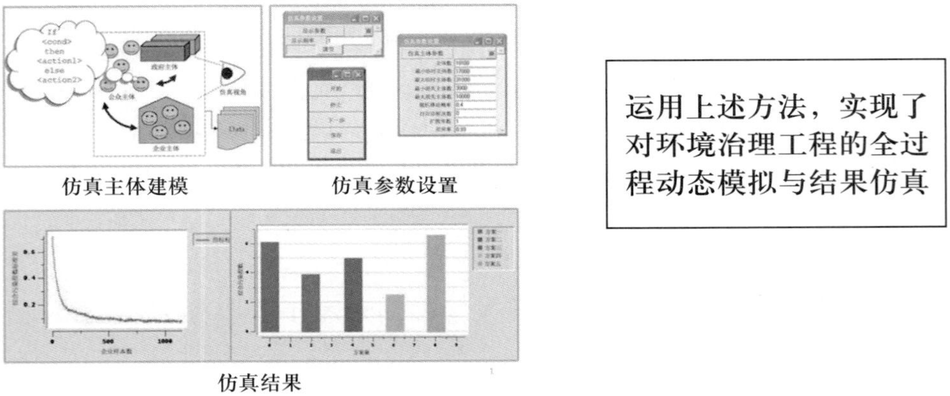

图 21　以全过程模拟仿真为主要内涵的区域生态环境综合治理工程仿真平台

（2）集成基础数据管理、动态综合评价、决策方案优化的产业两型化评价技术及决策支持平台（图 22）。

（3）集成基于物联网的资源能源与环境数据采集、大数据分析、决策方案模拟等多种功能的企业节能减排一体化群决策支持平台（图 23）。

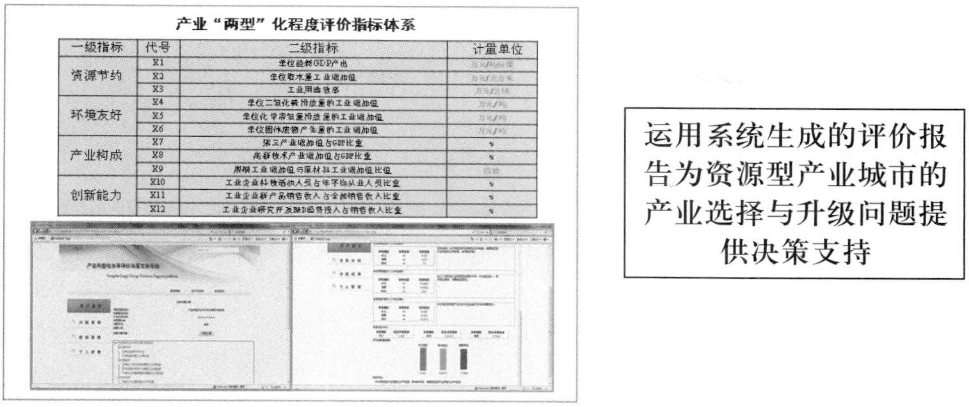

图 22　集成基础数据管理、动态综合评价、决策方案优化的产业两型化评价技术及决策支持平台

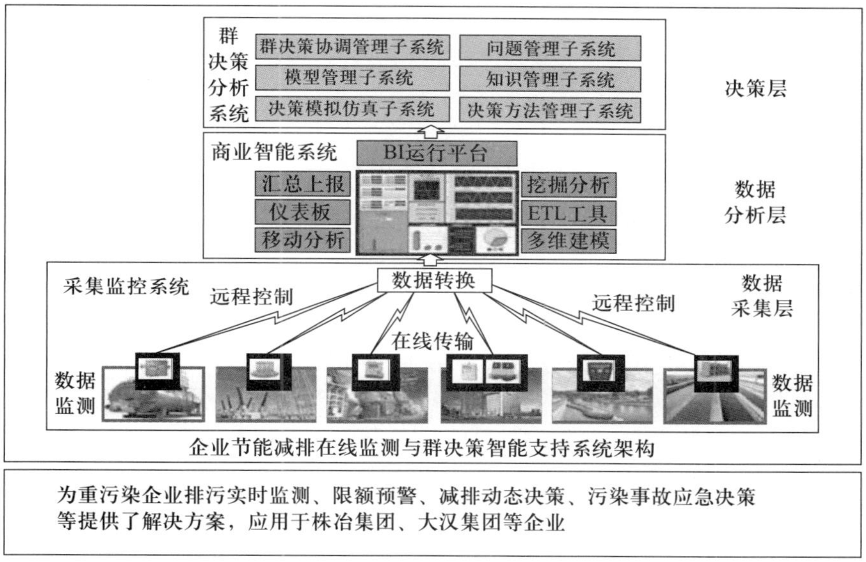

图 23　集成基于物联网的资源能源与环境数据采集、大数据分析、决策方案模拟等多种功能的企业节能减排一体化群决策支持平台

三、两型工程管理的实践探索

（一）两型工程建设成效显著，主要表现如下

1. 受到中央领导肯定和各方高度评价

长株潭城市群作为全国首个两型试验区，多次受到习近平、李克强、张高丽等中央领导肯定和各方面高度评价。

习近平总书记指示：以长株潭试验区为龙头，抓好以湘江流域为重点的重金属污染治理，以大城市为重点的大气污染防治，以畜禽及渔业养殖为重点的农林面源污染治理，加快完善节能减排体制机制和政策体系，严格控制高耗能、高污染、高排放行业,谱写建设美丽中国湖南新篇章。

李克强总理指示:不论在发展理念上,还是在具体举措上,都有创新、有实效,有眼光、有魅力,在思路上有创新,在实践上有行动,发展有质量、有效益、有后劲、可持续,希望湖南在经济转型探索中走在前列,提供新鲜经验。

2013 年 3 月 6 日,李克强总理同湖南代表团一起审议政府工作报告时指出:“希望湖南加快推进两型社会建设,勇于先行先试,在实施中部崛起战略中迈出更大步伐。”

张高丽副总理指示:湖南在两型社会建设方面下了很大的功夫,成效也比较明显。

国家发展和改革委员会(国家发改委)评估报告指出:长株潭两型社会建设的实践,不仅是湖南发展方式转变的突出特色,而且也是全国实践科学发展的先行示范。

2. 得到媒体的聚焦

截至 2014 年 3 月,《人民日报》、中央电视台、新华社等国家级媒体 77 次以上,地方媒体 195 次以上,香港《大公报》、《文匯報》等媒体 20 次以上报道长株潭试验区和湖南省两型社会建设。

2012 年新华社《国内动态清样》连续 12 期刊发长株潭试验区改革建设的做法和经验,5 位党和国家领导人分别做出重要批示。2014 年新华社《内部参考》第 21 期专题报道了长株潭一体化推动产业互补与协同创新。

2014 年年初,中央电视台“新闻联播”、《人民日报》头版头条分别对湖南省两型社会建设的改革成效进行了专题报道,并予以高度评价(图 24)。

图 24 中央电视台“新闻联播”、《人民日报》头版头条分别对湖南省两型社会建设的改革成效进行专题报道,并予以高度评价

在 2014 年年底国家发改委组织的改革试点工作和第三方评估中,长株潭自

主创新、城市群一体化建设、湘江流域综合治理、绿色建筑推广、株洲城市管理、绿色 GDP 评价、两型标准体系建设、居民用水电气阶梯价格改革、企业用水电气差别价格改革、农村环境整治等 10 项经验得到肯定，被国家发改委总结为与金融改革创新“上海浦东模式”、城乡统筹“成都模式”并列的两型社会建设“湖南模式”。

3. 成为学者研究的热点

近年来，以“两型社会与低碳经济”为主题，组织召开了十多次大型学术研讨会。《人民日报》理论版、《新湘评论》等刊物多次刊载两型社会建设的理论文章（表 2）。

表 2　两型社会成为学者研究的热点

时间	学术会议
2009 年 4 月	资源节约、环境友好国际合作高层论坛
2009 年 4 月	第一届两型社会建设国际论坛
2009 年 8 月	长株潭两型社会建设与发展低碳经济论坛
2010 年 4 月	第二届两型社会建设国际论坛
2010 年 11 月	亚太低碳经济国际学术会议
2012 年 6 月	中德可持续发展理念与实践
……	……

两型建设的强力推进，湖湘大地变绿变美，环长株潭“3+5”城市群成为中部地区一幅美丽的画卷。两型生产正在成为一种制度，两型生活正在成为一种习惯，两型消费正在成为一种时尚，两型的理念日益深入人心。两型工程建设的热潮，正席卷三湘大地。天更蓝、水更清、地更绿、家更美。

4. 获得了国内外一系列重要荣誉

长沙荣获联合国“人居环境良好范例奖”，成为首批国家节能减排财政政策综合示范试点城市，被授予全国文明城市，连续 5 年荣获“中国十大最具幸福感城市”。着力打造的梅溪湖国际新城成为中国国家级绿色低碳示范新城。

株洲市开展城市“四创四化”建设（美化、绿化、亮化、数字化），由“全国十大污染城市”变成全国交通管理模范城市、国家卫生城市、国家园林城市、国家环保模范城市、中国最具魅力旅游城市、全国十大最具投资价值城市等。株洲市荣获中国人居环境范例奖，株洲市政府荣获中国十佳诚信政府。2012 年荣膺全球风景园林领域最高荣誉——“国际风景园林师联合会亚太区土地资源管理杰出奖”。

湘潭市开展“三整四化”（整治市容环境、交通秩序、违法建设，净化、绿化、亮化、美化),跻身国家园林城市、中国优秀旅游城市、中国十佳和谐可持续发展城市。

(二) 两型工程建设具体做法

两型工程建设显著成效的取得,与相关工程管理机构和部门以构建两型工程规划体系为牵引,同步推进九大重要工程的具体实践息息相关。

(1) 构建两型工程规划体系

1) 构建了高起点、多层次、宽覆盖的规划体系(图 25)

长株潭城市群国家两型社会建设综合配套改革试验区制定出台 1 个改革总体方案和 10 个专项改革方案、1 个城市群区域规划和 18 个专项规划、18 个示范片区规划、87 个市域规划,覆盖两型工程建设的主要方面。

规划树

图 25 两型工程规划体系

2) 凸显规划两型特色

将国家主体功能区划分的单元从县区细化到乡镇;对生态绿心实施“土地先行冻结——高层次规划——保护性开发”的模式。8448 km^2 核心区,禁止开发面积占 48%;522 km^2 绿心,禁止和限制开发面积占 89%。

(2) 推进两型示范工程建设,强化标准管理

构建两型工程标准体系,制订、发布针对不同建设对象的标准,对资源节约、环境友好、项目绩效、服务质量与效率、管理素质与发展潜力等维度进行指标约束。

两型标准由湖南省人民政府发布，在长株潭国家两型社会建设综合配套改革试验区推广实施，保障了两型示范工程的建设管理，提高了两型社会建设的规范化、科学化和标准化水平。

两型标准体系已指导了 342 个单位和项目建设，取得了良好的环境、节能和社会效益，受到国家发改委等主管部门的肯定、示范和推广。

（3）综合推进资源节约工程体系实施

1）建立价格杠杆调节机制

实行绿色电价、差别电价、可再生能源电价附加政策，改革上网电价形成机制，实行燃煤发电机组脱煤加价，试行分质供水和阶梯式水价，探索建立工业、服务业用水定额、超计划用水累进加价制度，实行居民生活用天然气阶梯气价管理（图 26）。

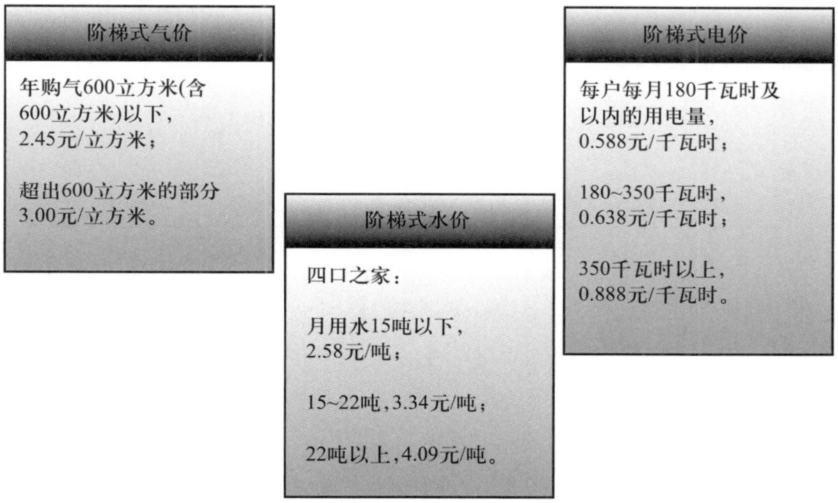

图 26　居民生活建立价格杠杆调节机制

李克强总理高度评价："湖南从价格突破，而不只是管理，用市场的方式推进解决问题，抓住了关键。"

工业产业：① 实施行业差别电价加价标准。对电解铝、铁合金等 8 大高耗能产业的 577 家企业分别按千瓦时加价 0.2 元和 0.5 元收到差别电价，促使 528 家实现关停并转和产业升级（表 3）。② 对可再生能源发电按每度 0.25～0.35 元进行补贴，支持建成 13 家、在建 16 家可再生能源发电项目。

表 3　行业差别电价加价标准　　单位:元/千瓦时

执行时间	限制类	淘汰类
2004 年	0.02	0.05
2007 年	0.04	0.15
2008 年	0.05	0.2
2010 年	0.1	0.3

2）引入节能减排合同服务新模式（表 4）

表 4　引入节能减排合同服务新模式

重点园区企业应用	主要指标	主要成效
威胜科技园	年节电量	48.52 万千瓦时
	年节电费用	224 万元
	年节电率	33%
株洲冶炼集团	废水排放总量	减少约 85%
	粉尘排放量	减少约 30%
	二氧化硫排放量	减少约 50%

将实时监测与预警技术、群决策支持技术与合同能源(环境)管理结合,设计开发节能减排一体化群决策支持平台,解决了企业节能减排服务中决策方案与能耗、排污状况的动态匹配问题。

3）推进资源型企业节能减排工程

株洲冶炼集团综合节能减排工程决策:

① 研发了重金属废水处理群决策支持平台;

② 提供了工程技术方案选择、治理方案动态决策、实施效果评价等辅助决策支持;

③ 成功实现了数据监测、限额决策、负荷控制、效果评价等功能的集成(图 27)。

4）规划和推进循环经济工程(表 5)

① 构建循环经济价值流分析标准管理体系,成为国家发改委、环保部、工信部、财政部等制定循环经济政策和标准的重要参考依据;

② 制定、实施长株潭城市群国家循环经济试点方案;

③ 构建基于资源回收和高效利用技术的电子废弃物高效清洁回收平台;

④ 打造基于餐厨垃圾无害化处理技术的城市群餐厨垃圾封闭收运与处理体系。

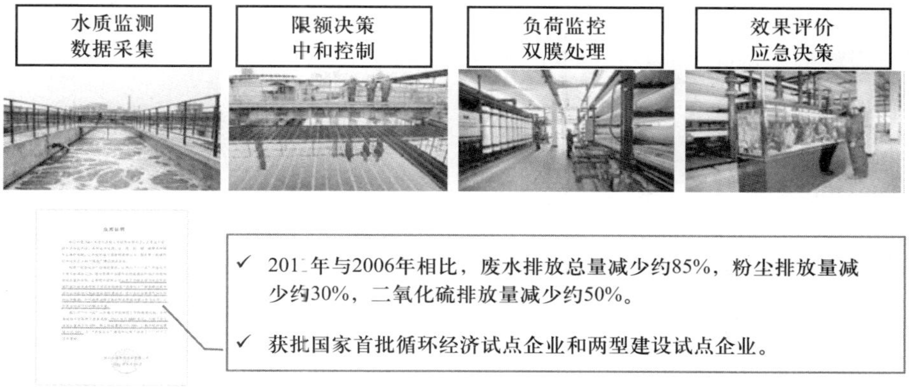

图 27　株洲冶炼集团综合节能减排工程决策

表 5　长株潭城市群循环经济工程实施成效

主要指标	主要成效
工业固体废弃物综合利用率	提高 11%
万元工业增加值用水量	同比下降 57.8%
再生资源回收率	提高 20%
万元工业增加值用水量	从 2007 年的 114 m^3 下降到 2012 年的 63 m^3
二业中水回用率	达到 90%

湖南省已有 13 家国家级和 62 家省级循环经济试点，形成 5 种模式：

① 以株冶集团为代表的“企业小循环、产业链中循环、区域大循环”模式，实现工业废水 100%的回用；

② 以国家级“城市矿产”示范基地汨罗工业园为代表的再生资源回收利用模式；

③ 以全国首个再制造产业园——浏阳制造产业园为代表的再制造产业模式；

④ 以长沙市宁乡经开区为代表的“渣料—生物肥料”循环经济模式；

⑤ 以娄底涟钢为代表的企业内余热、余压、余气利用模式。

5）大力推进节能减排全覆盖工程，推广清洁能源

① 大力推进科技节能，改造工业锅炉 248 台，淘汰落后工业锅炉 280 台，热效率提高 5%～10%，年节约标煤 51 万吨。

② 投资 34 亿元用于火电厂进行脱硫改造，减少二氧化硫排放 136.8 万吨。

建成和在建水力发电站 1320 处、风电场 10 个、生物质发电厂 11 个、太阳能项目 22 个，新能源和可再生能源装机容量占总装机容量的 46%。

③ 湖南省单位 GDP 能耗近 3 年累计下降 9.03%，万元工业增加值用水量下降 13.5%，单位供电标煤耗每千瓦时降低 22 克。

6）实施建筑节能工程

① 起草了《湖南省人民政府关于进一步推进绿色建筑发展的指导意见》（代拟稿），出台了《长沙市人民政府关于加快推进两型住宅产业化的意见》，明确了打造千亿级两型住宅产业集群总目标和 2014—2016 年的年度任务。

② 组建了绿色建筑评价标识专家库，和“绿色建筑产学研创新平台”，制定了《湖南省绿色建筑评价技术细则》，与住建部科技发展促进中心联合举办了绿色建筑培训。

③ 启动大型社区、公共设施绿色建筑试点示范工程。试验区城市新建建筑节能强制性标准执行率设计阶段已达到 100%，施工阶段达到 95%以上。

7）远大住工的“可持续建筑”

远大住宅工业有限公司（简称“远大住工”）是国内第一家以“住宅工业”行业类别核准成立的新型住宅制造工业企业，是我国唯一一家综合性的“住宅整体解决方案”制造商，是中国住宅产业事业的开拓者。

远大“可持续建筑”颠覆了传统高能耗、低效率的概念，以工厂化流水生产，模块化高效安装，安全、舒适、低能耗运行的新模式，可以实现 9 度抗震、5 倍节能、20 倍净化，是典型的两型建筑。宁乡蓝色港湾和张家界蓝色港湾同时获得住建部“国家康居示范工程”称号。

远大住工的全生命周期绿色建筑，与传统建筑相比，除了具有质量好、建设速度快、成本低等特点外，还具有五节一环保特点：

① 节水 80%——区别于传统泥瓦匠施工模式的“干法造房”，大量节约施工用水；

② 节能 70%——集中工业化生产，综合能耗低，建造过程节能、墙体高效保湿、门窗密闭节能、使用新能源及节能型产品；

③ 节时 70%——工业化大幅度提高劳动生产率，与传统建筑方式比，只需其 1/3 建设周期；

④ 节材 20%——工厂规模化生产，优化集成，最大限度减少材料损耗；

⑤ 节地 20%——更小面积实现同等功能，提高土地利用率。

8）实施交通节能减排工程

① 推进公共交通清洁、新能源化。省交通厅组织编制了《长株潭城市公共客运行业清洁能源、节能与新能源汽车推广实施方案（2012-2015）》。截至 2013 年上半年，长株潭三市已投入运营混合动力的士 6580 辆，混合动力公交车 2061 辆，

天然气公交车 809 辆。

② 株洲成为全国首个实现公交车电动化的城市。全市城区 627 辆公交车，全部置换成混合动力公交车。每年可节油近 220 万升，减少二氧化碳等各类有害物质排放 14 730 吨。

③ 推进发展公共自行车租赁系统。出台《关于加快推进我省城市步行和自行车交通系统建设实施意见》，计划到 2015 年年底，全省 29 个城市基本完成步行和自行车交通系统建设，市区人口在 100 万以上的城市，自行车出行分担率达到 20%以上。

④ 目前全省试点已从株洲拓展到长沙、常德、郴州、湘潭、岳阳等地。其中株洲市投入 2 万多辆自行车，办卡市民超过 20 万，高峰期每天有 18 万人次使用公共自行车。

（4）以生态环境治理的市场化手段创新推动环境保护工程

1）正式颁布实施了《湖南省主要污染物排污权有偿使用和交易管理办法》。截至 2013 年年底，对纳入试点的 1104 家企业分配核定了初始排污权，其中已有 990 家企业缴纳有偿使用费，累计收缴有偿使用费 4674.7 万元，缴费企业比率达到 89.7%。

2）出台了《关于扩大排污权有偿使用和交易试点范围的通知》，明确从 2013 年 1 月 1 日起，将排污权有偿使用和交易范围扩大到湘江流域八市的所有工业企业及全省火电、钢铁企业，并增加铅、镉、砷三项交易因子。

3）积极参与清洁发展机制（CDM），省 CDM 服务中心获国家发改委批准项目 200 个，其中在联合国 CDM 执行理事会注册碳交易项目 72 个。

4）建立“绿色信贷”机制。制定“绿色信贷”目录；商业银行建立企业的环保信用档案，作为放贷的基础。

5）出台《湖南省城市垃圾处理收费管理暂行办法》，2010 年全省设市城市污水处理率 75.1%，长株潭三市城市生活垃圾无害化处理率均为 100%。

6）建立环境风险责任保险制度，实施环境污染责任强制性保险，得到环保部肯定。全省投保环境污染责任险单位 1453 家，成功实现全国首例环境污染责任险理赔，理赔金额 100 多万元。

7）探索农村环境整治工程实施模式。编制出台《加快两型农业农村建设的意见》，明确了全省农村环境污染治理的基本原则、目标任务、主要内容以及政策措施。

8）长沙市形成“农户—村组保洁员—乡村合作社”的环保治理工程体系，实现乡、村垃圾收集处理体系全覆盖。探索出“政府主导、村民自治；城乡统筹、科学发展”的农村环保“长沙模式”，受到国务院的高度肯定，成功获批农村环境综合整治试点城市。

9）长沙县果园镇在全国率先成立农村环保合作社，探索出“户分类、村收集、镇中转、县处理”一体化垃圾处理模式。全市农村垃圾集中收集处置率达 40%。

10）湘潭市积极倡导生态养殖模式，推广“发酵床”生态养殖模式。

11）株洲市县城均实施“四化”（美化、亮化、绿化、数字化）工程。攸县推行“四分模式”（分区包干，分散处理，分级投入，分期考核）整治农村垃圾，全县 100%的农村垃圾得到就地处理。

12）2011 年，时任国务院总理温家宝对《攸县城乡同治、创新管理的经验和做法值得推广》做出重要批示“要把农村环境整治作为环保工作的重点，摆在突出的位置”。

13）推进 PM2.5 监测及防治体制改革。长株潭三市 24 个监测点已于 2013 年 1 月 1 日正式启用，同时组织开展长株潭大气 PM2.5 源解析工作，建立完善大气污染防治工作责任机制和监测预警应急体系，着力推进以长株潭为重点的大气污染防治。

14）省政府出台了《贯彻落实<大气污染防治行动计划>实施细则》，启动了《大气污染防治条例》起草工作。建立长株潭大气污染联防联控机制，签署大气污染防治分工合作协议。

（5）实施流域综合治理工程，打造湘江东方莱茵河

1）编制出台《湘江流域科学发展总体规划》。湘江流域将重点建设绿色生态带、沿江城镇带、文化旅游带、水利航运带、两型产业带等五大功能带，形成合理的城镇发展、农业发展以及生态发展的空间格局，将湘江打造成为湖南重要的产业轴线、黄金水道、文化长廊、生态家园。

2）2013 年 4 月 1 日实施《湖南省湘江保护条例》，这是我国第一部江河流域保护的综合性地方法规。2014 年 3 月 8 日出台实施《〈湖南省湘江保护条例〉实施方案》，依法推进省政府“一号重点工程”，标志着湘江保护与治理进入了不可逆转的法制轨道。

3）即将出台《湘江流域水质目标考核生态补偿实施办法》，根据湘江的水质情况，将考核污染因子定为化学需氧量、氨氮、总磷、镉、砷 5 个指标。逐步建立下游对上游水资源、水环境保护的补偿和上游对下游超标排污或环境责任事故赔偿的双向责任机制。

湘江流域综合治理工程的规划与实施

① 把水污染防治、生态修复工程规划与水资源管理改革、国土空间格局优

化、流经地区节能减排、城乡环境整治、产业发展、防灾减灾有机衔接。

② 组织实施 2011 年国务院批准的《湘江流域重金属污染治理方案》,已累计投入 33.2 亿元资金。

③ 全省已累计淘汰退出涉重金属企业 1018 家,2013 年湘江流域涉重金属企业较 2008 年减少 41.5%,其中湘江流域减少 47%,累计完成 150 个重点治理项目。

④ 湘江干、支流镉、砷的平均浓度分别比 2007 年下降 26.6%、38.9%。

⑤ 2012 年,湘江干支流 42 个监测断面及水域监测,Ⅰ~Ⅲ类水质断面比例达到 88.1%,比 2007 年提升了 5.6 个百分点。

打造湘江东方莱茵河

突出湘江风光带建设,规划建成纵贯南北、串联三市、城区四车道、郊区两车道、长达 128 千米,集生态、文化、防洪、观光于一体的绿色经济长廊,努力将其打造成为东方莱茵河(图 28)。

图 28　打造湘江东方莱茵河

(6) 实施土地集约节约利用工程,不断提高土地利用效率和效益

1) 长沙、株洲等地成立农村土地流转交易中心,实现了农村土地由自发交易向集中交易的突破。

长沙市探索形成五种节地新模式,基本构筑起节约集约用地的系统模式,得到国土资源部的充分肯定。

2) 隆平高科集中公寓安置模式,从根本上解决地级以上城市久未解决的城中村问题;

3) 经开区和隆平高科的高层厂房建设模式,积累了园区节地经验;

4) 咸嘉新村和莲湖村农民高层公寓式安置模式,实现了生活安置与生产安置分离；

5）莲花镇、北山镇农民向城市集中模式，实行农村土地规模化经营；

6）新河三角洲、武广客运新站人车分流模式，创新立体利用空间的城市节地模式。新河三角洲节地模式开发强度提高40%，进入世博会国家馆；武广客运南站模式节地率达40%，成为国家唯一获批“单独规划、单独计划、单独指标”的站场建设。

（7）推进城市群一体化工程，实现共建共享

按照“交通同网、能源同体、信息同享、生态同建、环境同治”的思路，推进城市群公共服务一体化，推动区域共建共享。

1）推进生态同建，实现区域生态文明建设的统筹协调发展

① 加大主体功能区制度实施力度；

② 推进以湘江流域为重点的重金属治理；

③ 启动对自然生态空间和矿产资源进行统一确权登记；

④ 推进以畜禽及渔业养殖为重点的农村面源污染治理；

⑤ 落实最严格的生态环境保护制度；

⑥ 建立市场化的生态环境保护新机制；

⑦ 加快建立和完善重点流域和区域的生态补偿机制；

⑧ 开展生态文明创建示范；

⑨ 落实最严格的耕地和水资源保护制度；

⑩ 建立和完善生态文明建设考核评价体系；

⑪ 完善清洁低碳技术创新推广应用体系；

⑫ 健全生态文明建设法制保障体系；

⑬ 推进以长株潭为重点的大气污染联防联治；

⑭ 探索建立生态环境损害责任终身追究制和环境污染事故责任追究制。

2）长株潭两型综合交通体系基本成型

从点、线、面，全方位规划水、陆、空两型立体交通。努力打造以城际轨道交通为主轴、以水能充分利用为重点、以公路和其他交通方式为支撑的两型综合交通体系。

陆路：武广高铁、沪昆高铁交汇于长沙，长株潭试验区城际铁路、长沙市地铁即将完工。

空中：黄花机场2010年旅客吞吐量超过1100万人次，中部六省排名第一，由节点机场变为国际通用机场。

航道：加快水运“五港一枢纽”建设，湘江通航能力由1000吨级提升到

2C00 吨级。

3）全面启动示范片区建设工程

着力把示范区打造成改革开放的先行区、两型社会建设的展示区、试验区核心增长极，创新体制机制，聚集两型产业，完善基础设施，大河西、云龙、昭山、天易、滨湖五大示范区 18 个示范片区建设进展顺利，正在成为环长株潭城市群新的经济增长点（图 29）。湘潭、益阳高新区及常德、岳阳、娄底、宁乡、九华经开区成功晋升国家级开发区。

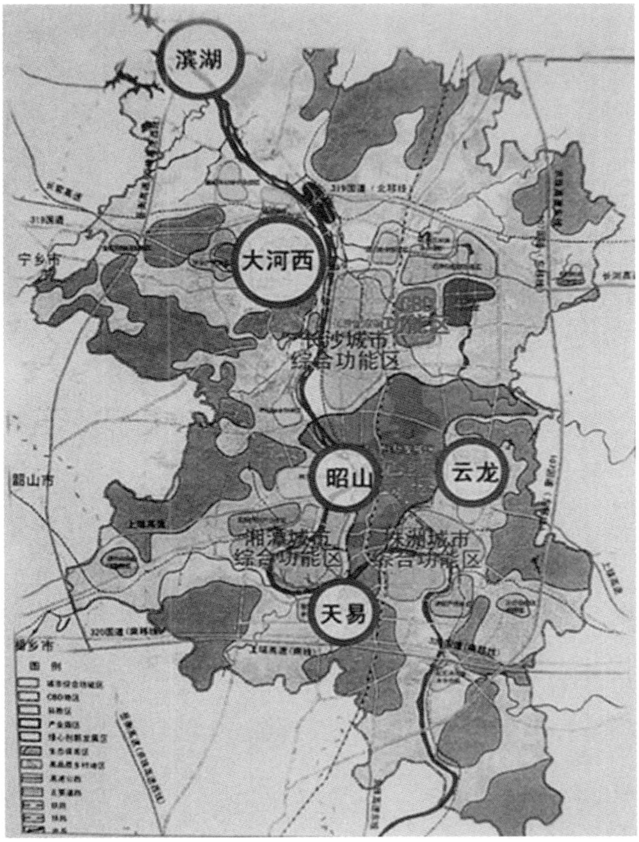

图 29　全面启动示范片区建设工程

4）创新城市群管理新模式

突出“智慧城市群”建设，以获批国家“三网融合”试点为契机，着力推进“数字湖南”建设，加快搭建起城建、环卫、交通等城市群资源共享平台和公共资源市场交易平台，长株潭三市成功实现固定电话同号升位，公交一体运营、异地取款、移动电子商务、购房同城待遇等综合管理和服务，获批成为首批“宽带中国”示范城市群（图 30）。

图 30　创新城市群管理新模式

（8）实施产业结构优化升级工程，加快推进两型产业建设

试验区建立“把住入口、敞开出口、盘活存量”的产业准入提升退出机制，严格执行投资项目用地、节能、环保、安全等准入门槛，要求凡新上项目必须符合“两符三有”（符合国家产业政策、符合国家节能减排要求，有市场、有规模、有效益），切实做到：① 新上产业项目不放松环保要求；② 承接产业转移不降低环保门槛；③ 扩大产业规模不增加排放总量。

1）从严把控产业准入

① 实施工业固定资产投资项目节能评估和审查制度，将高能耗产业项目拒之门外；

② 制定了机制纸浆等 16 项行业和产品能耗地方标准，严格按照标准实施项目能耗审查；

③ 培育节能评估机构，发布开展节能评估咨询服务机构名录。

2008—2013 年，仅湘江两岸，湖南前后关停并转 1300 多家企业，否决了数百个不合门槛要求的发展项目。

2）加快实施产业提升工程

① 强化政策导向，建立促进两型产业发展激励机制。

② 制定出台了《长株潭城市群产业发展体制改革专项方案》《关于加快工业转型升级促进环长株潭城市群两型社会建设的意见》《环长株潭城市群两型产业振兴工程实施方案（2011-2015 年）》等一系列支持两型产业发展差异化的产业政策。

③ 落实国家有关淘汰落后产能的有关政策，坚决把能源消耗高、污染严重的落后工艺和装备淘汰掉。

④ 加大节能重点项目支持力度。充分发挥省节能专项资金的作用，积极引

导和支持企业加快节能技术改造，扎实推进工业燃煤锅（窑）炉、电机系统节能、工业余热余压利用、能量系统优化等重点节能工程。

⑤ 开展两型企业、园区示范创建工作。制定“两型”企业、产业以及园区标准，指导“两型”示范创建工作。株冶、泰格林纸、华菱湘钢等三家企业列入了国家两型企业创建试点。推进工业企业清洁生产。编制《湘江流域工业企业清洁生产实施方案》，获国家工信部支持。组织工业企业开展自愿清洁生产审核，对积极开展清洁生产的企业予以补助，目前已有118家工业企业自愿开展清洁生产审核。涌现了吉利汽车等一批两型示范企业。

3）实施产业退出工程

① 对能耗限制行业开展年度达标情况检查。对国家和省级产品强制性能耗限额标准涉及的企业进行达标情况检查。建立产品生产能耗执行标准情况档案，督促未达标企业限期整改。

② 对超能耗限额标准的企业（产品），会同物价部门，实行超能耗限额电价加价政策，有效地促进了落后企业关停和落后产能生产设备的退出。

③ 2014年全省淘汰工业行业落后产能项目包括水泥、稀土、造纸、合金等，共涉及行业96家企业。

④ 长沙坪塘老工业基地污染企业两年内全面退出，落后产能淘汰率达到100%。

⑤ 株洲清水塘污染企业实行绿色外迁，“十二五”期间COD排放总量削减6%，SO_2排放总量削减15.96%，空气质量良好率88.77%，创历史同期最好水平。

4）加快推进战略性新兴产业建设工程

① “十二五”期间，国家节能环保产业将带动万亿元投资，节能惠民工程可拉动消费4500亿元，实施湘江治理投资595亿元，十大环保工程投资600多亿元，推广十大低碳环保技术投资800多亿元。

② 工程机械行业国内市场占有率26%；新材料销售收入全国第三；文化产业增加值占GDP比重为5.3%，全国第五，原创动漫产量连续5年居全国第一。28家节能服务公司获国家备案，居全国中西部第一。

先后规划实施了湖南省两型建设的十大重点改革任务、十大清洁低碳技术和十大环保工程，推动全省两型社会和生态文明建设步伐。

十大重点改革任务包括：

① 工业两型发展促进机制；② 联合产权交易平台及其机制改革；③ 生态补偿机制；④ PM2.5监测及防治体制；⑤ 资源性产品价格改革；⑥ 建立绿色GDP评价体系；⑦ 排污权交易；⑧ 农村环境污染治理；⑨ 绿色出行；⑩ 绿色建筑推广。

十大清洁低碳技术包括：

① 新能源发电；②“城市矿产”再利用；③ 重金属污染治理；④ 脱硫脱硝；⑤ 工业锅(窑)炉节能；⑥ 绿色建筑；⑦ 餐厨废弃物资源化利用和无害化处理；⑧ 污泥垃圾焚烧；⑨ 公共客运行业清洁能源、节能与新能源；⑩ 农村畜禽污染治理和资源化利用。

十大环保工程包括：

① 湘江流域重金属污染治理工程；② 氮氧化物减排工程；③ 湘江长沙综合枢纽库区清污工程；④ 城镇污水生活垃圾处理设施配套工程；⑤ 农村环境综合整治工程；⑥ 环保产业发展千亿工程；⑥ 长株潭新型化工循环经济产业园建设工程；⑦ 环境监管能力建设工程。

(9) 推进生态城镇化工程，全面提升城镇综合承载力，规划生态城镇发展的功能系统(图 31)

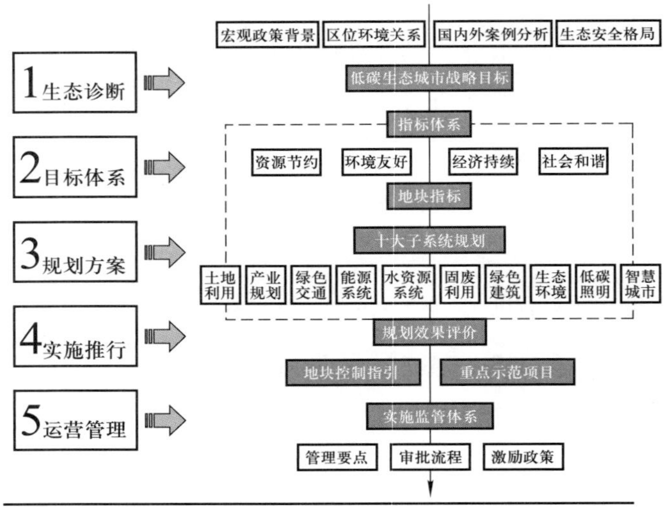

图 31　生态城镇建设的系统规划

1) 注重理念引领，注重制度保障，注重宏观规划与微观措施的结合(图 32)

低碳生态城市核心价值观：

① 尊重自然，保护环境，节约资源(自然为本)；

② 多元多样，循环利用，和谐共生(多样循环)；

③ 以人为本，提升质量，共守理念(美丽幸福)。

2) 实施资源型产业城市转型升级工程

株州由全国十大污染城市转变为以现代工业文明为特征的生态宜居城市。

株洲的转型升级工程决策主要工作有：

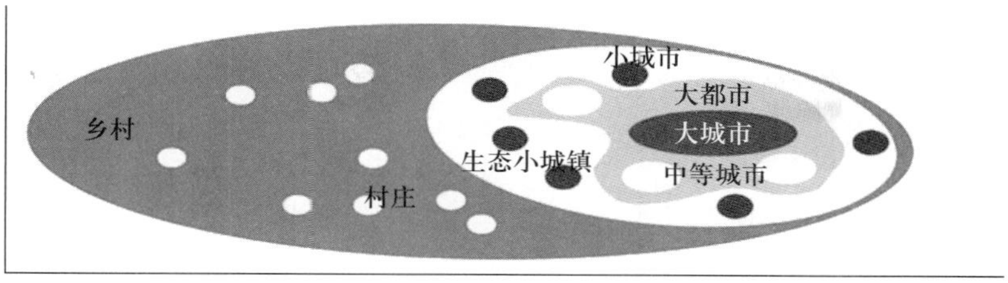

图 32　注重理念引领，注重制度保障，注重宏观规划与微观措施的结合

① 转型升级的顶层设计、改革方案设计和决策支持；② 产业准入、提升、退出规划决策支持；③ 金属资源加工产业两型化发展规划决策支持；④ 清水塘工业区治理、转型升级的实施方案决策支持；⑤ 节能减排标准领跑机制设计和决策支持；⑥ 有色金属冶炼加工企业节能减排工程决策支持。

与 2007 年相比，株洲全市废水中重金属污染物排放量大幅削减，铅、汞、镉、砷削减率分别达 16.75%、9.29%、22.58%、23.51%。

新华社《党的十六大以来以胡锦涛为总书记的党中央治国理政纪实》专稿在开篇积极评价株洲资源型产业城市转型："曾经黑乎乎、灰蒙蒙的城市变得绿油油、水灵灵，完成了从全国十大污染城市向国家卫生城市的蝶变"。

3）实施绿色生态新城区建设工程

将长株潭两型社会大河西先导区绿色规划作为湖南省委、省政府的重大决策付诸实施，已经国务院批准成为中部地区首个国家级新区——湘江新区（图 33）。先导区内梅溪湖新城成为首批国家绿色生态示范城区试点。

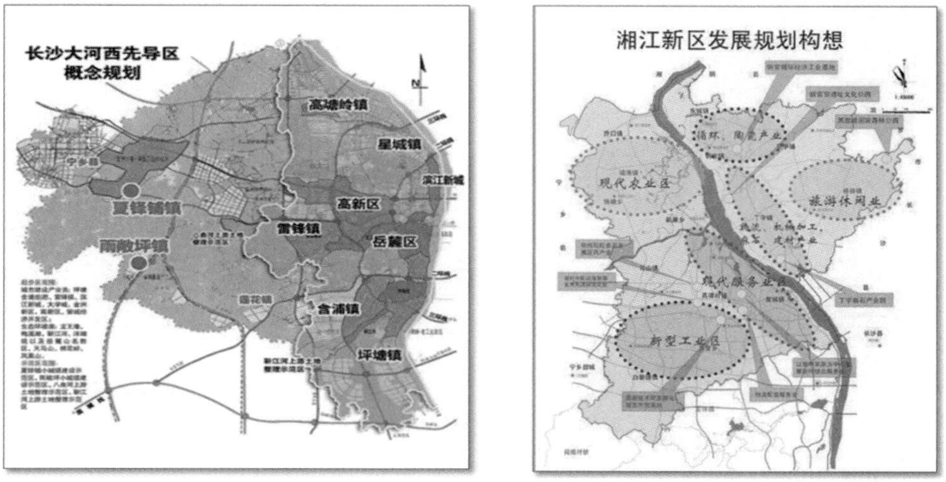

图 33　实施绿色生态新城区建设工程

四、结　语

通过多年的探索实践，我们对两型工程建设的认识进一步加深，深深地体会到，建设两型工程：

（1）具有先导性，要靠规划来引领；

（2）具有探索性，要靠改革来推动；

（3）具有创新性，要靠科技来支撑；

（4）具有公益性，要靠政策来支持；

（5）具有复杂性，要靠法制来保障；

（6）具有社会性，要靠公众来参与；

（7）具有艰巨性，要靠监管来落实；

（8）具有国际性，要靠合作来推进。

陈晓红　教授、博士生导师，中国工程院院士，湖南商学院校长，中南大学商学院名誉院长、战略咨询委员会主任，中南大学两型社会研究院院长。

国家杰出青年科学基金及“光召科技奖”获得者，国家一级重点学科“管理科学与工程”、国家自然科学基金创新研究群体、教育部“长江学者创新团队”、国家级教学团队及国家级特色专业负责人与首席教授，“百千万人才工程”第一、二层次国家级人选，国务院工商管理学科评议组成员，教育部社科委委员，教育部管理科学与工程教学指导委员会委员。

陈晓红教授长期从事金属矿产资源开发利用和两型工程管理等方面的研究工作。先后承担了国家杰出青年科学基金，国家自然科学基金创新研究群体项目，国家“九五”至“十一五”科技计划重大项目，国家自然科学基金国际合作重大项目、重点项目及重大研究计划子项，国家社科基金重大项目，教育部哲学社会科学研究重大课题攻关项目等国家级重大和重点项目30多项。研制成功我国第一个具有自主知识产权的决策应用软件开发平台“SmartDecision”。作为第一完成人获国家科学技术进步奖二等奖1项，国家教学成果奖二等奖1项，省部级一等奖3项、二等奖6项；在国内外重要刊物上发表论文230余篇，出版专著16部。

曾获全国优秀教师、全国三八红旗手、湖南十大杰出青年、首届“芙蓉学者计划”特聘教授、“芙蓉学者计划”特聘教授贡献奖，1998 年起享受国务院政府特殊津贴。

基于大数据的地铁施工行为安全矫正研究

丁烈云,郭聖煜,蒋晓燕

华中科技大学工程管理研究所,湖北武汉

摘要:中国地铁建设的高速发展导致施工事故时有发生,而工人的不安全行为是诱发施工事故的重要原因。行为安全管理(bahavior-based safety,BBS)是矫正工人不安全行为的有效方法,针对目前研究工人行为矫正未针对不同工人特点的问题,本文提出基于大数据的地铁施工行为安全矫正。首先,基于大数据个性化推荐技术研究工人行为矫正内容推送机制;然后,开发地铁施工行为安全矫正系统;最后,以不安全行为率 S 作为指标,验证该系统实际应用效果。选取武汉某地铁施工工地作为研究试点,现场观察结果表明,该工地一组架子工参加行为矫正后较矫正前不安全行为率降低 69.3%;另外,与另一工地未参加行为矫正的一组架子工相比,不安全行为率降低 56.9%。这些结果证明该系统能有效改善地铁施工工人的不安全行为。

关键词:大数据;不安全行为;行为矫正;BBS;不安全行为率

Big Data-based Behavior Modification Research of Metro Construction

Lieyun Ding, Shengyu Guo, Xiaoyan Jiang

Institute of Construction Management, Huazhong University of Science and Technology, Wuhan, Hubei

Abstract: With the rapid development of China's metro construction, construction incidents happen frequently, the significant cause of which is worker's unsafe behavior. Behavior-based safety (BBS) is an effective method for modifying worker's unsafe behavior. This paper introduces big data-based behavior modification of metro construction, aiming at solving the problem that current researches do not consider worker's personal character. Firstly, we studied the behavior modification pushing mechanism based on personalized recommendation technology; then, we developed behavior modification system of metro construction; lastly, we tested the effect in practical application using the unsafe behavior rate S as measuring indicator. The observation result of one metro construction site in Wuhan indicates that the unsafe behavior rate of modified scaffolders at this workpoint decreased 69.3%. Otherwise, compared with unmodified scaffolders at another workpoint, the unsafe behavior rate decreased 56.9%. The results prove the effectiveness of this system for improving the unsafe behavior of metro construction workers.

Keywords: big data; unsafe behavior; behavior modification; BBS, unsafe behavior rate

一、引　言

进入21世纪以来,我国的城市轨道交通建设迎来黄金发展期。截至2014年6月,国家批复包括北京、上海等36个城市的轨道交通建设规划,目前在建项目总里程约3100 km,预计至2020年规划总里程将超过8500 km(周晓勤,2014)。以武汉市来说,地铁建设正在经历快速发展的时期,政府提出了"一年一条线投入运营"的口号,仅目前而言,共有八条线在同时建设中,施工作业的高速、高强度,加上施工场地狭窄,周边环境复杂等特点,导致安全事故时有发生。Heindrich在研究了近75 000例事故后发现,88%的事故是由人的不安全行为引起(Heinrich et al., 1980);Helen等同样强调80%~90%的安全事故都是由人的不安全行为引起的(Lingard and Rowlinson, 2005),因此,需要研究有效的地铁施工行为安全矫正机制,控制工人的不安全行为,从而提高地铁施工安全管理水平,降低事故率。

行为安全管理(behavior-based safety,BBS)是有效指导和激励行为改善的方法,由Geller提出(Geller, 2000),旨在减少工人不安全行为和增加工人安全行为,该方法被广泛应用于工程施工领域(Lingard and Rowlinson, 1998)。目前BBS研究有利用智能传感设备自动获取并分类工人的行为,实现机器观察(Han and Lee, 2013);有研究将传统BBS与现代信息管理系统结合,提高行为改善效果(Zhang and Fang, 2013; Li et al., 2015);还有研究提高BBS在施工现场应用的持续有效性(Choudhry, 2014)。但是对于工人不安全行为矫正方式的研究较少,仅提到采用现场面谈、开会或培训的方式进行矫正,并未深入研究有效的施工行为矫正机制。地铁施工工人包括钢筋工、架子工等,不同工种工人因工作年限、施工任务等不同,在不同施工阶段可能表现出的不安全行为是不同的,因此针对不同工人的不安全行为矫正应强调"个性化"。

另一方面,随着全球范围内个人电脑、智能手机等设备的普及和新兴市场内不断增长的互联网访问量,"大数据"的概念应运而生,它指的是需要新处理模式才能具有更强的决策力、洞察发现力和流程优化能力的海量、高增长率和多样化的信息资产。预计到2020年全球数据量将超过35 ZB(Gantz and Reinsel, 2011)。大数据给人类社会带来了巨大的思维变革、商业变革和管理变革(Beyer and Laney, 2012)。个性化推荐作为大数据的重要研究方向,近年来各行各业已有许多这方面的研究(Chang et al., 2014; Abbas et al., 2015; Qian et al., 2014;Chung, 2014),主要是通过研究用户特点,分析用户行为,精准推荐用户感兴趣的信息。个性化推荐技术包括基于内容的推荐、基于用户(物品)协同过滤推荐和基于关联规则推荐等。

针对本文研究的地铁施工工人行为矫正,同样可以基于大数据的思想,将传统BBS与个性化推荐相结合,针对不同工人的特点精准推送行为矫正内容,在该基础上设计地铁施工行为安全矫正系统,该系统以反映工人不安全行为的现场照片为数据来源,通过个性化推送机制,匹配符合工人自身特点的行为矫正内容,让工人实时学习现场存在的不安全行为知识,进一步改善BBS矫正工人不安全行为的效果,最后通过不安全行为率验证该系统应用的有效性。

二、地铁施工行为安全矫正内容推送机制

文中针对地铁施工工人不安全行为进行矫正,行为矫正的内容来源于从施工现场日常安全巡视、安全检查等过程拍摄的现场照片,从中筛选反映工人不安全行为的照片(徐晟,骆汉宾, 2014)。利用这些带有语义信息的图片,生成形象直观的"图示"测试题。

基于内容的推荐是个性化推荐的一项重要方法(Cataldo, 2010),该方法最初源于信息获取领域,是信息检索领域和信息过滤领域的重要研究内容。相对于传

统的信息检索，基于内容的推荐添加了用户兴趣爱好描述文件，也就是用户兴趣爱好模型，它的基本思想就是利用信息内容（文本文档）与用户兴趣爱好的相似性来过滤信息，而不需要依赖用户对项目的评价意见。

文中利用基于内容的推荐方法推送地铁施工行为安全矫正内容，流程如图 1 所示，首先通过内容分析器，从行为矫正内容包含的语义信息中抽取特征信息，包括不安全行为类型、不安全行为对应的现场施工阶段，以及测试题的难度系数，然后收集工人的各项属性信息，包括工种岗位、施工任务，以及工人在行为矫正过程中收集的信息，包括安全水平测试成绩及行为矫正测试成绩，这些反馈信息通过文件学习器进行提取，最后，通过过滤部件建立工人特征信息与行为矫正内容的对应关系，为工人推荐一组相关性最大的行为矫正内容，其中，找出内容特征信息与工人特征信息的对应关系是关键。

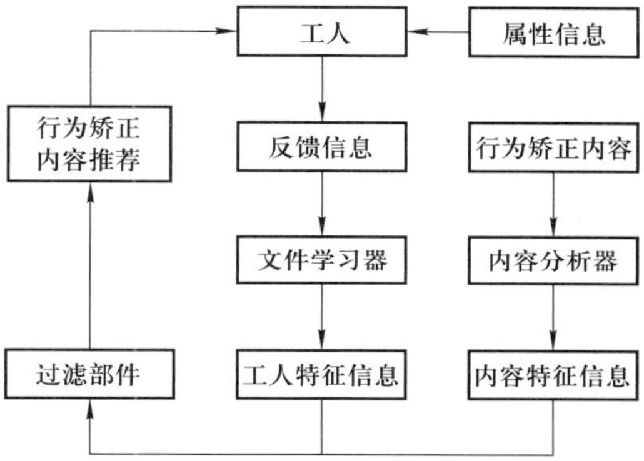

图 1　地铁施工行为安全矫正内容推送流程图

（一）工人的工种岗位与不安全行为类型对应规则

首先，从安全标准、操作规程、事故案例和专家经验四个方面整理地铁施工工人常见的不安全行为，筛选出 17 类型共计 522 条不安全行为，统一编号形成工人不安全行为列表，部分列表内容见表 1，依据该列表提取现场照片中反映的工人不安全行为。

表 1　脚手架类部分不安全行为表

不安全行为
架体作业时未穿防滑鞋
2 m 以上作业，未佩戴安全带
作业时攀爬脚手架架体上下
架体站立时未满铺脚手板
脚手架未设置剪刀撑

然后，定义地铁施工工人的属性信息——工种岗位。传统建筑业八大工种包括木工、钢筋工、抹灰工、砌筑工、混凝土工、架子工、油漆工和防水工。各类建筑机械工种岗位包括起重机驾驶员、挖掘机驾驶员、推土机驾驶员、建筑起重司索信号工等。结合地铁施工的特点，将地铁施工工人分成钢筋工、架子工、模板工、电工、起重司机和司索工等，并明确每类工种岗位的定义，如司索工指从事吊具捆绑挂钩等地面工作的工人，而非起重机驾驶员或指挥人员，这样工人在进行不安全行为矫正前能选择自己对应的工种岗位。

最后，将不安全行为类型与工人的工种岗位进行对应，某些类型的不安全行为例如脚手架、模板工程等，对应特定的架子工、模板工等专业工种；某些类型的不安全行为会对应多个工种岗位，如起重吊装类不安全行为可能涉及起重司机、司索工和信号工等；还有一些类型的不安全行为对应所有的工种岗位，如文明施工类不安全行为“工人在施工现场随意抽烟”等，只要在地铁施工现场的工人都可能存在该行为；部分不安全行为与地铁施工工人的工种岗位之间的对应关系如表 2 所示。

表 2　部分不安全行为与地铁施工工人的工种岗位的对应关系表

不安全行为	不安全行为类型	对应工人的工种岗位
工人在施工现场随意抽烟	文明施工类	全部
工人电焊等明火作业与各类可易燃物的安全间距不足	消防类	电焊工
工人不按规定设置剪刀撑	脚手架类	架子工
挖土机作业位置不稳不牢	施工机具类	挖土机司机
爆破作业人员穿化纤等非防静电衣服	爆破类	爆破工

（二）工人施工任务与现场施工阶段对应规则

根据我国各城市（北京、重庆等）城市轨道交通工程划分标准，形成地铁施工工作结构分解（Work Breakdown Structure，WBS），按照单位工程、子单位工程、分部工程、子分部工程和分项工程五级划分地铁施工阶段。图 2 为单位工程为地铁车站工程的部分 WBS，地铁车站工程包括明挖车站主体工程等 6 个子单位工程，明挖车站主体工程包括基坑围护及地基处理、防水工程和主体结构 3 个分部工程，主体结构包括混凝土结构、劲钢（管）混凝土结构及砌体结构 3 个子分部工程，混凝土结构包括模板及支架、钢筋、混凝土和装配式结构 4 个分项工程。采集反映工人不安全行为照片时，根据采集时间确定分部分项工程类型。

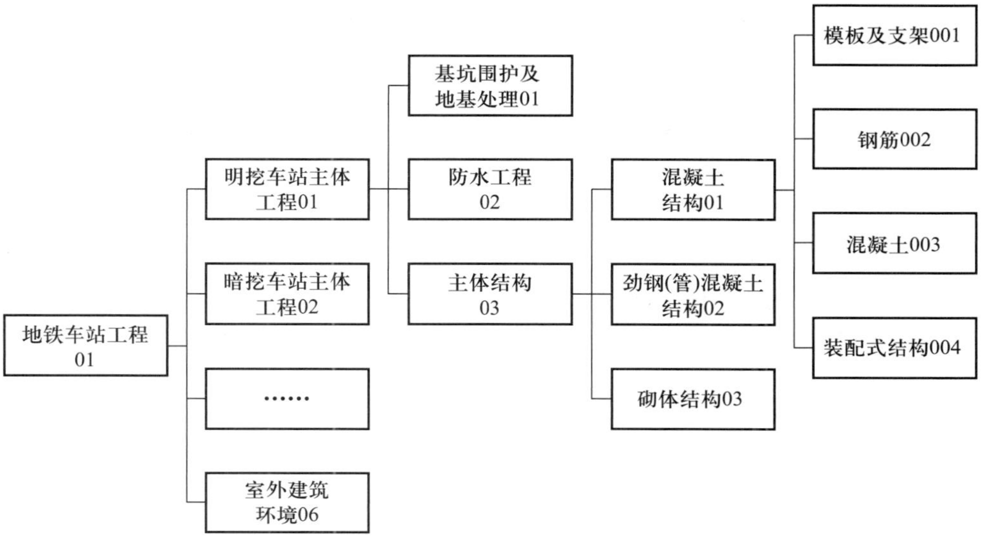

图2 地铁车站工程工作结构分解图

另一方面，记录工人参与不安全行为矫正前的施工日期，集成实际施工进度数据，根据工人具体施工任务的不同分配从不同施工阶段生成的行为矫正内容。

（三）工人成绩与矫正测试难度系数对应规则

矫正测试的内容来源于反映工人不安全行为的现场照片，以对应的不安全行为作为正确选项，随机加入该类其余不安全行为作为干扰选项，生成行为矫正测试题，难度系数根据不同题型（如包含两张图像对比类题型和仅包含一张图像判断类题型属于不同题型）、不同选项设置（包含 2 个、3 个和 4 个选项）设计成 1~3 三个等级，难度依次递增。

工人成绩包括安全水平测试成绩和矫正内容测试成绩。矫正内容测试成绩是工人完成矫正内容测试的得分，采取百分制；安全水平测试是通过问卷的形式掌握工人的安全态度，问卷采用 5 级里特式量表进行评定，用 1~5 分分别对应"强烈反对""反对""中立""赞同"和"强烈赞同"，为了避免工人对赞同程度的理解偏差，对每个问题重新设计答案，例如"我和工友们普遍认为正确遵守安全操作规范（　）避免意外受伤"的五个选项分别是"完全不能""一般不能""有时候可以避免，有时候不能""一般都可以""能很有效地"，确保语义清晰，措辞准确，共设计类似问题 25 个，以最终所有问题得分的平均分作为安全水平测试成绩。

根据工人成绩确定矫正测试难度系数的流程如图 3 所示，对于首次参加行为矫正测试的工人，先进行安全水平测试，根据安全水平测试的得分推送不同难度系数的矫正测试题，再次参加行为矫正测试的工人，根据上次矫正测试的成绩推送本次对应不同难度系数的矫正测试题。

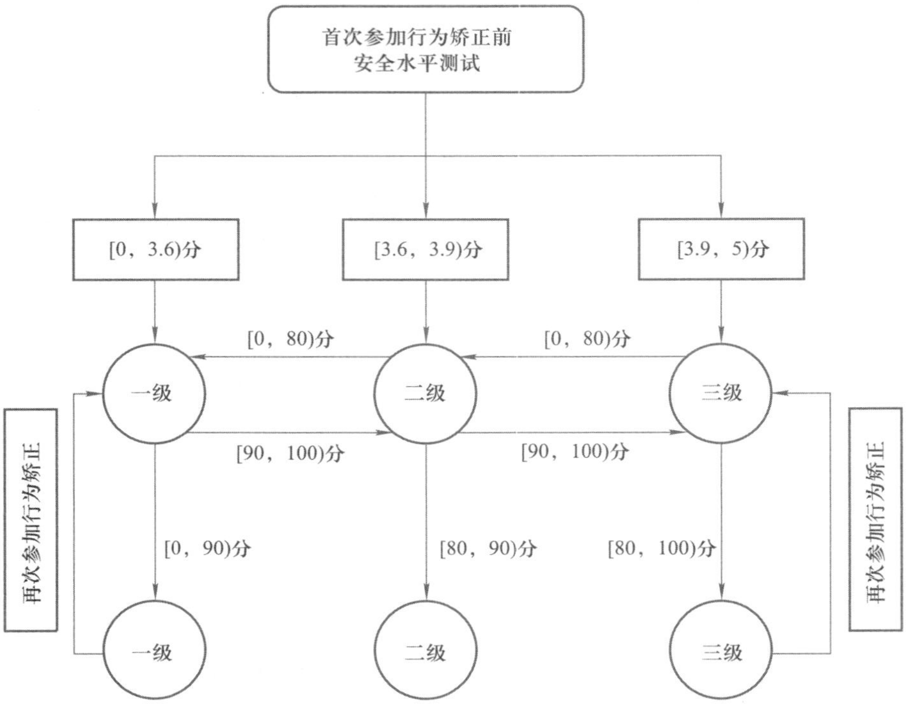

图3　工人成绩与矫正测试内容难度系数对应关系图

三、地铁施工行为安全矫正系统

通过基于内容的矫正内容个性化推送机制，开发地铁施工行为安全矫正系统，为方便工人参与矫正，该系统设计在手机端，通过APP推送行为矫正测试题，该系统功能包括系统通知推送、矫正记录查询、工人信息查看、数据智能分析、矫正内容推送以及矫正结果查看。

（1）系统通知推送

根据每个工人参加矫正的频率以及当前施工进度的变化，通过手机APP推送通知，提醒工人进入系统参与行为矫正。

（2）矫正记录查询

工人进入该系统后，可在登录后界面查询个人以往参与行为矫正的情况。

（3）工人信息查看

工人可在系统内查看自己的个人基本信息（包括工作单位、所属班组、工种岗位、资格证书等）。

（4）数据智能分析

数据智能分析是本系统的核心，系统分析矫正内容属性信息与工人属性信息的对应关系，根据分析结果匹配不安全行为与工种岗位，分部分项工程与工人的施工任务，难度系数与工人成绩的对应关系，如下图4所示。

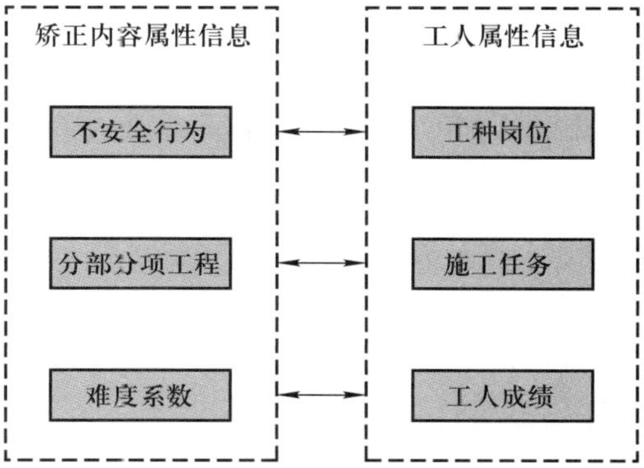

图4　系统智能分析数据匹配关系图

（5）矫正内容推送

数据智能分析完成后，系统生成符合工人特点的施工行为矫正内容。

（6）矫正结果查看

工人完成行为安全矫正测试后，可查看本次矫正测试成绩，以便及时了解自己掌握安全知识的情况。

四、系统应用案例

（一）应用工地概况

选择武汉市轨道交通三号线某车站作为地铁施工行为安全矫正系统应用示范工地，该工地存在施工场地有限、交通疏解量大、管线干扰多、降水难度大等较为典型的地铁施工难点问题，工人面临复杂的施工环境，施工过程中行为风险隐患较多。

（二）应用效果分析

文中引入不安全行为率 S 作为统计指标，验证该系统应用的有效性。该统计指标能够量化工人的不安全行为，借鉴 SI 指数的测量方法（Li et al.，2015），S 等于某班组在完成某项具体工作任务时单位时间（小时）出现不安全行为的人次数除以该班组总人数，计算公式如下：

$$S = \frac{N_{us}}{N} \times 100\% \tag{1}$$

其中 S 表示不安全行为率，N_{us} 表示班组中发生不安全行为人次/小时，N 表示进行该工作的总人数。

进行每周一次（2 小时）的现场行为观察，观察对象为一组（20 人）该工地的架子工和另一组未参加行为矫正工地的架子工，连续进行 23 周观察，记录结果如下图 5 所示，实线曲线代表该工地架子工的不安全行为率变化，虚线曲线代表另一工地未参加行为矫正的架子工的不安全行为率变化。前 6 周为工人行为矫正前的基线阶段，两工地工人均未参加行为矫正，该工地工人的不安全行为率均值 $\overline{S_1}=63.9\%$，标准差 $\sigma_1=0.184$；另一工地工人的不安全行为率均值 $\overline{S_2}=56.9\%$，标准差 $\sigma_2=0.199$，两组工人数据差异不大。第 7 周起该工地的架子工班组开始进行施工行为安全矫正，一直持续到第 23 周，这个阶段，该工地的工人不安全行为率均值 $\overline{S_1'}=19.6\%$，标准差 $\sigma_1'=0.092$；另一工地的工人不安全行为率均值 $\overline{S_2'}=45.5\%$，标准差 $\sigma_2'=0.311$。通过对比计算，该工地工人参与行为矫正后较矫正前不安全行为率降低 69.3%，该工地与另一组未参与行为矫正工地对比不安全行为率降低56.9%，并且该工地工人经过施工行为安全矫正后，出现不安全行为的人次波动明显减小，说明通过该系统进行施工行为安全矫正能有效提高工人现场行为安全表现。

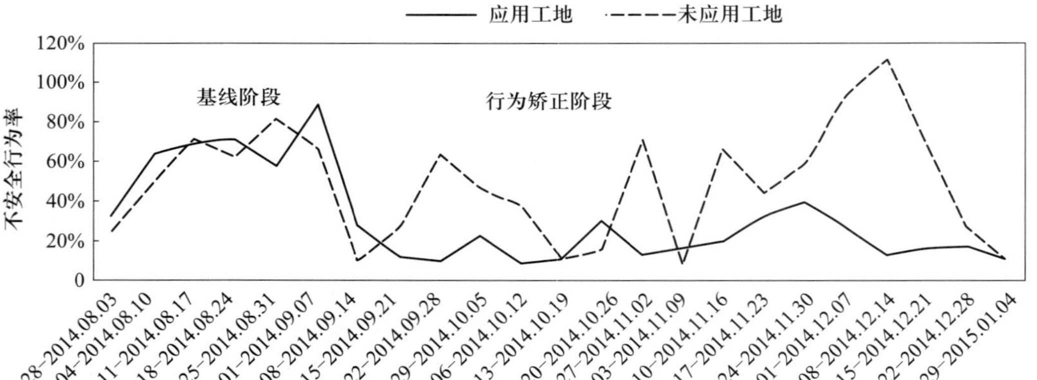

图 5　地铁施工工人不安全行为率变化曲线图

五、结　　语

（1）文中利用基于内容的个性化推荐，探究地铁施工行为安全矫正内容推送机制，分别找出了工人的工种岗位与不安全行为类型、工人施工任务与现场施工阶段、工人成绩与矫正测试内容难度系数的对应关系；

（2）基于该机制开发了地铁施工行为安全矫正系统，通过系统智能分析，从海量的数据中推送符合工人特点的行为矫正内容，并以武汉地铁某工地作为该系统应用工地，选取不安全行为率作为效果评价指标，统计结果验证了该系统的有效性；

（3）文中通过基于内容的个性化推送实现针对某类工人的行为矫正，而针对具体某个工人的行为矫正内容推送研究不足，个性化推荐还包括协同过滤推荐、关联规则推荐等，下一步研究将探讨结合这些推荐技术实现更具针对性的施工行为安全矫正。

参考文献

[1] 周晓勤.（2014）. 当前我国城市轨道交通发展情况及需关注的几个问题. http://rail.ally.net.cn/special/2014/0721/3438.html.

[2] Heinrich, H. W., Petersen, D., and Roos, N. (1980). Industrial accident prevention. New York: McGraw-Hill.

[3] Lingard, H. and Rowlinson, S. M. (2005). Occupational health and safety in construction project management. New York: Taylor & Francis.

[4] Geller, E. S. (2000). The psychology of safety handbook. Boca Raton, FL: CRC Press.

[5] Lingard, H. and Rowlinson, S. M. (1998). Behavior-based safety management in Hong Kong's construction industry. Journal of Safety Research, 28(4): 243-256.

[6] Han, S. U. and Lee, S. H. (2013). A vision-based motion capture and recognition framework for behavior-based safety management. Automation in Construction, 35: 131-141.

[7] Zhang, M. and Fang, D. (2013). A continuous Behavior-Based Safety strategy for persistent safety improvement in construction industry. Automation in Construction, 34: 101-107.

[8] Li, H., Lu, M., Hsu, S. C., et al. (2015). Proactive behavior-based safety management for construction safety improvement. Safety Science, 75: 107-117.

[9] Choudhry, R. M. (2014). Behavior-based safety on construction sites: A case study. Accident Analysis & Prevention, 70: 14-23.

[10] Gantz, J. and Reinsel, D. (2011). Extracting value from chaos. IDC iview, (1142): 9-10.

[11] Beyer, M. A., Laney, D. (2012). The importance of "big data": a definition. Stamford, CT: Gartner.

[12] Chang, H. Y., Huang, S. C., and Lai, C. C. (2014). A personalized IPTV channel-recommendation mechanism based on the MapReduce framework. The Journal of Supercomputing, 69(1): 225-247.

[13] Abbas, A., Bilal, K., Zhang, L., et al. (2015). A cloud based health insurance plan recommendation system: A user centered approach. Future Generation Computer Systems, 43: 99-109.

[14] Qian, X., Feng, H., Zhao, G., et al.(2014). Personalized Recommendation Combining User Interest and

Social Circle. IEEE Transactions on Knowledge and Data Engineering, 26(7): 1763-1777.

[15] Chung, K. Y. (2014). Effect of facial makeup style recommendation on visual sensibility. Multimedia Tools and Applications, 71(2): 843-853.

[16] 徐晟,骆汉宾. (2014). 基于图示语言的工人行为安全培训系统.土木工程与管理学报,(9):51-55.

[17] Cataldo, M. (2010). Enhanced vector space models for content-based recommender systems. Proceedings of the fourth ACM conference on Recommender systems. New York: ACM Press: 361-364.

丁烈云

华中科技大学校长,二级教授,中国工程院院士,《土木工程与管理学报》主编,教育部科技委管理学部副主任、高校工程管理专业评估委员会主任,中国建筑学会工程管理研究分会理事长,国际权威期刊 *Automation in Construction*, *Journal of Civil Engineering and Management* 编委。

主要研究方向为建设工程信息化和安全风险管理。作为项目负责人,主持"十二五"国家支撑计划项目"地铁工程安全控制关键技术研究及应用示范",主持"十一五"国家支撑计划项目"网络文化安全与民族文化数字化关键技术研究与示范";作为首席专家,主持教育部哲学社会科学研究重大课题攻关项目"中国转型期的社会风险及公共危机管理研究"。作为第一完成人获两项国家科学技术进步奖二等奖、4 项省部级科学技术进步奖一等奖、7 项授权发明专利,主编 1 项国家标准,出版 2 部著作和 1 部国家精品教材,发表 SCI 论文 24 篇,EI 论文 63 篇。

培养面向国际职场的工程管理学生
——初步探索

David A. Wyrick[1], Paul Kauffmann[2], Libby Schott[3], John V. Farr[3]

1, 美国工程管理学会

2, 东卡罗来纳州立大学,北卡罗来纳州,美国

3, 美国军事学院(西点军校)

摘要:世界各地的贸易已经在全球范围内建立了相互的联系。工程师在产品设计、供应链管理、提供服务、提高人们的生活质量和促进全球可持续发展等方面扮演着不可或缺的角色。工程管理者每天所做出的决定将对国际供应商、合作伙伴、消费者和环境产生深远的影响。

传统的工程专业学生的教育侧重于技术方面和科学原理,在某些国家甚至仅仅关注数学、科学和工程等科目。北美模式将通识教育的版块融入本科生的培养计划之中,使学生具备从艺术到文学和社会科学领域广泛的理论鉴赏水平。

本文将研究工程管理专业本科项目是如何培养学生并使其能够适应国际化的工作环境或者全球市场的。初步的探究将重点关注 ABET 认证(一个对高校技术项目进行认证的国际组织)的工程管理项目。ABET 已经对位于 28 个国家的 3400 多个应用科学、计算科学、工程和工程技术等专业的培养项目进行了认证(ABET,2015a)。

本研究将通过公开可取得的信息来判断在帮助工程管理学生适应国际化工作环境方面教育的广度和深度。这些数据来源于 ABET 认证的“工程管理”类别的培养项目,以保证数据的公开性。本研究将阐述初步的研究发现,同时也可能界定合作和进一步研究机会。

一、引　言

工程教育旨在培养学生成为实践工程师。在许多情况下,这种教育在大学教育阶段。在美国和许多其他国家,学位课程的安排通常是四年制。这些四年制学位通常以很强的数学、基础科学作为基础,之后再学习专业的工程学课程。在美国的本科项目中还包括一定量的通识教育课程,涵盖社会科学、人文、艺术、人际交往和社会课程,所有这些都旨在培养在做技术建议和决定时能够纳入并考虑非技术因素的"全面的"工程师。然而在不同于美国模式的工程教育项目中,例如法国五年制的高等学院学位,几乎所有的课程都集中在数学、科学和工程学,尽管这些本科项目已经开始开设其他类型的课程以帮助他们的学生成为"圆滑的"工程师。

这种观点在过去像机械工程、电子工程和土木工程等传统学科的教育中可以说是很成功的。以往,大多数工程师在他们自己的国家工作且主要负责国内的工程项目。然而近年来工作已很大程度上实现了国际化和全球化,而且现在许多普通的产品都采用了全球供应链获取其原材料和零部件,同时其客户也分布在世界许多国家。

伴随着日益全球化和国际化趋势,工程管理项目变得越来越多的同时,其重要性也在不断提高。在美国,工程管理教育项目大体上和其他工程教育项目相似。但是,工程管理专业的毕业生相比其他工程专业的毕业生更快地进入技术销售、质量、采购、项目管理和其他管理岗位,同时也在他们的职业生涯中更早地开始在国际化的工作岗位上与他们的国际同事一起工作。

这种局面就对工程管理项目如何培养学生适应国际化工作环境和国际化员工团队提出了挑战。

为了研究这一问题,本文将利用公开可得的资料评价通过了 ABET 工程认证委员会(ABET-EAC)认证的工程管理教育项目,提出研究结果并进行讨论。讨论是基于可以取得的信息(或者是少量信息)来展开的,并在此基础上提出进一步的工作建议和结论。

二、ABET——工程管理本科项目的认证

本小节将讨论 ABET 及其确保技术教育质量(尤其是对于工程管理项目而言)的理论。同时,将提及通过 ABET 认证的工程管理项目,并依据公开可得的数据来总结这些项目是如何体现国际技能和全球化视角的。

（一）ABET 和项目认证

ABET 是一家对工程学、计算科学、工程技术和应用科学领域教育项目进行认证的领先机构。ABET 认证的是教育项目而非院系或者院校，主要适用的四个认证领域分别是工程学、计算科学、工程技术和应用科学。ABET 于 1932 年在美国成立，起初的定位是以“工程师职业发展协会”对美国的教育项目进行认证。1980 年其名称变更为工程技术认证委员会并于 2005 年开始使用 ABET 作为其简称。ABET 从 1979 年开始从事国际认证活动（ABET，2015b）。

ABET 的组成成员是专业化的工程学会而非个人，当 ABET 根据被认证的项目集体决定认证的基本原则之后，会选定合适的成员组织设置详细具体的认证细则（例如，由电气和电子工程师协会（IEEE）来设置电子工程教育项目的认证细则）（ABET, 2015e）。

认证的基本原则也相对较为具体，对于教学大纲，ABET 要求至少包含 32 个学期学分（或者不低于项目学分总数的 25%）的数学和基础科学课程，同时也要满足各适当的专业学会所设置的数学最低要求。ABET 要求至少 48 学期学分（或者不低于项目学分总数的 37.5%）的工程专业课程。教育项目其余的学分用来设置各院校适合的通识课程或者项目特定的相关课程和活动（ABET, 2015d）。

对于工程管理项目，ABET 设置并使用的项目认证细则主要考虑教学大纲和师资水平两个方面。“教学大纲必须使毕业生具备理解计划、组织、领导、控制等一系列管理任务和生产制造、研发和服务组织等人力因素之间的工程关系的能力，同时也能够了解并面对管理系统本身的复杂特性。教学大纲还必须使毕业生具备将管理系统整合运用到一系列不同的技术环境中的能力”（ABET, 2015d）。“师资力量方面要求大多数教师的专业优势应该在工程领域，同时教师应当在工程或者技术活动的管理方面比较有经验”（ABET, 2015d）。ABET 认证原则和工程管理项目认证细则更为详细的评估办法可以参考 2015 年美国工程教育学会年会论文集上发表的一篇相关论文（Kauffmann, et al., 2015）。

（二）ABET——通过认证的工程管理项目

表 1 中列出的是在 2013 年秋季之后纳入认证环节的 16 个通过认证的工程管理项目。这些项目中有 11 个位于美国，另外 5 个分布在世界其他国家。这些信息也可以通过 ABET 网站在线项目搜索功能获得，该搜索功能仅可以查找通过工程认证委员会的本科教育项目。表中注明了各项目所属的大学、所在国家和最

初通过认证的年份（ABET，2015e）。

表 1　ABET——通过认证的工程管理项目

大学名称	所在国	最初通过时间(年份)
阿拉伯科学技术和海上运输学院	埃及	2009
亚利桑那大学	美国	2003
克拉克森大学	美国	2009
康涅狄格大学	美国	2007
伊斯坦布尔技术大学	土耳其	2009
科威特大学	科威特	2006
密苏里科技大学	美国	1979
北达科他州州立大学	美国	1971
俄克拉荷马州立大学	美国	1936
太平洋大学	美国	2003
伦斯勒理工学院	美国	1978
圣路易斯波多西自治大学	墨西哥	2012
沙迦大学	阿拉伯联合酋长国	2010
南达科他州矿冶与科技学院	美国	1991
斯蒂文斯理工学院	美国	1990
美国军事学院	美国	1995

三、国际技能与全球化视野

为了考察教育项目是如何引入全球化视角并达到国际化工作环境要求的，本文研究了通过 ABET 认证的 16 个教育项目的网页。通过研究，本文试图界定一些特定的关注全球化的问题，可以提供相关海外学习经历和其他一些帮助学生融入全球化机会的课程。本研究尽可能地调查了这些具体项目的网站或其大学资料，其中遇到的困难包括失效的网页链接和非英语的语言障碍。

表 2 显示的是各具体项目的官方主页网址，表中也注明了项目被 ABET 认证的专业名称。

通过项目主页的调查发现，没有一个项目开设了专门针对全球化影响和在国际化背景下如何有效工作的课程。至少有一个项目在其通识教育课程中开设了一门关于全球化视野的选修课(北达科他州州立大学)。

许多项目开设了供应链管理方面的必修课或者选修课(AASTMT，Clarkson，Kuwait，Stevens)。但还不清楚这些课程是关注不同文化背景下的有效的供应链管理还是关注数学建模和供应链的模拟。沙迦大学在其高级战略营销课程中包括了一部分全球经济的章节内容。

表 2　教育项目名称与网站链接

所属大学	项目名	网站链接
阿拉伯科学技术和海上运输学院	工业与工程管理本科	http://www.aast.edu/en/colleges/coe/dept/programtemp.php? menutab = 18 & program_id = 6& unit_id = 67 (Arab Academy of Science and Technology, 2015).
亚利桑那大学	工程管理本科	http://www. sie. arizona. edu/bachelor-science-engineering-management (University of Arizona, 2015).
克拉克森大学	工程与管理本科	http://www. clarkson. edu/em/index. html (Clarkson University, 2015).
康涅狄格大学	制造业管理与工程本科	http://mem.business.uconn.edu (University of Connecticut, 2015).
伊斯坦布尔技术大学	工程管理本科	http://www.isl.itu.edu.tr/isletmeMuhendisligiNedirEN.htm (Istanbul Technical University, 2015).
科威特大学	工业与管理系统工程本科	http://www.eng.kuniv.edu/ims/ (Kuwait University, 2015).
密苏里科技大学	工程管理本科	http://emse. mst. edu/academicprograms/undergraduate/ (Missouri University of Science and Technology, 2015).
北达科他州州立大学	工业工程与管理本科	http://www. ndsu. edu/ime/industrial _ engineering _ management/ (North Dakota State University, 2015).
俄克拉荷马州立大学	工业工程与管理本科	http://iem.okstate.edu (Oklahoma State University, 2015).
太平洋大学	工程管理本科	http://www. pacific. edu/Academics/Schools-and-Colleges/School-of-Engineering-and-Computer-Science/Academics-/Majors/Engineering-Management-.html (University of the Pacific, 2015).
伦斯勒理工学院	工业与工程管理本科	http://catalog.rpi.edu/preview_program. php? catoid = 13 & poid = 2900& hl = % 22management + engineering% 22 & returnto = search (Rensselaer Polytechnic University, 2015).
圣路易斯波多西自治大学	工业管理工程本科	http://ingenieria. uaslp. mx (Universidad Autonoma de San Luis Potosi, 2015)
沙迦大学	工业工程与管理本科	http://www. sharjah. ac. ae/en/academics/colleges/eng/dept/iemd/Pages/default.aspx (University of Sharjah, 2015)
南达科他州矿冶与科技学院	工业工程与工程管理本科	http://www. sdsmt. edu/Academics/Departments/Industrial-Engineering/Undergraduate-Education/Industrial-Engineering-and-Engineering-Management-BS/ (South Dakota School of Mines and Technology, 2015)

续表

所属大学	项目名	网站链接
斯蒂文斯理工学院	工程管理本科	https://www.stevens.edu/sse/academics/undergraduate/engineering-management (Stevens Institute of Technology, 2015)
美国军事学院	工程管理本科	http://www.usma.edu/se/SitePages/Engineering% 20Management.aspx (United States Military Academy, 2015)

有3所大学在其工程管理教育项目中提供并介绍了海外学习的机会。康涅狄格大学有一个一学期赴瑞典隆德大学的交换项目,斯蒂文斯理工学院提供赴意大利那不勒斯大学为期两周的有教师辅导的课程学习机会。克拉克森大学是在海外留学方面进展最快的,从2017年开始它要求该校所有的工程管理专业的本科生(BSEM)都有出国学习经历。

当然很有可能有的教育项目将全球化工作环境的要求通过某些个别的课程内容融入其教学大纲之中。然而,本文依据共同可得的资料进行的调查可能不能清晰地反映这一情况。

太平洋大学提供了7个具体的专业研究方向,其中一个是"国际工程管理",主要是针对未来希望获得全球化工作岗位的学生。

美国工程教育学会的作者所做的相关研究(ABET, 2015e),考察了这些院校下设专业教育中管理学内容与数学、科学、工程学、通识教育内容要求的相互关系。

四、结果讨论

本文的结果可以归为两类:一类是ABET的工程管理项目认证;另一类是这些教育项目是如何培养学生适应全球化的工作环境的。

ABET认证的教育项目数量正在逐年增加。自2000年以来,项目的数量从7个增加到16个,增加了一倍多,其中最新的9个项目中5个位于美国以外的国家,国际化这一趋势很可能将继续下去。美国的大多数工程管理专业都是硕士学位项目,因此常见的模式是学生先学习一个传统专业的本科,然后再进入工程管理专业学习。然而许多美国以外的大学则更愿意设立反映更新的或更专业化的学位项目。因此,在美国以外的大学可能存在一种理念,该理念强调首先培养工程师的团队协作能力和商业环境中的工作效率,而后再专注于特定的适合他们职业的技术领域。

培养学生有效地在全球环境中工作,这并不意味着存在一个一致的理论模式或方法。既可以依赖于通识教育的组成部分来实现,也可以通过教师个体将这些国际化思想引入到某一门具体的课程教学中。目前,至少从美国大学的实践来看,更感兴趣的是在专业培养中为学生提供一个国际化的学习经历的机会。

在研究如何将管理主题融入工程管理课程大纲方面,作者在通过ABET认证的项目中挑选了一些近期获得的相关材料或访问过的项目进行调查。本研究发现管理主题和工程主题并没有很好地统一,尽管它们都归类于工程管理教育项目中特定的项目门类。具体的问题包括如果某一个特定的课程是面向工程管理或业务,那么该课程是由工程学院还是商学院开设,以及具体教师和师资水平的考核标准。对近20年中涉及工程管理项目内容、评估和课程大纲设计的相关文献感兴趣的读者可以参考文献(ABET, 2015e)。

五、总结、结论与建议

本文考察了ABET对工程管理教育项目认证的模式,界定了一些项目,进而研究了这些项目是如何涉及国际化热点问题并培养学生适应国际化工作环境的。本文仅通过ABET公开可得的数据和ABET工程认证委员会的16个本科教育项目的信息进行研究。

本文研究表明,在涉及国际化热点问题并培养学生在国际化背景下工作能力方面,没有统一的国际模式。从2017年开始克拉克森大学要求其工程管理专业学生需要有一定的国际经验。进一步的研究工作应该通过调研和访谈来获取数据,以更好地评估工程管理专业学生的水平和类型。

工程管理本科教育项目重视培养学生非常有效地管理项目和流程,并且适应企业内部和企业之间的关系。随着世界各国间的联系越来越紧密,工程管理专业的学生尤其需要接触能为他们提供全球背景和在国际环境中有效工作的能力的机会并取得经历。

从本文的研究可以得出以下几个关键的结论和建议:工程管理正在成为一个全球公认的工程学科的本科专业。在可预见的未来,美国以外通过ABET认证的工程管理项目的数量会超过美国本土。

ABET工程管理教育项目的认证原则应考虑全球视角和未来的工程经理的国际化工作环境,同时还应关注学科自身知识体系的其他方面以及如何在既定的课程大纲中将管理主体更好地融入一致性的课程分类之中。虽然美国工程管理学会工程管理知识体系(ASEM)(Shah, 2012)在本文中没有探讨,也应注意在未来的版本中应包括全球发展视角和国际化的职业环境。

这是一个令工程管理从业人士激动人心的时代,对工程管理教育项目很重要的一点是构建一个统一的模式来实现全球关联和公认的课程大纲建设。在未来的课程设计中,国际合作和伙伴关系将扮演不可或缺的角色。

参考文献

ABET, Inc. (2015a).ABET Home. Retrieved from http://www.abet.org.

ABET, Inc. (2015b).ABET History. Retrieved from http://www.abet.org/History/.

ABET, Inc. (2015c).ABET Governance. Retrieved from http://www.abet.org/governance/.

ABET, Inc. (2015d).Engineering Program Criteria for 2015-16. Retrieved from http://www.abet.org/eac-criteria-2015-2016/.

ABET, Inc. (2015e). Accredited Program Search. Retrieved from (http://main.abet.org/aps/Accreditedprogramsearch.aspx).

Arab Academy of Science and Technology (2015).AAST Industrial & Management Engineering Home (2015). Retrieved from http://www.aast.edu/en/colleges/coe/dept/programtemp.php? menutab=18 program_id=6 & unit_id=67.

Clarkson University.(2015).Engineering & Management (E&M). Retrieved from http://www.clarkson.edu/em/index.html.

Istanbul Technical University.(2015).ITU Faculty of Management > About Management Engineering. Retrieved from http://www.isl.itu.edu.tr/isletmeMuhendisligiNedirEN.htm.

Kauffmann, P.J., Farr,J.V., Schott,E.W.,and Wyrick,D.A.(2015). An Analysis of Engineering Credits in ABET Accredited Engineering Management Programs, Proceedings of the 2015 ASEE Annual Conference & Exposition, Paper #13509, 14 pages.

Kuwait University.(2015).Industrial and Management Systems Engineering Department. Retrieved from http://www.eng.kuniv.edu/ims/.

Missouri University of Science and Technology.(2015).Missouri S&T-BS-Engineering Management. Retrieved from http://emse.mst.edu/academicprograms/undergraduate/.

North Dakota State University.(2015). Industrial Engineering & Management-IME (NDSU). Retrieved from http://www.ndsu.edu/ime/industrial_engineering_management/.

Oklahoma State University.(2015).Industrial Engineering & Management. Retrieved from http://iem.okstate.edu.

Rensselaer Polytechnic University.(2015).Program: Industrial and Management Engineering-Rensselaer Polytechnic Institute-Acolog ACMS™. Retrieved from http://catalog.rpi.edu/preview_program.php? catoid=13 & poid=2900 & hl=%22management+engineering%22 & returnto=search.

Shah, H. (2012).The Guide to the Engineering Management Body of Knowledge, 3rd Edition, American Society for Engineering Management. South Dakota School of Mines and Technology. (2015). Program: Industrial Engineering and Engineering Management, B.S.-South Dakota School of Mines & Technology-Acolog ACMS™. Retrieved from http://www.sdsmt.edu/Academics/Departments/Industrial-Engineering/Undergraduate-Education/Industrial-Engineering-and-Engineering-Management-BS/.

Stevens Institute of Technology. (2015). Undergraduate: Engineering Management / SSE-School of Systems & Enterprise. Retrieved from https://www.stevens.edu/sse/academics/undergraduate/engineering-management.

United States Military Academy. (2015). Department of Systems Engineering-Engineering Management. Retrieved from http://www.usma.edu/se/SitePages/Engineering%20Management.aspx.

Universidad Autonoma de San Luis Potosi. (2015). Principal. Retrieved from http://ingenieria.uaslp.mx.

University of Arizona. (2015). Bachelor of Science in Engineering Management. Retrieved from http://www.sie.arizona.edu/bachelor-science-engineering-management.

University of Connecticut. (2015). Academics / Management & Engineering for Manufacturing. Retrieved from http://mem.business.uconn.edu.

University of Sharjah. (2015). Home. Retrieved from http://www.sharjah.ac.ae/en/academics/colleges/eng/dept/iemd/Pages/default.aspx.

University of the Pacific. (2015). Engineering Management. Retrieved from http://www.pacific.edu/Academics/Schools-and-Colleges/School-of-Engineering-and-Computer-Science/Academics-/Majors/Engineering-Management-.html.

大卫·埃里克(David A. Wyrick)

美国明尼苏达大学德卢斯分校 William L.Mcknight 杰出客座教授,美国工程管理学会常务副理事长。曾任摩洛哥阿卡韦恩大学科学与工程学院院长,美国德州理工大学 Whitacre 工程学院教授和 Bryan Pearce Bagley Regents 工程首席(主任),明尼苏达大学德卢斯分校机械和工业工程系主任。在工程、创业和国际教育管理,产业实践和专业协会领导等方面有广泛的经验基础,并成功地将这些经验应用于北美、欧洲和非洲的商业、教育和职业背景中,同时曾任职于能源产业、计算机产业和制造业的跨国公司和中小企业,曾与商学院和其他高校机构合作创立技术创业和技术产业化的教育项目,在学院和学校层面申报 ABET-CAC、ABET-EAC、美国新英格兰院校协会、美国高等教育委员会等多项国际教育认证方面积累了丰富的经验,长期作为院长、NCAA 教师代表、项目负责人参与国际顶尖大学的管理工作。得益于他流利的英语、法语和瑞典语,已经开始尝试将国际学习经验融入工程教育课程,同时也带领美国工程管理学会进一步走向国际化。

涪陵页岩气开发工程综述

王志刚

中国石油化工股份有限公司,北京

摘要:涪陵海相页岩气资源丰富,经过多期次构造改造,地表及地质条件复杂,和北美相比有显著差异,因此不能照搬国外技术及开发模式,亟需形成适合涪陵页岩气开发的工程技术与商业开发模式。我们分析了涪陵地区页岩气工程难点及特点,形成了地质工程一体化设计方法与工作流程,建立了以长井段水平井钻完井及分段压裂为核心的技术系列,研制了配套的页岩气开发关键流体、工具与装备,提出了山地“井工厂”作业模式和“全周期学习和全系统优化”的管理方法,实现了中国首个大型页岩气田的规模化商业开发。截至2014年年底,涪陵页岩气田新建产能 $25\times10^8\ m^3/a$,累计产气 $12.24\times10^8\ m^3$,为在2015年年底建成 $50\times10^8\ m^3/a$ 产能和2017年建成 $100\times10^8\ m^3/a$ 产能奠定了坚实基础,为其他页岩气田的商业化开发树立了示范,对新兴能源行业大型和特大型工程项目建设具有借鉴意义。

关键词:涪陵;页岩气;钻完井;分段压裂;学习曲线;产能建设;商业开发

一、引　　言

页岩气是指赋存于富有机质泥页岩及其夹层中,以吸附和游离态为主要存在方式的非常规天然气(王志刚,孙健, 2014; 王志刚, 2015; Bowker, 2007)。据美国能源信息署(EIA)2013年资料显示,全球页岩气可采资源量为 $206.68\times10^{12}\ m^3$,2013年美国页岩气产量为 $3025\times10^8\ m^3$,美国页岩气的成功得益于长井眼水平井钻井和大型分段压裂技术的进步(Curtis and Montgomery, 2002; Matt, 2003; Curtis, 2002; Fildani et al., 2005; Pederson and Calvert, 1990; Akbarnejad-Nesheli et al., 2012; Song et al., 2011)。美国“页岩气革命”对全球能源供需结构产生了重大影响。

涪陵页岩气田位于重庆市涪陵区，核心区勘探面积为1241 km^2，可采资源量为1784×10^8 m^3，目的层为志留系龙马溪组和奥陶系五峰组海相页岩，埋深超过2500 m，储层厚度为89 m，优质储层厚度为38 m，水平段长度一般为1500 m（王志刚，孙健，2014；王志刚，2015）。2012年，焦页1HF井实现了勘探重大突破，测试产量达20.3×10^4 m^3/d，标志着我国第一个大型页岩气田成功发现。截至2014年年底，涪陵页岩气田累计钻井136口，试气投产89口，建成产能25×10^8 m^3/a，累计生产页岩气12.24×10^8 m^3。预计到2015年年底建成产能50×10^8 m^3/a，2017年将建成产能100×10^8 m^3/a。在缺少页岩气开发经验、国外技术不能复制的情况下，通过5年来的不断探索、攻关和实践，形成了一套适合涪陵海相页岩气田开发的理论、技术、装备体系，经过勘探阶段单井试验、试验区开发评价、整体开发方案优化等三个阶段，形成了一套涪陵页岩气田“全周期学习和全系统优化”的产能建设管理模式。

二、涪陵页岩气地质特征与工程难点

页岩气储层具有特低孔超低渗的特征，一般无自然产能（邹才能等，2011；国土资源部油气资源战略研究中心，2010；贾承造，2014），需要在储层中钻长井段水平井，利用大型压裂形成网络缝，有效沟通地层，才能实现经济有效开发。涪陵地区与北美相比地表和地质情况更为复杂，在钻完井、压裂、安全环保、工程建设管理等环节面临全新挑战。具体表现在：

（1）地表环境复杂。涪陵地区为山地地形，典型的喀斯特地貌，具有溶洞多、暗河多、裂缝多等特点，井位优选困难，钻前工程难度大，布井数量受限，难以实现大规模“井工厂”作业。

（2）地质条件复杂。涪陵地区地质年代古老，经历多期构造运动，断层发育，上部非目的层气、水、缝、洞发育，目的层非均质性强、水平地应力差异大，钻完井施工中喷、漏、塌等复杂问题多，压裂作业压力高，大范围网络缝形成困难（路保平，2013）。

（3）环保压力大。涪陵地区为饮用水源地、区内人口密集、环境优美、生态脆弱，水资源、土地、周边居民安全保护要求的标准高，工程废弃物处理要求高。

（4）工程建设管理难度大。页岩气开发工艺复杂，工程管理标准体系缺乏，施工队伍经验不足，多兵种、多专业交叉协同作业组织难度大。

三、涪陵页岩气开发工程技术体系

通过技术攻关，形成了适合涪陵页岩气开发的工程设计技术、页岩地层水平井优快钻完井技术，构建了提高页岩气产量的大型网络压裂技术和页岩气产能评价技术，研制了钻完井及压裂关键流体、工具及装备，满足了涪陵页岩气商业开发需求。

（一）地质工程一体化优化设计方法与工作流程

针对地质评价和工程设计脱节，钻井和压裂设计相互独立，只重视工程作业是否成功而忽视完井后评估等问题，为了最大限度地挖掘强非均质性页岩储层的潜力，达到经济有效开发，提出了在页岩气开发中地质与工程一体化设计方法（曾义金，2014）。制定了一体化工作流程，即地质构造建模、地质力学分析、气藏描述、井位布置与轨迹设计、压裂工程设计、完井测试及压后评价为主体的一体化流程。形成了页岩构造建模、气藏建模及“甜点”精确描述方法，构建了基于地应力方向和“甜点”富集特点的水平井方位与轨迹设计理念，创建了综合考虑地质特征及水平井井网布置模式等因素的体积压裂设计理论及精细分段、簇射孔方法，通过裂缝监测、完井测试、产能评价等后评估，进一步完善和优化一体化设计。涪陵页岩气一体化技术的实施，使钻完井及压裂作业周期大幅度缩短，单井综合成本持续降低，压裂试气效果不断提高，实现了降本增效及商业开发。

（二）长井段水平井优快钻井技术

（1）形成了长井段水平井安全快速钻井技术

涪陵地区为喀斯特地貌，海相地层地质条件复杂，上部井段富存溶洞、裂缝，钻井过程中存在恶性漏失等复杂问题；下部井段要求三维定向和长水平段钻进，存在摩阻扭矩大、机械钻速低、油基钻井液下螺杆寿命短等难题。为此，基于地质力学精确描述，优化了涪陵地区长井段水平井井身结构，在上部井段采取了“清水+PDC 钻头+螺杆”复合钻井技术措施，解决了恶性漏失问题；在定向段、水平段形成了“中曲率造斜、低造斜率入靶、稳斜探顶、复合入靶”的井眼轨迹控制技术，研制了高效 PDC 钻头、耐油长寿命螺杆以及降摩减阻工具，显著提高了钻井速度。2014 年平均机械钻速达 8.11 m/h，较 2012 年提高了 184%，复杂时效降低了 30%，多口井实现了水平段“一趟钻”完钻。

（2）研发了长井段水平井页岩稳定的钻井液技术

针对页岩地层层理及微裂缝发育、水敏性强，井壁易失稳，长井段水平井施工摩阻大，常规钻井液无法满足要求等技术难题（牛新明，2014），研发了一套高性能油基钻井液体系及乳化剂、流型调节剂等核心处理剂，解决了低油水比乳化稳定性等关键问题，具有低黏度、高切力的特点，大大降低了水平段钻进摩阻，确保了长水平段安全钻井。该体系油水比 70：30，破乳电压≥450 V，密度 2.10 g/cm^3，抗温 180℃等关键指标达到国际先进技术水平。

（3）开发了长井段水平井固井技术

针对水平井分段射孔及大型压裂对水泥环损伤严重、油基钻井液井筒清洗困难、套管下入过程中摩阻大等技术难题，研制开发了弹韧性水泥浆体系，建立了水泥石弹韧性评价方法，水泥石韧性提高 40%以上，48 h 抗压强度 20 MPa 以上，满足了大型多段压裂对水泥环密封完整性的要求。研制了油基钻井液高效冲洗隔离液，形成了四级冲洗工艺技术，洗油效率达 100%。开发了套管漂浮减阻工具和固井模拟软件，形成了长井段水平井固井配套技术。在涪陵地区应用，固井质量合格率达 100%，优质率在 80%以上。

（三）山地“井工厂”作业模式

涪陵地区为复杂山地环境，井场面积受限，借鉴国外页岩气工厂化流水作业理念，创新性提出了山地“井工厂”作业模式（牛新明，2014）。制定了 4~8 井式“井工厂”平台地面布置方案及基于储层利用最大化的“U”型和“K”型井下轨道设计方法，实现了钻机快速运移与作业工序的无缝衔接。建立了同步交叉式压裂、拉链式压裂的先进压裂工艺，提高了储层有效改造体积。编制了“井工厂”作业流程规范及标准。井场利用率提高了 80%，钻机与压裂设备作业效率提高了 40%以上，平均钻井周期 42 d，比单井缩短了 35%，压裂段数由单日 2 段增加到 8 段，确立了“长井段水平井+大规模分段压裂”页岩气商业开发工艺流程。

（四）长井段水平井多级压裂技术

（1）建立了网络裂缝设计方法

针对涪陵页岩地应力差异大、层理发育，页岩起裂与三维裂缝扩展规律认识不清，多尺度、网络缝、体积改造难度大等难题（葛洪魁等，2013；袁俊亮等，2013；Rickman et al.，2008；Soliman et al.，2010），在国内率先开展了真三轴水力压裂物理模拟实验，揭示了页岩裂缝扩展规律及主控因素。开发了复杂裂缝导流能力测试技术，建立了多尺度裂缝中支撑剂铺置模式。提出了多井、多缝、多参数协同优化网络裂缝设计方法，形成了单井“W”型布缝和多井交叉布缝模式。涪陵页岩气压后评估表明，网络缝、复杂缝平均达到 70%，单井平均测试产量达 32×10^4 m^3/d 以上。

（2）形成了体积压裂工艺技术

涪陵页岩储层非均质性强，储层脆性矿物差异大，应力差异系数达到 0.11~

0.34,脆性指数为 41%~73%(平均 54%)。针对储层特性差异大及分段压裂高泵压等特殊作业要求,形成了两套压裂模式即:高脆性页岩储层采用高排量、高液量、高砂量、低黏度、低砂比的“三高两低”压裂模式;低脆性页岩储层采用高黏度、高砂比、中高排量的“两高一中”压裂模式。提出了基于页岩储层物性、含气性、力学特性、TOC 等参数的精细分段和分簇射孔技术,提高了储层改造有效性。创建了“酸液引导、胶液造缝、滑溜水扩缝”泵注工艺,提高了网缝形成概率。制定了胶液主缝加砂、滑溜水支缝铺砂、混合粒径支撑等措施,提高了网缝系统的长期导流能力。形成了段塞打磨、低摩阻压裂液、台阶式泵注等工艺,有效降低了施工泵压,确保了作业安全。涪陵页岩气压裂施工设计符合率达 90%以上,作业成功率达 100%,提高了有效改造体积。

(3) 研发了高效压裂液体系

针对页岩水敏性强、裂缝通道易堵塞,页岩气压裂大排量、大液量引起高摩阻,强携砂、低伤害、易返排等难题,研发了滑溜水体系及减阻剂、防膨剂等关键助剂,降阻率达 70%以上,防膨率达 80%以上,有效地抑制了页岩膨胀,降低了作业泵压,地层伤害率小于 10%。研制了活性胶液体系,携砂能力达 32%,降阻率达 60%以上。压裂液成本较国外降低 30%以上,满足了“复杂网缝+支撑主缝”的体积改造工艺要求。

(4) 形成了复杂裂缝监测与诊断技术

为评估压裂工艺效果及改进工程技术设计,形成了井下微地震监测及资料解释方法,建立了压裂施工曲线响应特征图版和 G 函数诊断图版,提出了裂缝复杂性和扩展形态的刻画方法,误差小于 10%。完善了工程设计方法及工作流程。

(五) 完井测试和产能评价技术

(1) 开发了连续油管拖动产气剖面测试技术

针对涪陵页岩气井水平段长、多相流、流型流态复杂等特点,采用常规测试仪器与阵列式测试仪器结合的方案,开发了连续油管拖动产气剖面测试仪器及解释方法。测试仪器耐压 105 MPa,耐温 170℃,能测量分段、分簇的温度、压力、产量、密度等参数,性能指标达到国际先进水平。实现了水平井段、簇产气剖面的定量描述,为压裂有效性判断和“甜点”选择提供了依据,满足了涪陵页岩气井的测试要求。

(2) 形成了页岩气井产能评价技术

涪陵页岩气开发时间短,页岩气赋存特征有待进一步认识,产量递减规律与北美页岩气差异大。针对上述难点及特点，研究了页岩气吸附、扩散、滑脱及多段裂缝条件下的多尺度流动机理，建立了涪陵页岩气试井解释模型及产量递减模型，开发了相应的解释软件。形成了生产数据和压力恢复耦合的试井解释方法。在涪陵地区完成了28井次试井解释和产能预测，误差在10%以内，提供了一套适合涪陵页岩气特性的产能评价技术。

（六）关键装备和工具研发

（1）研发了带压作业装备及配套工具

涪陵页岩气产量高、井口压力高，压裂、钻塞和完井下油管施工要求带压作业，这对设备和工程安全带来挑战。我们攻克了高压动密封和智能安全控制等技术难题，研制了高级别带压作业装备及配套工具。装置最大提升载荷160 t，耐压105 MPa，动态控制压力50 MPa，满足了涪陵页岩气安全试采作业要求。

（2）研发了3000型压裂车组及配套装备

为更好地适应复杂山地环境，解决有限井场下大规模压裂作业设备配套难题，自主研制了3000型大型压裂机组，该机组自动化程度高，具有自动控制、自动采集等功能。泵车性能先进，单台压裂车输出功率3000 hhp，最高工作压力140 MPa。研制了混砂车、地面高压管汇等配套装备，混砂车排量达20 m^3/min，高压管汇耐压140 MPa。压裂车组整体达到国际先进水平，局部达到国际领先水平。目前已装备20台车组，进行了规模化应用，满足了我国页岩气压裂泵压高、排量大、时间长等作业要求。

（3）研发了泵送桥塞分段压裂工具

为了减少作业成本，打破国外公司对该技术的垄断，攻克了桥塞复合材料、制造工艺等关键技术，研制了泵送桥塞分段压裂工具。桥塞耐温150℃，耐压差70 MPa，平均钻塞时间小于30 min，综合性能达到国外工具同等水平，成本降低50%。制定了射孔与桥塞联作、连续油管钻塞等技术规范。桥塞已出口北美，带动了相关工具制造企业转型升级。

（七）环境保护技术

针对涪陵地区大规模压裂水资源消耗大、钻井和压裂对饮用水源可能产生污染、工程废弃物造成的水土污染等问题，在涪陵页岩气气田开发建设中，坚持把环境和生态保护作为一切工作的首要指导，牢固树立“不以牺牲环境为代价去换取一时的经济增长”的理念，坚持资源开发与生态保护并重，推进页岩气田安全、高效、绿色开发，着力打造绿色低碳工程、生态和谐工程、环保示范工程。制定了开发区内水源保护、水资源污染防控、大气污染防控、噪声污染防控、固体废物处置、生态环境保护等技术。提出了明确的目标、要求和对策。制定了工程作业技术规范与技术标准,建立了制度体系、开放的监管体系和责任到人的保障体系,构建了 QHSE 管理长效机制,促进"节能、降耗、减污、增效"的勘探开发全过程清洁生产,有效防范了安全环保事故的发生。压裂返排液重复利用率达 100%,油基钻井液重复利用率和油基钻屑处理率达 100%,未发生任何环保事件。

四、"全周期学习和全系统优化"管理模式

针对页岩气开发工程建设周期长、成本高、组织难度大等难题,借鉴北美页岩气开发经验,吸取石油会战传统经验,创建了"全周期学习和全系统优化"管理模式,实现了涪陵产能建设"单井投资下降、施工周期缩短"的目标。

(一)形成了全周期学习管理方法

以学习曲线为管理方法和工具,在页岩气商业开发的全周期内,不间断地总结学习国外先进技术和管理经验,并结合实践予以持续改进、提升和完善,创建了页岩气开发工程技术与管理体系。成立了由中国石油化工股份有限公司(简称中石化)总部,涪陵气田建设单位、施工单位以及科研院所等业内专家组成的"产-学-研"技术和管理团队,建立了定期"学习"制度,确定了水平井钻井、大规模分段压裂等关键学习内容,绘制了单位进尺成本、千米进尺周期、单段压裂投资等学习曲线,动态分析影响学习效率的关键因素,做到技术与经济相结合、工艺与定额相结合,多部门、多专业联合分析,形成了"总结-学习-提升"的优化流程,推动了关键技术和关键环节的管理水平持续提升。

(二)提出了全系统优化的管理方法

全系统优化的管理方法是指以系统论为指导,发挥集团化优势,继承石油行业优良传统,实施标准化、工业化、生态化商业开发页岩气的过程。为此,我们成立了由中石化高级副总裁任组长的重大专项领导小组,加强系统化管理;成立了专门开发公司,强化工程建设前线指挥和参建单位协同管理,形成了跨行业、跨专业、跨行政体制的一体化管理系统。新技术突破后,利用"学习曲线"成果建立工程示范,以劳动竞赛为载体,推动参建队伍按照工程示范施工并展开竞赛,形成了竞相打破施工记录的会战氛围;在钻完井、压裂和安全环保等全环节创建和推行技术和管理标准,实现了从局部提升到全系统优化。积极探索混合所有制经济形式,引进地方政府资源和社会资本,有效集成了政府监管、社会资本和中石化技

术、装备与队伍的综合优势，在规模化商业开发涪陵页岩气的过程中，不仅带动了地方经济发展，同时也保护了当地生态环境。

“全周期学习”和“全系统优化”是一个有机联系的统一体，覆盖了气田开发建设的全过程和全范围，其要义在于学习和优化，关键在于持续性和系统性，优势在于效率与效益的有效结合。“两全”模式是石油行业管理理论和实践成果的集成创新，是在页岩气商业开发领域的成功实践，对于新兴能源行业大型和特大型工程项目建设具有借鉴意义。

五、涪陵页岩气工程应用效果

截至 2014 年年底，涪陵页岩气田累计开钻 178 口，完井 136 口，试气投产 89 口，建成产能 25×10^8 m^3/a，累计生产页岩气 12.24×10^8 m^3。焦页 1HF 井日产气6×10^4 m^3，稳产时间超过 800 d，累计产气 5480×10^4 m^3。焦页 6-2HF 井生产 550 d，累计产气突破 1.5×10^8 m^3。形成了适用于涪陵页岩气高效开发的工程技术系列，钻井、压裂等工程技术指标逐年提升。钻井周期由 2012 年的 151 d 降到 2013 年的 83 d、2014 年的 64 d，三年内降幅达 58%，最短钻井周期 37 d。平均单井压裂试气周期由 2012 年的 46 d 降到 2013 年的 39 d、2014 年的 33 d，三年内降幅达 29%。单井钻完井及压裂成本由 2013 年的 9000 万元降到目前的 6000 万元，降幅达 33%。

中石化通过创新基础理论、研发钻井液及压裂液体系、研制关键装备与工具、集成工程技术与方法等，创建了以“长井段水平井+大规模分段压裂”为核心的工程技术以及经济高效的商业开发模式，具备了规模化商业开发页岩气田的能力，实现了国内首个大型页岩气田的经济有效开发，使我国成为继美国、加拿大之后第三个完全掌握页岩气开发成套技术的国家。涪陵页岩气开发工程引领了我国页岩气技术进步，为我国页岩气商业开发树立了示范，推进了我国页岩气勘探开发进程。

参考文献

[1] 王志刚，孙健.（2014）. 涪陵页岩气田试验井组开发实践与认识. 北京：中国石化出版社：1-20.

[2] 王志刚.（2015）. 涪陵页岩气勘探开发重大突破与启示.石油与天然气地质，36(1)：1-6.

[3] Bowker, K. A. (2007). Barnett shale gas production, Fort Worth Basin: issues and discussion. AAPG Bulletin, 91(4): 523-533.

[4] Curtis, B. C. and Montgomery, S. L. (2002). Recoverable natural gas resource of the United States: Summary of recent estimates. AAPG Bulletin, 86(10): 1671-1678.

[5] Matt, M. (2003). Barnett shale gas-in-place volume including sorbed and free gas volume. Paper presented at

AAPG Southwest Section Meeting, March 1-4, 2003, Fort Worth, Texas, USA.

[6] Curtis, J. B. (2002). Fractured shale-gas systems. AAPG Bulletin, 86(11): 1921-1938.

[7] Fildani, A., Hanson, A. D., Chen, Z. Z., et al. (2005). Geochemical characteristics of oil and source rocks and implications for petroleum systems, Talarabasin, northwest Peru. AAPG Bulletin, 89(11): 1519-1545.

[8] Pederson, T. F. and Calvert, S. E. (1990). Anoxia versus productivity—What controls the formation of organic-carbon-rich sediments and sedimentary rocks? AAPG, 74: 454-466.

[9] Akbarnejad-Nesheli, B., Valkó, P.P., and Lee, W. J. (2012). Relating fracture network characteristics to shale gas reserve estimation. Paper SPE 154841 presented at the SPE America's Unconventional Resources Conference, 5-7 June, Pittsburgh, Pennsylvania,USA.

[10] Song, B., Economides, M.J., and Ehlig-Economides, C.A. (2011).Design of multiple transverse fracture horizontal wells in shale gas reservoirs. SPE paper 140555, presented at the SPE Hydraulic Fracturing Technology Conference, 19-21 January, The Woodlands, Texas,USA.

[11] 聂海宽,张金川,李玉喜.(2011). 四川盆地及其周缘下寒武统页岩气聚集条件. 石油学报,32(6):959-967.

[12] 邹才能,董大忠,王社教,等.(2011). 中国页岩气形成机理、地质特征及资源潜力. 石油勘探与开发,38(6):641-651.

[13] 国土资源部油气资源战略研究中心.(2010). 全国石油天然气资源评价. 北京:中国大地出版社,2010.

[14] 贾承造,郑民,张永峰.(2014). 中国非常规油气资源与勘探开发前景. 石油勘探与开发,39(2):199-208.

[15] 路保平.(2013). 中国石化页岩气工程技术进步及展望. 石油钻探技术,41(5):1-8.

[16] 曾义金.(2014). 页岩气开发的地质与工程一体化技术. 石油钻探技术,42(1):1-6.

[17] 牛新明.(2014). 涪陵页岩气田钻井技术难点及对策. 石油钻探技术,42(4):1-6.

[18] 杜凯,黄风兴,伊卓,等.(2014). 页岩气滑溜水压裂用降阻剂研究与应用进展. 中国科学:化学,44(11):1696-1704.

[19] 葛洪魁,王小琼,张文.(2013). 大幅度降低页岩开发成本的技术途径. 石油钻探技术,41(3):1-5.

[20] 袁俊亮,邓金根,张定宇,等.(2013). 页岩气储层可压裂性评价技术. 石油学报,34(3):523-527.

[21] Rickman, R., Mullen, M., Petre, E., et al. (2008). A practical use of shale petrophysics for stimulation design optimization:all shale plays are not clones of the Barnett shale. SPE 115258.

[22] Soliman, M. Y., East, L., and Augustine, J. (2010). Fracturing design aimed at enhancing fracture complexity. Paper 130043-MS presented at the SPE EUROPEC/EAGE Annual Conference and Exhibition, 14-17 June 2010,Barcelona,Spain.

王志刚

回族，中国石油化工股份有限公司教授级高级工程师。长期负责中石化油气资源勘探开发的重大战略制定、重大技术研发和重大工程管理等工作，是我国非常规油气资源勘探开发领域具有影响力的工程技术和工程管理专家。作为主持者先后组织实施了大牛地致密气田、元坝超深生物礁大气田和涪陵页岩大气田等重大工程建设。特别是在页岩气商业开发方面，他和团队较早开展了战略研究；主持构建了产学研相结合、国内外相结合的技术和装备国产化研发和应用体系，建立了具有自主知识产权的水平井优快钻井技术、水平井分段压裂试气技术、山地特色“井工厂”作业模式、试采开发配套技术以及适应复杂山地条件的成套装备国产化等页岩气开发五大工程技术系列；创立了“全周期学习和全系统优化”的页岩气商业开发模式，大幅降低了页岩气开发成本，使我国成为继美国、加拿大之后成功实现页岩气商业开发的第三个国家，为我国页岩气规模化商业开发做出了开创性的重大贡献。

Part I

Review

Review

"The 2015 International Top-level Forum on Engineering Science and Technology Development Strategy" was successfully held in Guangzhou on 16th May 2015. More than 500 experts and scholars in the field of engineering technology and management from China and abroad took part in this forum. When we fully review the forum, we conclude its characteristics as follows.

Firstly, the forum invited and arranged several academicians and experts to conduct survey and strategic consulting activities on the major infrastructure projects in advance, making full use of the talent and intelligence advantages this forum provided that gathering high-level experts and scholars home and abroad; secondly, the forum invited internationally renowned experts in the field of engineering technology and management to communicate and discuss together, frequently exchange ideas and interact with Chinese scholars, thus having extremely important significance both in the learning and absorption of world leading achievement for Chinese engineering management academics, and the promotion of Chinese engineering technology and management going global; thirdly, the forum held engineering management achievements exhibitions simultaneously, which were important measures for the forum to expand the opening up and going global for Chinese engineering management academics.

During the forum, there are a total of 14 Chinese and foreign experts who made keynote speeches with rich content, brilliant presentation and thought-provoking ideas. Generally, their speeches have the following features.

First, paying attention to the development of engineering management branch and the application of theories, methods and tools.

For instance, academician Gaofeng Zhu's speech: *Major and Complex Engineering Management and Its Characteristics*; academician Binshi Xu's speech: *Engineering Management Problems of Remanufacturing Industry*; Professor Xiaohong Chen's speech: *Theory and Practice of Resource-conserving & Environment-friendly*

Society and Ecological Civilization Construction; Dr. Simon P. Philbin's speech: *Applying an Integrated Systems Perspective to the Management of Engineering Projects*; Dr. Elizabeth A. Cudney's speech: *A Standard for the Commissioning Process*; Professor Lieyun Ding's speech: *Security Risk Control in Subway Construction Based on Big Data*, etc.. All these speeches reflected the latest progress of theoretical exploration and practice of Chinese and overseas engineering management academics in the aspects of major and complex engineering management, remanufacturing industry engineering management, resource-conserving & environment-friendly engineering management, etc. along with optimization and practice that applied theory of integrated system, commissioning process management, dig data analysis, etc. into engineering management, captured the innovative spirit of advance with times and innovative virtue of continuous improvement of contemporary engineering management academics in the context of resource-conserving & environment-friendly society and ecological civilization construction, the internet revolution and extra-large scale engineering construction, which will evoke important motivation for further research and flourish development in the discipline of engineering management.

Second, focusing on the construction and development of knowledge body and theoretical system of Engineering Management.

As presented in Dr. Walter Nowocin's speech: *Advancement of the Engineering Management Body of Knowledge*, all of the speeches focused on an important macro question such as engineering management knowledge system, making deep and meaningful thinking about fundamental problems such as the object and scope of the studies in Engineering Management, thus corresponding to the "engineering management theory" which were studied by many scholars in Chinese Engineering Management academics. These will lead to in-depth exchanges and discussions on the issue of engineering management knowledge body and theoretical system between Chinese and foreign engineering management scholars, and also play an important promoting role in the maturity and development of engineering management discipline.

Third, focusing on the practice and innovation of specific engineering construction.

As presented in Chengwei Sun's speech: *The Research on Risk Identification and Management Measures of Guangzhou Subway Construction Project*, Dr. Geert Letens's speech: *Lean Product Development—Faster, Better ... Cleaner?* Wen Ling's speech: Engineering Management Exploration and Practice of Shenhua Zhunger'er Coal-based

Integrated Energy System and Green Mining, Zhigang Wang's speech: *A Review on Shale Gas Development in Fuling*, etc., all these speeches were from the forefront of specific large-scale urban construction, energy development, product innovation engineering management, with fresh and concrete practice experience and advanced theoretic thinking based on practices, and also a very important source of vitality for the discipline that is deeply rooted in practice such as Engineering Management.

Fourth, focusing on professional development and cultivation of talents in this discipline.

As presented in Dr. David A. Wyrick's speech: *Educating Engineering Management Students for the Global Workplace—An Initial Review*, etc., all the speeches focused on professional development and the existing problem of talent training in Engineering Management discipline, putting forward targeted suggestions and opinions based on their own observation and scientific analysis, which have important reference value for professional development and cultivation of talents for Engineering Management disciplines in China.

Experts attending the meeting all agree that the engineering activity is a common carrier of the practice of human civilization; the development of engineering science and technology makes the human society to share a common destiny with ever-increasing and close connections. A new round of technological and industrial revolution has formed the historic meeting with the speeding up transformation of the economic development mode in China. So all the participants called for that engineering management scholars should be brave enough to carry the responsibility of our era, cross the gap of distance, culture, tradition and technology using dialogue, communication, learning and absorption, in order to promote the co-construction and sharing of achievements in engineering technology and management for all human civilizations.

Part Ⅱ

Keynote Speech and Speaker Introduction

Applying an Integrated Systems Perspective to the Management of Engineering Projects

Simon P. Philbin

Program Management, Imperial College London

South Kensington Campus, London SW7 2AZ, United Kingdom

Abstract: Engineering projects can be subject to significant complexity, which may result in a number of issues and challenges that need to be addressed throughout the project lifecycle. Traditionally projects have been viewed according to the so called 'iron triangle,' i.e. achievement of project milestones according to schedule, cost and quality targets. While these targets are fundamentally important to the performance of engineering projects, it is possible to view projects on a systemic level in order to allow an adequate focus on all the underpinning factors that have the potential to influence the performance of projects. Consequently, a management framework has been developed that is based on an integrated systems perspective of engineering projects, where the performance of projects is a function of six contributing sub-systems that are: process, technology, resources, knowledge, culture and impact.

The sub-systems can be broadly considered as being part of three integrated levels, which are as follows: project infrastructure (resources and technology sub-systems), project organization (process and knowledge sub-systems) and project environment (culture and impact sub-systems). This framework has been developed through building on a comprehensive literature review of the critical success factors for engineering project management. The integrated systems perspective is discussed through reporting the findings from two illustrative case studies that highlight the utility of the approach. Both case studies involved facilities development projects that were undertaken at a university in the United Kingdom and included significant technical risk.

The first project involved the refurbishment and enhancement of a large laboratory in order to accommodate a new high pressure experimental research facility. This project was carried out over a three-year timeframe and involved a close partnership between the manufacturer based in the United States and partner companies in the United Kingdom as well as the host university. The project employed systems engineering approaches as well as the failure mode and effects analysis (FMEA) technique. The second case study involved completion of a feasibility and design project for the upgrade and enhancement of a medical research laboratory that contained several pieces of advanced medical scanning equipment. This one-year project involved extensive consultation with medical practitioners in order to derive the clinical needs for the facility, which was driven through a formal requirements capture process. This approach enabled the resulting engineering and construction works to be carried out in a timely fashion.

The case studies provide managerial insights that are related to the framework but also position the approach in the context of industrial applications for engineering management. Furthermore, the case studies allow instantiations of emergent behaviour to be identified and this is positioned in regard to general systems theory. The paper concludes with a series of research implications relating to the systemic nature of projects as well as suggested areas for future research including the data and information requirements for pursuing this research agenda.

1. Introduction

Engineering projects can be subject to significant complexity, which may result in a number of issues and challenges that need to be addressed throughout the project lifecycle. This complexity is associated with a range of factors, some of which are a function of the internal project artefacts and others are associated with the external project environment. In the former case, for instance, involving construction project management, internal project artefacts may include the level of interdependency between different work sections, such as architecture, structural engineering, mechanical and electrical (M&E), quantity surveying and so on. Factors from the external environment in this scenario could range from the impact of changes to international design and construction standards as well as the availability of resources from the surrounding region, such as electrical installation workers. These internal and external dynamics, which can be viewed from a systems perspective, result in engineering projects encountering complexity that if not adequately identified and managed can result in significant problems.

In the construction sector, there are many high profile projects that have encountered difficulties. The 'Big Dig' project (Ring, 2000) in Boston, USA was delivered at a cost of approximately $15 billion, which was seven times the original budget. The project related to the construction of a major underground arterial road system through central Boston and while it has undoubtedly helped ease congestion in the city, from a financial perspective the project would appear to have been a failure. In the United Kingdom, Heathrow Airport's Terminal 5 project encountered significant difficulties when the facility was first opened. This time the construction proceeded according to project plans and the new terminal was opened within the schedule and cost targets; however, initial operations were hampered by a number of issues, such as problems with the baggage handling system as well as a lack of baggage handling staff to operate the system (Brady and Davies, 2010). These failures point to the complex and systemic nature of projects, where there is a need to gain an effective understanding of the broader context of projects.

Projects in other sectors also face difficulties, such as R&D (research and development) projects, where the project success has been found to be highly sensitive to technological uncertainty (Sadeh et al., 2000). Information systems (IS) projects can have a particularly high failure rate (Standish Group, 1995 and 2009) through a combination of budgets being exceeded along with missed deadlines and schedule slippage or through a failure to meet user requirements. Moreover, IS projects may fail to produce the required technical functionality for the system, or alternatively such technical levels can be achieved but there may be a lack of user acceptance that ultimately results in the project failing to deliver a new IS capability. User acceptance can be linked to broader factors, such as the culture of the working environment where the project is being implemented; systemic drivers, both internally and externally driven, therefore have the potential to introduce additional risk for engineering projects beyond those initially identified in the project risk register.

Traditional project management is focused on controlling projects according to schedule, cost and quality or performance targets, which is often regarded as the so called 'iron triangle'. While achieving project milestones according to these reference points clearly remains an integral feature of project management, the question arises: Can the complexity that emerges from engineering projects be managed through an integrated systems perspective? This paper will therefore seek to address this question through deriving a conceptual framework based on systems thinking, which will be discussed in the context of two support case studies.

The research reported in this paper builds on earlier work that established an integrated systems view of engineering projects (Philbin and Kennedy, 2014). Although the conceptual model developed previously also derives the systems view through integrating process, technology, resources, knowledge, culture and impact, it is nevertheless focused on describing a new diagnostic framework and health check tool for engineering and technology projects. Conversely, the focus of the research in this current paper is towards proposing an integrated systems perspective of engineering projects and with additional consideration of two supporting case study investigations as well as development of an agenda for future research.

2. Literature Review

As mentioned previously, ensuring projects realize schedule, cost and quality targets (Jha and Iyer, 2007) according to a defined project management approach is clearly important for engineering projects and the performance of projects has been associated with the maturity of the project management methodology that is utilized (Jin et al., 2014). Work by Chan et al. (2004) on construction projects identified that the use of project management procedures was one of five main groups of independent variables that may impact on project performance with the other four groups being: project-related factors, project management actions, human-related factors and the external environment. The adoption of processes and procedures can also be viewed through project organizational hierarchies, with related projects being part of larger programs of work, which in turn are part of portfolios. Indeed some studies have highlighted how there is a correlation between the use of project portfolio management (PPM), through increased adoption of software tools developed to assist and automate the project management process, with a reduction in project related problems (Reyck, 2005). Other standardized project management tools include risk management procedures (Raz and Michael, 2001), which have been understood and applied for many years and continue to be important in regard to capturing and controlling project risk.

Consequently, the adoption and implementation of processes including standardized procedures is an important determinant of project success. This implementation will also rest on the availability and use of information and communications technology (ICT), which can be used to facilitate, for instance, critical path analysis for planning and control, resource scheduling for planning, and earned value analysis for control (Liberatore et al., 2001). ICT is needed to capture project information and data on schedule, budget and specification performance but it can also be essential for ensuring effective communication between project team members (Ahuja et al., 2009). This communication of project information supports coordination and collaboration within projects that is essentially facilitated by ICT. Some authors have identified the need for management processes to be modified to take account of advances in ICT for the architecture, engineering and construction industries (Froese, 2010). Moreover, communication and sharing of project related information can be achieved through a number of different tools and software applications but once this has been done there is the need to process the information. Consequently, the design of appropriate ICT platforms that provide assistance in terms of data analysis tools and through presenting technical and management solutions to key project personnel has been advocated (Pena-Mora and Dwivedi, 2002). Additional options include the use of web-based project management tools, although such systems are still under development and evaluation (Nitithamyong and Skibniewski, 2006).

Information and communications technology application in project management as well as process adoption will often largely rest on the effectiveness of resources that are employed across the project. Effective project leadership is pivotal to project performance (Turner and Müller, 2005) and the project manager will need to have the required skills, competencies, understanding and experience of the project environment to be successful (Brill et al., 2006). An appreciation of the technical aspects of the project is required but this needs to be augmented by appropriate soft skills. Indeed research into the human factors of project management has indicated that project managers and engineers with higher levels of emotional intelligence tend to exhibit greater levels of delegating, open communication, and proactive behavior that tend to generate positive outcomes for the organization (Sunindijo, 2007). The effective deployment of resources can also have a significant impact on project success and implementation of tools and techniques that allow project managers to efficiently allocate limited resources across projects will likely lead to higher levels of project performance (Jaselskis and Ashley, 1991). The effective allocation of resources becomes even more of an important consideration in the case where organizations are required to implement multiple projects concurrently that have a shared resource base (Engwall and Jerbrant, 2003). ICT solutions can help project managers to balance the needs of multiple competing projects although organizational challenges remain where the resource base is not able to fully accommodate the required level of project activity. In this scenario, the project manager may consider outsourcing or working with other project partners to share the project workload.

Effective management of resources across projects along with the use of ICT (e.g. scheduling tools such as Microsoft Project) is of course predicated on the availability of project data and information (Schwalbe, 2013). Furthermore, the use of information that is generated by a project may be related to the knowledge management practice of the organizations concerned, where knowledge management practice in conjunction with ICT application can result in improved performance of projects in regard to schedule and cost success as well as quality and safety (Yang et al., 2012). The availability of data and information within projects is important and when processed such knowledge will be needed to support a number of project management processes, such as risk management (Alhawari et al., 2012). In other studies, research on the automotive sector has highlighted how establishing communities of practice (i.e. working groups that have common interests) can help support project knowledge management (Johansson et al., 2013). Knowledge management for information technology projects may be considered as enabling the creation and alignment of three types of project-based knowledge that are needed to result in the desired business outcomes, which are technical design knowledge, organizational change knowledge and business value knowledge (Reich et al., 2012). Adopting a broad or holistic view of the knowledge that is generated during a project as well as the knowledge requirements of engineering projects is therefore a desirable objective.

The context in which project resources are administered and delivered can be related to the culture of the organizations involved, which includes the level of project management maturity (Yazici, 2009). Benefits that have been reported for the integration of a project management culture with an organization's more traditional line management culture include improved responsiveness and flexibility (Firth and Krut,

1991). The cultural dimension includes the level of trust between the project workers as well as the level of information sharing and creative teamwork (Kadefors, 2004). Ensuring that projects are delivered in such an environment is an important consideration for all projects and not just those involving engineering. In this context effective project leadership is required so that boundaries are understood and the appropriate levels of trust can be developed within the project (Sabherwal, 1999). Projects are however by their nature temporary organizational abstractions and there is only a limited period of time available to develop trust between project workers, where the initial opinions of the people working on the project can be important in shaping the project's final outcome (Munns, 1995). In this scenario, the initial opinions can potentially cause a movement of the project into a spiral of increasing or decreasing trust, depending on whether the opinions were positive or negative respectively. In the latter case, project managers need to take care especially if the initial attitude is one of mistrusting the other parties and in this case pursuing project strategies that encourage a positive environment will be needed.

Ensuring projects generate the required knowledge can be viewed in terms of the overall value proposition for a project, which is related to the value that will be delivered according to the needs of stakeholders (Frow and Payne, 2011). Projects that are successful will meet the required milestones, which will be aligned to the value drivers for the project stakeholders and ultimately delivery according to these value drivers ensures projects result in impact for such stakeholders. For instance, completion of a design project for a new type of turbine blade by an aero-engine manufacturer that results in the company being able to extend the operational life of an engine beyond the level achieved by competitors. This is a direct form of impact by such a project. Project impact may also result in additional business areas being created upon completion of the project, which can require a longer timeframe to be adopted for measuring the success of projects if such additional benefits are to be fully captured. Projects that result in new product development (NPD) for companies contribute directly to the company's competitive position and the product development lifecycle has been linked to the product complexity (Griffin, 1997); in this scenario projects that allow product complexity to be minimized will have a direct effect on reducing the product development lifecycle thereby having an impact on the company's competitive position. Projects can also result in broader impact that provides societal benefits, such as improved energy efficiency (Sivarajah et al., 2014). In regard to research projects focused on healthcare (e.g. drug discovery), there is an increasing need to translate the knowledge that is generated and the supporting evidence into improved healthcare practice and this represents a further example of wider impact arising from a project (Straus et al., 2013). Additionally, completion of projects may result in other forms of impact, such as skills development and improved competencies of project team members arising from project-based learning (Ayas and Zeniuk, 2001).

The literature review has identified six main areas or critical success factors that contribute to the performance of engineering projects. These six areas collectively represent a systems perspective of projects since they provide a holistic consideration of the wider landscape of engineering project management, in terms of the process-driven, organizational-based and human-based factors. Table 1 provides a summary of the findings from the literature review.

Table 1 Summary of critical success factors for engineering projects identified by literature review

Critical success factor	References from literature review	Definition of critical success factor
Process	Jha and Iyer, 2007 Jin et al., 2014 Chan et al., 2004 Reyck, 2005 Raz and Michael, 2001	Management processes undertaken in a structured manner in order to enable delivery of the project requirements according to specified project management guidelines or protocols.
Technology	Liberatore et al., 2001 Ahuja et al., 2009 Froese, 2010 Pena-Mora and Dwivedi, 2002 Nitithamyong and Skibniewski, 2006	Information and communications technology (ICT) employed across the project to support delivery of project milestones as well as knowledge management, including related IT systems accessed by project team members.

Continued

Critical success factor	References from literature review	Definition of critical success factor
Resources	Turner and Müller, 2005 Brill et al., 2006 Sunindijo, 2007 Jaselskis and Ashley, 1991 Engwall and Jerbrant, 2003	Project staff and infrastructure required to undertake management and technical work to support project delivery. This includes project management and other staff involved in project governance and where necessary other project stakeholders.
Knowledge	Schwalbe, 2013 Yang et al., 2012 Alhawari et al., 2012 Johansson et al., 2013 Reich et al., 2012	Data and information that is processed and generated by project resources through use of project technology and according to processes used across the project. Knowledge includes management and engineering information as well as the insights and understanding gained from delivery of the project.
Culture	Yazici, 2009 Firth and Krut, 1991 Kadefors, 2004 Sabherwal, 1999 Munns, 1995	The patterns of working across the project, including the level of openness and sharing of project knowledge by the project resources. This includes the social dimensions of the project and its surrounding environment, such as trust and norms of reciprocity between team members.
Impact	Frow and Payne, 2011 Griffin, 1997 Sivarajah, 2014 Straus et al., 2013 Ayas and Zeniuk, 2001	The overall outcomes generated by the project, which includes delivery of the project milestones as well as wider (holistic) benefits arising. The benefits can include new business generation, societal, environmental as well as skills enhancement and human resources development.

3. Developing an Integrated Systems Perspective

There have been other studies that have proposed the application of systems approaches and systems engineering to the management of projects (Kerzner, 2013; Sage and Rouse, 2009; Love et al., 2002; Lyneis and Ford, 2007), which highlights the utility of this approach. Indeed research from the United Kingdom has advocated the application of systems engineering to a range of different areas, including the management of technology projects (Philbin, 2008a and 2011), management of bids and proposals (Philbin, 2008b) and safety engineering (Philbin, 2010). These applications seek to gain an improved understanding of complex technical and engineering instantiations through leveraging the tools and techniques of systems thinking and systems engineering practices. Such practices include requirements capture and engineering, integrated system design, development of system architectures, system modelling, system integration, understanding emergent properties and system-of-systems viewpoints. Moreover, previous studies by Frank (2000) and Frank and Waks (2001) have described the concept of engineering systems thinking that incorporates a number of underlying features, which are as follows:

- Ability to see the 'big picture';
- Implementation of overall management considerations;
- Acquisition and use of interdisciplinary knowledge;
- Analysis of customer needs and internal capabilities;
- Use of underpinning systems knowledge;
- Understanding of synergies and emergent properties;
- Ability to challenge existing approaches;
- Creativity and creative management.

Work by Dvir and Shenhar (2007) highlighted the merit of considering project management from a systems viewpoint, which proposed a model based on five primary dimensions. The dimensions are as follows:

- Project efficiency, i.e. meeting budget and schedule requirements;
- Impact on the customer, i.e. achieving the stated requirements for the project, including customer benefits, satisfaction and arising loyalty;
- Impact on the team, i.e. the impact the project has on team members including levels of satisfaction, retention and resulting personal growth;
- Business results, i.e. the outcome of the project in terms of any return on investment, market share or growth that is achieved;

- Preparation for the future, i.e. how project deliverables result in the development of new technologies, markets and capabilities.

Therefore, there is precedence in the literature for adopting a systemic view of projects. Accordingly, the six critical success factors for engineering projects identified by the literature review that represent a holistic view can be conceptualized as part of an integrated systems perspective. The integrated systems perspective has been synthesized through interpretation of the findings from the literature review and the definitions provided in Table 1. Figure 1 provides the conceptual model for the integrated systems perspective of engineering projects.

This framework views a project as a system, where the critical success factors are depicted as six sub-systems that contribute to the overall performance of the project. Factors that are outside of the influence or are not directly connected with the project are external systems, e.g. availability of raw materials. Furthermore, in order for an external factor to become associated with the project, it needs transition the project or system boundary through a dynamic interaction, e.g. when a contract is placed to cover the provision of such raw materials.

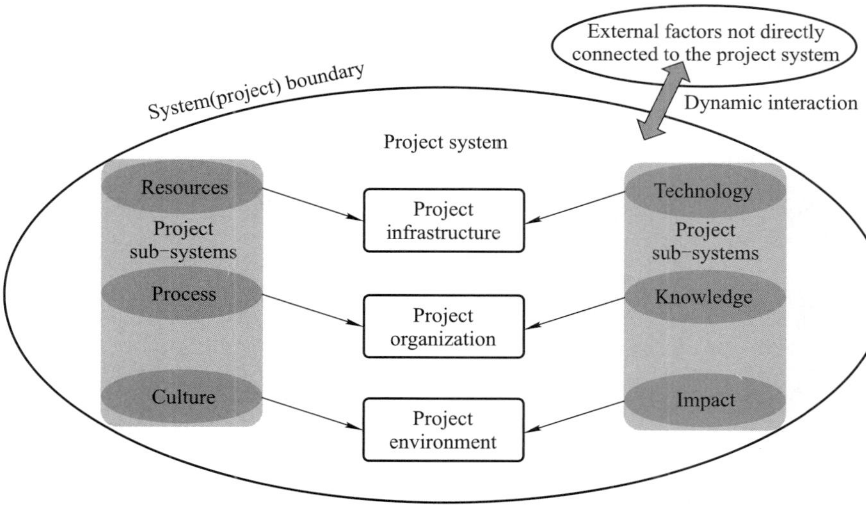

Fig. 1 Conceptual model for integrated systems perspective of engineering projects.

4. Case Study Investigations

Both case studies involved engineering projects at Imperial College (the university), which resulted in the provision of new experimental research facilities. The case studies have been investigated as part of a process of reflective inquiry (Schon, 1983), involving consideration of both qualitative information and quantitative data. This process allows 'sensemaking' (Weick et al., 2005) of the projects and an understanding of how the project activities were undertaken according to the sub-systems of the integrated systems perspective. Furthermore, sensemaking provides a mechanism to allow practitioner oriented insights to be developed on how the engineering projects were managed.

The first case study (#1) involved a three-year project that focused on the development of a new experimental research facility at the university and the case study findings are summarized in Table 2. The project involved the upgrade of an existing large laboratory through installation of complex mechanical and electrical (M&E) services to house new high-pressure experimental research equipment. The project also involved the design and manufacture of the equipment that was undertaken in USA. The equipment was designed for plate impact experiments to be conducted as part of research on how different metallic materials behave under high pressures.

Table 2 Summary of case study # 1 findings according to sub-system areas

Sub-system	Key activities
Process	Project was managed according to PRINCE2™ international project management standard. Project reporting to senior management was via periodic highlight reports as well as deviations beyond the scope of the project communicated via exception reports. Use of standardized project documentation, such as project initiation document (PID), which was approved by the university portfolio review board. Business case assembled for the project, which included recognized business and financial practices, such as net present value (NPV) calculations for the expected investment by the project funder using the discounted cash flow technique. Other planning included resource profiling and project scheduling, which was undertaken at periodic stages during the project. Project risk register developed at start of project and updated periodically.

Continued

Sub-system	Key activities
Technology	Microsoft Project™ used for Gantt chart preparation (project scheduling) to capture overall schedule, critical path analysis and key project dependencies. Project costing software used to develop initial budget and enterprise resource planning (ERP) software used to monitor and control project costs against the budget. Technical risk management via failure modes and effects analysis (FMEA) approach was administered through a Microsoft Excel™ spreadsheet template developed for use across the project. Regular video-conferencing between UK partners and suppliers based in USA. Other technologies used by engineering design team in support of the project.
Resources	Project resourcing included a project director with overall responsibility for project delivery. Project managers were assigned to manage the project at both the university and main industrial partner. Technical working group formed, which provided a multidisciplinary team of project members to support the project. The group included consultant engineering team (mechanical, electrical and structural engineers as well as quantity surveyor), technical staff (technician and academic staff from university as well as industrial staff), safety engineers, management representatives and administration staff. Project governance achieved through regular meetings of a project board, chaired by the project director but with other senior management representatives from the university.
Knowledge	Initial technical assessment of the project carried out by independent structural engineer contracted to undertake feasibility study of the facilities development project. FMEA technique developed to ensure engineering risks were captured from the early part of the project and necessary process controls were implemented in the final engineering design. FMEA process supported by multidisciplinary inputs from technical working group. FMEA worksheets used to formally capture engineering data and information related to the facility design, including operating conditions for the high-pressure equipment and infrastructure engineering specifications. Systems integration exercise to ensure compatibility of procured equipment with laboratory services Technical analysis and equipment operational modelling carried out to ensure compliance of equipment with European Union's Pressure Equipment Directive (PED).

Continued

Sub-system	Key activities
Culture	Initial meetings of technical working group hampered by lack of agreement on technical direction of project and social norms as well as poor team dynamics, which had not been fully established. Further meetings designed to have more overall direction from the meeting chair as well as structured discussions, which enabled social norms to be established. Trust was developed within the team due to the common approaches used as well as a shared sense of the technical challenges faced. UK team also established trust with suppliers based in USA, initially through face-to-face meetings and thereafter through regular videoconference meetings. Overall culture developed within the project was characterized as being open and honest, with regular sharing of information and communication across the project and with key project stakeholders.
Impact	Balanced scorecard approach adopted for the business planning stage of the project. Scorecard included financial perspective (based on NPV calculations on project investment), customer perspective (based on the number of PhD and MSc level students that would be able to use the new facility for research), internal process perspective (based on the availability of new equipment and related processes) and learning & growth perspective (based on the scientific areas to be investigated using the experimental research facility). Wider impact for the industrial sponsor through supporting improved technical capabilities for new engineering systems. Establishment of the new research facility allowed the academic team to undertake research in new areas, which is analogous to company's developing new business areas. The teams involved with the project were able to develop new skills and competencies, for instance related to the engineering design process as well as the use of structured engineering risk tools such as FMEA.

The second case study (#2) involved a one-year project focused on the feasibility study and design of a medical scanning facility at a university hospital and the case study findings are summarized in Table 3. The facility included scanning equipment, such as positron emission tomography (PET) and magnetic resonance imaging (MRI) systems for use as part of clinical research programs undertaken by the university. The project involved an engineering feasibility study of the facility, including M&E and structural engineering design work, quantity surveying and various other technical activities. The feasibility study resulted in an engineering design of the new facility and this was accompanied by a business planning exercise to identify the revenue generation for the facility based on the expected clinical requirements for medical scanning.

Table 3 Summary of case study # 2 findings according to sub-system areas

Sub-system	Key activities
Process	Project was managed according to PRINCE2™ international project management standard. Project reporting to senior management through regular meetings with key project stakeholders. Feasibility and design project approved by the university's portfolio review board. Business case assembled for the project, which included recognized business practices, such as business modelling based on revenue generation from medical scanning activities. Other planning included project scheduling and benchmarking studies, which compared modelled scanning costs with comparable data streams. Project risk analysis carried out on broad range of risk areas.
Technology	Microsoft Project™ used for Gantt chart preparation (project scheduling) to capture overall schedule, critical path analysis and key project dependencies. Project costing and other financial management through Microsoft Excel™ spreadsheets. Technical team employed various clinical related technologies (including diagnostic and testing systems) to support feasibility study. Other technologies used as part of facilities design process.

Continued

Sub-system	Key activities
Resources	Project resourcing included a project director supported by a facilities project manager. The project director reported to a steering group that provided guidance on strategy. The project director provided overall leadership and was responsible for the business modelling while the project manager was responsible for operational management of the engineering feasibility study. Steering group was a multidisciplinary team representing different areas, such as senior leadership, facilities planning, finance, health & safety as well as general administration. Liaison with academic faculty members was through a series of individual consultations and this allowed a broad range of clinical academic staff to be engaged in the engineering design process. External engineering teams engaged to support detailed design, including mechanical and electrical engineers, quantity surveyor and safety engineer.
Knowledge	Improved understanding developed on how the clinical scanning facility would complement other facilities operated by the university, thereby allowing an overall view to be established for the entire scanning services offered across the university. Knowledge generated on the clinical research areas investigated through use of the medical scanning facility. This knowledge was acquired from the academic faculty consultations and covered areas such as neuroscience, cardiology, pharmacology and oncology. Information relating to sponsor needs was obtained, including potential scanning funding opportunities with research councils and charitable foundations. Data and information also acquired relating to the operation of the medical scanning equipment including operating conditions, throughput levels and maintenance regimes.

Continued

Sub-system	Key activities
Culture	During the initial meetings of the steering group a common understanding was developed of the project requirements including high-level technical details related to the medical scanning facility. Regular meetings allowed trust to be developed within the team and communications within the team were generally open and honest. The academic faculty consultations were conducted in an open manner, which enabled faculty members to share their needs in regard to current and future clinical research avenues being pursued and the corresponding medical scanning requirements. Overall culture developed within the project that was characterized as being supportive, with regular sharing of information and communication across the project and with key project stakeholders at the university.
Impact	Completion of the feasibility and design stage project enabled an improved understanding to be gained on the need for medical scanning to support clinical research in several academic departments at the university. The project team developed enhanced skills and competencies, especially relating to business modelling techniques, including profiling different business scenarios and financial sensitivity analysis. The scanning facility was designed to provide an efficient and cost-effective clinical scanning service, which can be included as part of research proposals submitted to a range of medical funding organizations. Potential long-term societal benefits associated with improved healthcare delivery arising from research projects that utilize the scanning facility.

5. Conclusions

This paper has described an integrated systems perspective of engineering projects through synthesizing the findings from a comprehensive literature review. The literature identified six main groups of critical success factors (namely process, technology, resources, knowledge, culture and impact), which can be viewed as sub-systems of the project system. According to this perspective the performance of engineering projects will be enhanced through pursuing an integrated set of strategies and activities across all six sub-systems; conversely, deficiency in one or more sub-systems would negatively impact on the performance of the project system.

Achievement of project milestones according to schedule, budgetary and quality targets remains of critical importance for project management but existing approaches do not always work. As reported in this paper, some engineering projects continue to encounter difficulties, cost overruns, missed milestones and cases where inadequate benefits are ultimately delivered to project stakeholders. The integrated systems perspective seeks to incorporate best practice on project management through a holistic and logical framework that can be applied by project engineers and project managers to tackle project complexity head-on. The utility of the framework has been explored through two case study investigations. Both case studies highlight how pursuing an integrated set of activities across the six sub-systems collectively supports delivery of the projects. Case study #1 resulted in a state of the art experimental research facility being established at the university, for use by several academic and joint academic/industry research teams covering areas such as shock physics, mechanics of materials, earth sciences and aeronautics. Case study #2 resulted in completion of the feasibility and design stage for a medical scanning facility, which included extensive consultations with academic faculty to capture clinical needs as well as use of various business modelling techniques. The facility is able to support medical research across several areas, including neuroscience, cardiology, pharmacology and oncology.

It is interesting to note that both case studies exhibited cases of emergent behavior in regard to general systems theory (Gharajedaghi, 2011). In case study #1, the engineering design was supported by robust risk analysis and control involving use of the FMEA technique. This technique required appropriate data and information on the equipment (relating to the knowledge sub-system), according to the FMEA structured process approach (process sub-system), which was implemented by the project team members (resources sub-system) being supported by sharing of information across the team and with industrial partners (culture sub-system), thereby allowing a safe design to be produced (impact sub-system).

In case study #2, the facilities design was supported by a systematic approach to capturing clinical needs for the facility. This approach required collection of information on clinical areas to be researched (relating to the knowledge sub-system), which was enabled by the project director consulting with senior faculty members (resources sub-system) through a consultative and open approach (culture sub-system) that resulted in a facility available to support a range of therapeutic areas (impact sub-system). In both cases, there is synergy and interaction between the sub-systems to create effect and value for the systems (and projects) as a whole. This further underscores the converse scenario, where a deficiency in one or more sub-systems is likely to negatively impact on project performance and is therefore to be avoided where possible.

The research reported in this paper is focused towards being of relevance to practitioners involved in the management of engineering projects across different industrial sectors, such as construction and the built environment, manufacture (e.g. defense, aerospace and pharmaceutical) as well as other engineering applications. The integrated systems perspective provides a tool-kit that can be applied to different projects but ultimately the exact approach adopted (i.e. the specific configuration of strategies and activities across the six sub-systems) will be contingent on the project and organizational environment and circumstances. Therefore, there needs to be flexibility in regard to how the integrated systems perspective is applied. Additionally, both hard (technical) and soft (social, or human) factors need to properly understood and accommodated in any implementation of the framework.

6. Research Implications and Future Work

The research described in this paper has proposed and evaluated through case study methodology a new conceptual model based on an integrated systems perspective of engineering projects. Activities have been described according to the sub-systems of the project system for two case studies and instances of emergent behavior have been identified. Existing project management protocols and guidelines provide structured processes through stages and defined management structures; such approaches are useful but do they adequately capture the full scope of complexities associated with complex projects? Complexities across process, technology, resources, knowledge, culture and impact considerations. Furthermore, although the examples of emergent behavior can be described through considering the findings and outcomes of a project after it has been completed, could the interactions be identified (and codified) at the beginning of the project? These questions lead to the position that there is a whole series of research avenues and lines of enquiry that need to be properly investigated in order for a more complete picture to be derived for the management of complex engineering projects that exhibit high levels of risk but concurrently high levels of benefit. The implications arising from this paper are that the following research avenues need to be explored:

- How do critical success factors (*cf.* sub-systems of the project system) interact and collectively contribute to the performance of engineering projects?
- How can the project system be modelled while integrating quantitative data (e.g. relating to earned value analysis) with contextual and qualitative information (e.g. relating to the levels of trust exhibited by a project team)?
- How can the optimal balance of activities across the sub-systems of the project system be properly ascertained at the start of the project while recognizing the engineering requirements to be delivered as well as the environmental and organizational constraints?
- Can a holistic set of metrics for measuring project success be defined that builds on the 'iron triangle' through accommodating an integrated systems perspective of projects?
- What are the new tools and techniques that need to be developed to support an integrated systems management of engineering projects?

In addition to these systemic research implications there are a number of more discrete areas of future research that have been identified for the six sub-systems of the project system. Consequently, Table 4 provides recommended areas of future research along with the suggested data and information that researchers will need to acquire in order to pursue these investigations.

Table 4 Future research areas and suggested data and information requirements

Project sub-system	Research questions	Data and information requirements
Process	How can the optimal balance of procedures be identified at the outset of a new project? How can process adoption for projects be adaptive to emerging issues and opportunities? What processes need to be designed to support an integrated systems perspective of engineering projects?	Project schedule, financial and performance data. Process configurations and related protocol information. Data and information relating to the overall project requirements as well as environmental and organizational constraints. Probability data on likelihood of external events impacting projects (for deterministic studies).

Continued

Project sub-system	Research questions	Data and information requirements
Technology	Can project lifecycle technology be used to track the overall impact delivered for projects? How can web-based technology solutions be configured to support engineering projects? How can mobile technologies (i. e. 'apps') be integrated with ERP based project technologies?	Data and information on wider impact generated by projects. Architectures and specifications of web-based project management systems. Architectures and specifications for mobile technologies (i. e. 'apps') to support management of projects.
Resources	What are the project leadership skills needed to manage according to an integrated systems perspective? How can resources be more effectively allocated across projects that have competing needs? Can project decisions be modelled in real-time as a decision support tool?	Information on project leadership skills and competencies related to the integrated systems perspective of project management. Data and information on resource types for planning methodologies. Project decision related data and information along with systems modelling techniques.
Knowledge	How can the project management knowledge be integrated with organization-level knowledge management systems? How can knowledge from projects be configured to incorporate a socio-technical systems approach (i. e. managing hard and soft data)? What knowledge needs to be understood to support the integrated systems perspective of project management?	Project-related data and information correlated with appropriate organizational data and information. Data and information on social characteristics of projects in addition to traditional hard (technical) data for engineering projects. Data and information to allow improved knowledge management systems to be designed for projects.

Continued

Project sub-system	Research questions	Data and information requirements
Culture	How can the level of trust be measured for engineering projects? How are projects influenced by organizational cultures? Are certain types of cultures more, or less, suited to particular types of projects?	Data and information on the different drivers for trust within a project. Project cultural characteristics and determinants correlated with data and information for organizational cultures. Data and information on working patterns and behaviors, levels of openness and norms of reciprocity for certain project instantiations.
Impact	How can metrics be developed to address the integrated systems perspective of engineering projects? How can achievement of 'iron triangle' targets be reconciled (or balanced) against long term, societal or broader stakeholder benefits? What are the optimal mechanisms to support translation of research projects into societal benefits, i. e. environmental, sustainable energy or healthcare?	Data and information relating to systemic impact and benefits for engineering projects, including long term, societal or broader stakeholder benefits. Knowledge architectures to support translation of research projects and evidence-based outputs to improved practice and operational management. Data and information on project skills and competencies generated from adopting an integrated systems perspective.

References

Ahuja, V., Yang, J., and Shankar, R. (2009). Benefits of collaborative ICT adoption for building project management. Construction Innovation: Information, Process, Management, 9(3): 323–340.

Alhawari, S., Karadsheh, L., Talet, A. N., et al. (2012). Knowledge-based risk management framework for information technology project. International Journal of Information Management, 32(1): 50–65.

Ayas, K. and Zeniuk, N. (2001). Project-based learning: building communities of reflective practitioners. Management Learning, 32(1): 61–76.

Brady, T. and Davies, A. (2010). From hero to hubris-Reconsidering the project management of Heathrow's Terminal 5. International Journal of Project Management, 28(2): 151–157.

Brill, J. M., Bishop, M. J., and Walker, A. E. (2006). The competencies and characteristics required of an effective project manager: A web-based Delphi study. Educational Technology Research and Development, 54(2): 115-140.

Chan, A. P., Scott, D., and Chan, A. P. (2004). Factors affecting the success of a construction project. Journal of Construction Engineering and Management, 130(1): 153-155.

Dvir, D. and Shenhar, A. (2007). Reinventing Project Management: The Diamond Approach to Successful Growth and Innovation. Boston, Massachusetts: Harvard Business School Press.

Engwall, M. and Jerbrant, A. (2003). The resource allocation syndrome: the prime challenge of multi-project management. International Journal of Project Management, 21(6): 403-409.

Firth, G. and Krut, R. (1991). Introducing a project management culture. European Management Journal, 9(4): 437-443.

Frank, M. (2000). Engineering Systems Thinking and Systems Thinking. Systems Engineering, 3(2): 163-168.

Frank, M. and Waks, S. (2001). Engineering Systems Thinking: A Multifunctional Definition. Systemic Practice and Action Research, 14(3): 361-379.

Froese, T. M. (2010). The impact of emerging information technology on project management for construction. Automation in Construction, 19(5): 531-538.

Frow, P. and Payne, A. (2011). A stakeholder perspective of the value proposition concept. European Journal of Marketing, 45(1/2): 223-240.

Gharajedaghi, J. (2011). Systems thinking: Managing chaos and complexity: A platform for designing business architecture,3rd edn. Boston,MA:Elsevier.

Griffin, A. (1997). The effect of project and process characteristics on product development cycle time. Journal of Marketing Research, 34: 24-35.

Jaselskis, E. J. and Ashley, D. B. (1991). Optimal allocation of project management resources for achieving success. Journal of Construction Engineering and Management, 117(2): 321-340.

Jha, K. N. and Iyer, K.C. (2007). Commitment, coordination, competence and the iron triangle. International Journal of Project Management, 25(5): 527-540.

Jin, D., Chai, K. H., and Tan, K. C. (2014). New service development maturity model. Managing Service Quality, 24(1): 86-116.

Johansson, T., Moehler, R. C., and Vahidi, R. (2013). Knowledge Sharing Strategies for Project Knowledge Management in the Automotive Sector. Procedia-Social and Behavioral Sciences, 74: 295-304.

Kadefors, A. (2004). Trust in project relationships—inside the black box. International Journal of Project Management, 22(3): 175-182.

Kerzner, H. R. (2013). Project management: a systems approach to planning, scheduling, and controlling. New Jersey,USA:John Wiley & Sons.

Liberatore, M. J., Pollack-Johnson, B., and Smith, C. A. (2001). Project management in construction: Software use and research directions. Journal of Construction Engineering and Management, 127(2): 101-107.

Love, P. E. D., Holt, G. D., Shen, L. Y.,et al. (2002). Using systems dynamics to better understand change and rework in construction project management systems. International Journal of Project Management, 20(6): 425-436.

Lyneis, J. M. and Ford, D. N. (2007). Systemdynamics applied to project management: a survey, assessment, and directions for future research. System Dynamics Review, 23(2–3): 157–189.

Munns, A. K. (1995). Potential influence of trust on the successful completion of a project. International Journal of Project Management, 13(1): 19–24.

Nitithamyong, P. and Skibniewski, M. J. (2006). Success/failure factors and performance measures of web-based construction project management systems: professionals' viewpoint. Journal of Construction Engineering and Management, 132(1): 80–87.

Pena-Mora, F. and Dwivedi, G. H. (2002). Multiple device collaborative and real time analysis system for project management in civil engineering. Journal of Computing in Civil Engineering, 16(1): 23–38.

Philbin, S. P. (2008a). Managing complex technology projects. Research-Technology Management, 51(2), 32–39.

Philbin, S. P. (2008b). Bid management: A systems engineering approach. The Journal of High Technology Management Research, 19(2): 114–127.

Philbin, S. P. (2010). Developing an Integrated Approach to System Safety Engineering. Engineering Management Journal, 22(2): 56–67.

Philbin, S. P. (2011). Application of Systems Engineering and Systems Thinking to Project Management. In: Project Management. Collins, R. J. (Ed.). New York: Nova Science Publishers.

Philbin, S. P. and Kennedy, D. A. (2014). Diagnostic framework and health check tool for engineering and technology projects. Journal of Industrial Engineering and Management, 7(5): 1145–1166.

Raz, T. and Michael, E. (2001). Use and benefits of tools for project risk management. International Journal of Project Management, 19(1): 9–17.

Reich, B. H., Gemino, A., and Sauer, C. (2012). Knowledge management and project-based knowledge in it projects: A model and preliminary empirical results. International Journal of Project Management, 30(6): 663–674.

Reyck, B. D., Grushka-Cockayne, Y., Lockett, M., et al. (2005). The impact of project portfolio management on information technology projects. International Journal of Project Management, 23(7): 524–537.

Ring, M. J., (2000). A Billion-Dollar Big Dig Blunder. The Tech, 120(5): 5–5.

Sabherwal, R. (1999). The role of trust in outsourced IS development projects. Communications of the ACM, 42(2): 80–86.

Sadeh, A., Dvir, D., and Shenhar, A. (2000). The role of contract type in the success of R&D defence projects under increasing uncertainty. Project Management Journal, 31(3): 14–22.

Sage, A. P. and Rouse, W. B. (2009). Handbook of systems engineering and management. 2nd edn.NY:John Wiley & Sons.

Schon, D. (1983). The Reflective Practitioner: How Professionals Think in Action. New York:Basic Books Inc.

Schwalbe, K. (2013). Information technology project management. 7th edn.Boston,MA:Cengage Learning.

Sivarajah, U., Lee, H., Irani, Z., et al. (2014). Fostering Smart Cities through ICT Driven Policy-Making: Expected Outcomes and Impacts of DAREED Project. International Journal of Electronic Government Research (IJEGR), 10(3): 1–18.

Standish Group (1995 and 2009). The CHAOS Report. http://www. standish group.com/.

Straus, S., Tetroe, J., and Graham, I. D. (2013). Knowledge translation in health care: moving from evidence to practice. Chichester, UK: John Wiley & Sons.

Sunindijo, R. Y., Hadikusumo, B. H., and Ogunlana, S. (2007). Emotional intelligence and leadership styles in construction project management. Journal of Management in Engineering, 23(4): 166–170.

Turner, J. R. and Müller, R. (2005). The project manager's leadership style as a success factor on projects: a literature review. Project Management Journal, 36(2): 49–61.

Weick, K. E., Sutcliffe, K. M., and Obstfeld, D. (2005). Organizing and the process of sensemaking. Organization Science, 16(4): 409–421.

Yang, L. R., Chen, J. H., and Wang, H. W. (2012). Assessing impacts of information technology on project success through knowledge management practice. Automation in Construction, 22: 182–191.

Yazici, H. J. (2009). The role of project management maturity and organizational culture in perceived performance. Project Management Journal, 40(3): 14–33.

Simon P. Philbin

Director of Program Management at Imperial College London, UK, where he leads the Program Management Office which focused on supporting a range of research projects across the university. This portfolio includes strategic international projects, collaborative research projects funded by the European Union and commercial projects. His previous roles within the Imperial College London include Associate Director of Enterprise Projects and Program Director of the Institute of Shock Physics. Prior to Imperial he worked in scientific and managerial positions for QinetiQ Group Plc. and DERA (Defence Evaluation and Research Agency, Ministry of Defence) for nine years. In 2009 Dr. Philbin was appointed a Visiting Fellow at Imperial College Business School and elected a Fellow of the Royal Society of Chemistry (FRSC). He is also a certified PRINCE2 Practitioner for Project Management and a certified MSP Practitioner for Program Management. Dr. Philbin has authored/co-authored over forty journal and conference papers across several areas including university-industry research collaboration, project management, engineering management, and chemistry.

His research interests include developing improved project management methodologies especially related to systems thinking and systems engineering. Dr. Philbin is a recipient of the Merritt Williamson Best Paper Award from the American Society for Engineering Management as well as both the Rod Rose Best Paper Award and Best Annual Symposium Paper Award from the

Society of Research Administrators International. From 2011 to 2013 he served on the Editorial Advisory Board of the *European Journal of Innovation Management* and in 2013 he was appointed a member of the Editorial Board of the *Journal of Research Administration*. In 2014 he was elected the International Director of the American Society for Engineering Management.

Engineering Management Problems of Remanufacturing Industry

Binshi Xu, Peijing Shi, Handong Zheng, Enzhong Li

National Key Laboratory for Remanufacturing, Academy of Armored Force Engineering, Beijing, China

Abstract: Remanufacturing in China is still in its early stage and faces pressures from society, policy, technology and management. Considering the actual states of remanufacturing in China, this paper researched several key management issues from the angle of remanufacturing players. Based on need analysis and trend of development of Remanufacturing in China, six key management problems were mainly researched, i. e. risk management of remanufacturing players, remanufacturing production management, remanufacturing quality management, authentication mode of remanufacturing in China, subsidy policy of remanufacturing industry, and performance assessment of remanufacturing. The characteristics of issues were analyzed and the corresponding countermeasures were put forward.

Keywords: remanufacturing; industrialization; engineering management

1. Introduction

The whole expense of production, from preliminary study, design, manufacturing, using, maintenance, to discarding, was regarded as whole life period expense (Xu, 2007). The first half life, which only possessed 20%-30% expense, was paid great attention in the traditional notion. Whereas the afterlife which possessed 70%-80% expense was ignored (Xu, 2008). Taking the second parts (afterlife, i. e. using, maintenance, discarding) as subject investigated, Remanufacturing pays attentions on rebuilding or upgrading the performance of discarded products and gives them a new life(Xu,2009).

2. The Conception of Remanufacturing

Under the guidance of LCC theory, taking upgrading the performance of discarded products as goal, high quality, resources & energy saving and environmental protection as rule, advanced surface engineering technologies as key technologies, and industry production as development ways, Chinese remanufacturing is a generic term of a series of technique applications and engineering activities. It is characterized by that the quality and performance of remanufacturing products are the same as or better than the new ones with half cost, saving energy by 60%, saving material by 70% and decreasing the bad influence to environment(Xu,2010).

The process of remanufacturing is shown in Fig. 1. The old and discarded equipments are to be disassembled at first, then the parts are cleaned and classified, whereafter they will be inspected to determine whether they are suitable for remanufacturing, and then the suitable ones are treated in some means to restore or upgrade the quality and performance. At last, they will be reassembled to obtain new equipments, and in the process some new parts will be needed(Zhu and Yao,2009).

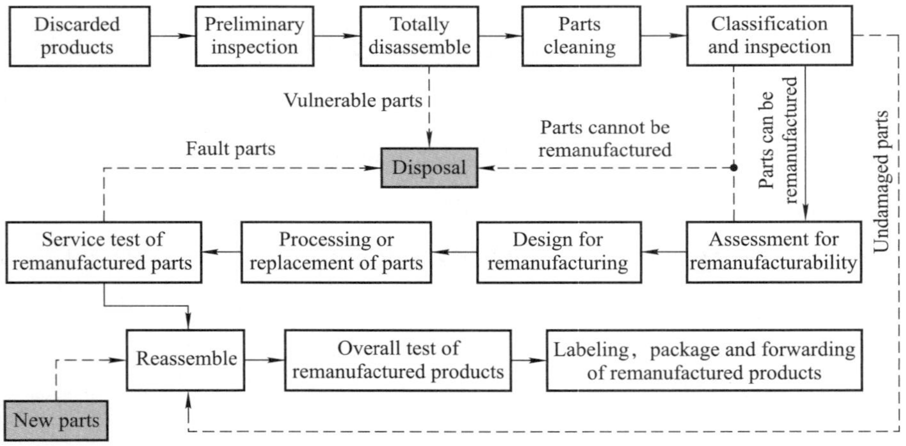

Fig.1 Process of remanufacturing

3. Development of Remanufacturing

Till now, remanufacturing has developed in China for about 10 years. Chinese remanufacturing attracts much attention and has a high level on technique, however it is still in the primary stage of industrialization and that the faultiness of supporting policies and management methods is one of the prime reasons. The resistances come from four aspects as below(Liu et al,2010).

(1) Society aspect

Chinese remanufacturing mainly develops in the domains of auto engine, generator, gear-box, starter, machine tool, etc, and the remanufacturing products, including complete appliances and the parts, have entered the corresponding market after sale. But, relative to new products, the recognition of remanufacturing products is lower. Most consumers cannot differentiate the concepts of remanufacturing and maintenance and regard them the same. They hold the idea that the remanufacturing products are second hand things, the quality of which cannot meet their requirements. These result in the troubles on market development of remanufacturing products.

(2) Industry aspect

Now, the distemperedness of remanufacturing criteria causes chaos in remanufacturing market. Some companies, big and small, claim that they are remanufacturers, but, in fact, they just do maintenance or repair businesses. They cannot offer the warranty of quality or performance for their products like new ones. These awfully influenced the normal development of remanufacturing.

(3) Company aspect

The remanufacturing companies (remanufacturers) have lots of troubles in their development processes because of some objective realities, such as conflicts or absence of government policies, difficulties on establishment of reverse logistics net and shortages of professional employees and special equipments. Moreover, the randomness of quality of recovery products, the complexity on making production planning and compatibilities of remanufacturing information system are also hindrances to the development of remanufacturing.

(4) Technology aspect

The development of Chinese remanufacturing is based on maintenance engineering and surface engineering, and the technologies used mainly are surface engineering technology, nano surface engineering technology and automated surface engineering technology. The technologies have been adopted by more and more remanufacturers but still stay away from production-scale application because of high technical demands for companies' qualifications and immaturities of some key technologies. This blocks the way to remanufacturing industrialization, however.

4. Engineering Management of Remanufacturing

In traditional supply chain of manufacturing, there are steady supplies for materials or parts inventory and aptotic production flow or process, as well as lead time and rated man-hour. Mostly, a Material Requirements Planning (MRP) system can be used to achieve the information-based JIT (just in time) management. The situations remanufacturing faces are fairly complex and have never been met by manufacturing (Guide et al, 1999; Guide, 2000). Chinese remanufacturing faces the same problems Nasr has mentioned, such as uncertainty in recovery amount and breakage status of scrapped products, disassembly and cleaning rate, process route and lead time of remanufacturable parts and demands for remanufacturing products, etc (Nasr et al, 1998). These result in the lacks of fixed rules for remanufacturing management methods.

4.1 Remanufacturing operation management

Here, operation management includes logistics (both forward and reverse) management, inventory control, production planning and quality control. Because of that the remanufacturing products are serviced only in the market for service after sale in China, a remanufacturer generally appears as a contract remanufacturer or part of an *OEM*. They actually need authorizations from manufacturers to develop remanufacturing activities on the corresponding products. Compared with those whose products can be sold in any market, the problems mentioned above may be relatively easy to solve.

(1) Reverse logistics management

The sources of cores are vital to remanufacturers, as well as the establishment of reverse logistics, and there are much research findings and research programs on it. In China, Wang and Chen indicated that the objective of logistics management is to achieve the benefit of maximization to every participator in the supply chain. But Da et al pointed out that most researches on reverse logistics management are qualitative analyses or case studies and do not associate reverse logistics with traditional forward logistics (Da et al, 2004). Moreover, the majority of researches fell into the considerations on static objects or single operation cycle and was limited by several ideal assumptions. They focused on the structure of organization of logistics system while ignoring the studies on the structures of information or decision of the system. So, Xia concluded that the studies on logistics management in remanufacturing field need further researches and discussions.

However, maybe the most effective channel to get cores is the simplest one now, i.e. remanufacturers get the cores through the channel they sell products, but reverse. We have examined a representative remanufacturer, whose products are heavy-duty auto engines, both new and remanufactured, and its cores have three sources: 1) returning for defects under warranty, 2) purchasing through its contract distributors or service shops and 3) doing as a contractor, thereinto, the 3rd source is stable. The ratios of them are approximately 20%, 60% and 20% respectively. An average of the logistics cost of each discarded engine is about 600 yuan RMB.

(2) Inventory control

In manufacturing, inventories may be monitored and controlled through an MRP or ERP system and approximately calculated based on EOQ or EPL models. But there are still no complete theoretical or practical systems to develop the well inventory management in remanufacturing (van der Laan et al, 1996). So, Qiao and Da suggested that more studies on remanufacturing inventory control should be proceeded (Teunter and van der Laan, 2002).

For Chinese remanufacturers, there are two typical inventories, namely cores inventory and remanufactured inventory. There are few stable sources of cores for OEMs to develop remanufacturing, and they must encourage their franchisers to reclaim the discarded products from users. Because of the requirement is finite and that the recovery ability is greater than that of sales, the cores inventory is inevitable. The remanufacturer must limit the number of recovered discarded products for remanufacturing. However, there is a forecasting for requirement in the next period (maybe one year), according to which including certain fluctuation, the recovery planning is drawn. Here, the remanufactured inventory is restricted, and of course a safety stock is needed.

(3) Production planning

The production planning is influenced by many other uncertain factors, such as requirement of customers, recovery rate of cores, disassemble rate, reusable rate of old parts and production time for different old parts, etc. Cheng and Su introduced the methods usually used in remanufacturing production planning and production scheduling and generalized the troubles they faced at present (Cheng and Su, 2008). For example, lack of effective methods to describe the uncertainties, absence of tools for model building, difficulties of constructing the general structural system and so on. Based on the analysis on the uncertainties in the processes of recovery, disassemble and production in remanufacturing, Xie and Zhao drew the conclusion that the methods of production planning and control in manufacturing cannot meet the requirement of that in remanufacturing. They also indicated that how to construct and optimize the model of medium-and short-term production planning is a problem needed to be resolved, as well as the corresponding capacity requirements planning.

In fact, the production planning of remanufacturing is pulled by marketing planning in China. Now, the production capacity of a remanufacturer is greater than actual production quantity because of the finite requirements. According to the experiences of J Company, an OEM remanufacturer, the number of old parts after cleaning should keep at a certain level that is higher than the predictive requirement level of some period to ensure the continuous production and avoid idle capacity. Sometimes, the adjustment of production capacity is necessary because of the change of requirements. We can say that the situation will be more complex in the optimistic future.

(4) Quality control

It has been advanced that the quality of remanufacturing products is better than that of new ones of the same type, and the remanufacturers say so also. But how to prove it is not an easy thing and there is no compelling evidence for it yet. Combining remanufacturing quality characteristics with customer satisfaction, Li and Shen tentatively constructed the evaluation house of quality of product characteristics for remanufacturing based on quality function deployment. Chen et al put forward the idea of dealing with multi-life cycle quality management based on particularity of multi-life cycle and ecological quality loop (Chen et al, 2007). But they also acknowledged that the specific tools and methods are not ascertained yet at the meantime.

Now, we can just say that the improvement of parts in performance or quality will result in better products, which may provide with a longer life time. Considering the techniques used in CCRE, the quality control must focus on the CCQs mentioned above. So the quality inspection program will be determined following the production programs and CCQs and some methods or tools generally used in manufacturing will still be used here.

4.2 Remanufacturing standards system

The remanufacturing standards system (RSS) is important to both R&D of remanufacturing technologies and remanufacturing engineering management, while an effective integrated assessment system for remanufacturing is necessary to insure the development level of remanufacturing. At present, Chinese remanufacturing is in the incipient stage of industrialization, and there is no much accumulation on techniques or experiences. The establishment of RSS and remanufacturing integrated assessment system (RIAS) will be helpful for optimizing production structure and normalizing production development.

Remanufacturing is an industry related to lots of different product areas, so the standards system is complicated. Here, both general character standards and directed standards are needed. According to development form and characteristics of remanufacturing, the frame of RSS was put forward by China National Institute of Standardization, just as Table 1 shows.

Table 1 Frame of remanufacturing standards system

<table>
<tr><td colspan="5">Remanufacturing Standards System</td></tr>
<tr><td rowspan="3">General character standard of different industries</td><td>Concept layer</td><td colspan="3">Standards on terms and properties of remanufacturing</td></tr>
<tr><td>Scheme layer</td><td>Standards on guide rules of remanufacturing</td><td>Standards on technologies of remanufacturing</td><td>Standards on assessment rules of remanufacturing</td></tr>
<tr><td>Objective layer</td><td colspan="3">Standards on general technologies of remanufacturing</td></tr>
<tr><td rowspan="3">General character standard of key industries</td><td>Machine sectors</td><td>Auto sectors</td><td>Household appliances sectors</td><td>Others</td></tr>
<tr><td colspan="4">Remanufacturing technologies—guide rules</td></tr>
<tr><td colspan="2">Standards on technologies of remanufacturing</td><td>Standards on management of remanufacturing</td><td>Standards on assessment of remanufacturing</td></tr>
<tr><td colspan="2">Standards on key products</td><td colspan="3">Remanufacturing standards for engine, machine tool, generator, excavating machinery, etc.</td></tr>
</table>

RSS includes basic standards, technology standards, operation standards, quality control standards and management standards, etc. Speaking in detail, standards on remanufacturing terms, lifecycle costs evaluation technologies, disassembly technologies, green cleaning technologies, life evaluation and forecasting technologies, nano surface engineering technologies, automated surface engineering technologies, etc should be involved. Here, some mature manufacturing standards can be consulted or used directly.

There was no running national remanufacturing standard untill the end of 2010 in China; however some enterprise standards or industry standards have been used in remanufacturing firms. In addition, some research units and remanufacturing firms take part in the institution of CR standards at present, such as units in TC114, TC337, and TC415. According to messages issued by Standardization Administration of the People's Republic of China, some remanufacturing standards are in the proceeding of constitution and to be promulgated.

4.3 Remanufacturing integrated assessment system

As a rational RSS can secure the development of remanufacturing industry, a reasonable RIAS can be used to evaluate or inspect the development status, level and trend of CR in order to provide support for the industry development decision.

In the proceeding of industrialization, CR can draw lessons from other countries or related mature industries, but some influencing factors should be taken into account, such as the features and targets of CR, exotic environment, etc. The principles of building RIAS include three aspects as below.

(1) According with the demands of Chinese circular economy

As an important support model of Chinese circular economy, CR not only created good economic benefits for associated organizations, but contributed a lot towards environmental protection and society development. So, RIAS should reflect economic benefit and environmental, social benefit(Table 2)(Chen et al,2009).

(2) Following the characteristics of CR

CR now faces many problems from several aspects, and the normative operation methods are needed to resolve them. The RIAS should reflect and advance the application of remanufacturing technologies, maybe indirectly, and normalize the entrance and evaluation rules of remanufacturing industry to insure the quality of remanufacturing products. The RIAS also should reflect the contributions to environment and society in order to receive public recognition and attract more buyers.

(3) Incarnating the coordination between different layers of CR system

A system may include several subsystems or layers, especially big ones, and we cannot think much of one while ignoring the others. The RIAS should not only reflect the development status of one aspect, but all aspects, as well as relations between them, environmental protection and economic costs, for example.

Table 2 Remanufacturing integrated assessment system (RIAS)

Goal layer	Subsystem layer	Status layer	Elements layer
RIAS	Environment development	Resources saving	Saving power, saving metal, saving water, emission reduction, remanufacturing rate
		Resources consumption	Total power consumption per ten-thousand-yuan increment of industry, total water consumption per ten-thousand-yuan increment of industry
		Waste emission	Waste gas emission per ten-thousand-yuan output value, waste water discharge per ten-thousand-yuan output value, waste liquid discharge per ten-thousand-yuan output value, discarded solid waste per ten-thousand-yuan output value
		Environment improvement	Return rates of resources, reuse rates of old parts, resourcezation of parts that cannot be remanufactured, integrative use rate of solid waste, reuse rate of waste water, emission rate of waste gas and dust
	Economy development	Integrative indices	Total output value, output value of remanufacturing, total value of remanufacturing capitals, remanufacturing products benefits
		Economic benefits	Earning rate of net assets, net interest rate of distribution, ratio of retained profits to cash flows, return rate per ten-thousand-yuan investment, output value rate of fixed assets
		Costs	Disposal expense on waste matters per ten-thousand-yuan output value
	Society development	Employee	Remanufacturing employees, growth rate of employment
		Economy	Annual expenditure for public welfare funds, annual taxes, annual per capita income
		Social security	Number and proportion of personnel with social security

The calculation of the indices seems troublesome, which is a big workload. So, it can be treated as system engineering which needs cooperation of organizations in the remanufacturing firms or industry. However, the system is temporary, and some other factors are to be added, policies for example.

5. Conclusions

Remanufacturing is the high-level phase of maintenance engineering and also a new form of advanced manufacturing. Chinese remanufacturing engineering is the industrialization of repair and reform of discarded or old products with high-techs, the characteristics of which are that the quality and performance of a remanufactured product are the same as or better than a new one and it costs half, saves energy by 60%, saves material by 70%. Remanufacturing is one of the primary ways to achieve sustainable manufacturing and circular economy in China.

The development objective of remanufacturing is to realize the industrialization of the master and material equipment remanufacturing. In the process of industrialization, there are still a lot of hindrances to the development of CR, such as incomplete technology system, immature target market, irrational policies, etc. Chinese remanufacturing has received supports from Chinese government, several enterprises, some research organizations and definite number of customers and how to do it well is the primary job remanufacturing researchers face.

References

Chen, W. H., Ma, S. J., and Yao, X. Y. (2009). Integrated Assessment Study on Circular Economy of China. Beijing: China Economic Publishing House.

Chen, X. Y., Liang, G. Q., and Ma, S. N. (2007). Continuous quality improvement for remanufacturing products based on PMLC. China Mechanical Engineering, 18(2): 170–174.

Cheng, H. B. and Su, C. (2008). Overview of production planning and scheduling research oriented to remanufacturing system. Manufacture Information Engineering of China, 13(7): 13–16.

Da, Q. L., Huang, Z. Q., and Zhang, Q. (2004). Current and future studies on structure of the reverse logistics system: A Review. Zhongguo Guanli Kexue Zazhi, 12(1): 131–138.

Guide, V. D., Jayaraman, V., and Srivastava, R. (1999). Production planning and control for remanufacturing: a state-of-the-art survey. Robotics and Computer Integrated Manufacturing, 15(1999): 221–230.

Guide, V. D. R. Jr. (2000). Production planning and control for remanufacturing: industry practice and research needs. Journal of Operations Management, 18: 467–483.

Liu, B. H., Xu, B. S., and Shi, P. J. (2010). A design for integrated assessment indexing system of remanufacturing. Journal of Inspection and Quarantine, 20(2): 53–56.

Nasr, N., Hughson, C., Varel, E., et al. (1998). State-of-the-art assessment of remanufacturing technology— raft document. Rochester Institute of Technology.

Teunter, R.and van der Laan, E. (2002). On the non-optimality of the average cost approach for inventory models with remanufacturing. International Journal of Production Economics, 79 (1):67-73.

van der Laan, E., Dekker, R., Salomon, M., et al. (1996). An (s, Q) inventory model with remanufacturing and disposal. International Journal of Production Economics, 46-47:339-350.

Xu, B. S. (2007). Remanufacture and Recycling Economy. Beijing: Science Press. 41-42.

Xu, B. S. (2008). Technical foundation and new research development of remanufacturing engineering. Digital Manufacture Science, 6(2): 1-18.

Xu, B. S. (2009). Remanufacturing of construction machinery and its key technologies. Construction Machinery and Equipment, 40(8):1-6.

Xu B. S. (2010). Remanufacture engineering and its development in China. China Surface Engineering, 23(2): 1-6.

Zhu, S. and Yao, J. K. (2009). Theory and Application of Remanufacturing Design. Beijing: China Machine Press. 134-136.

Binshi Xu Professor Binshi Xu is an academician of the Chinese Academy of Engineering, foreign academician of Poland Academy of Sciences, and honorary director of the National Key Laboratory for Remanufacturing, China. Prof Xu's scientific research works covers a large number of important fields in the maintenance engineering, surface engineering and remanufacturing engineering.

In recent decades, Prof Xu has carried out more than 70 projects and won one 1st prize, four 2nd prizes and one 3rd prize of the National Science and Technology Progress Award, one 2nd prize of the National Natural Science Award, two 2nd prizes of the National Technology Invention Award, and ten 1st prizes and six 2nd prizes of the provincial level Science and Technology Progress Award. Prof Xu has published some 20 academic works such as *Material Surface Engineering in China*, *Nano Surface Engineering*, and more than 1000 papers. He has obtained 60 Chinese national patents and 10 national standards.

A Standard for the Commissioning Process

William L. Gillis, Elizabeth A. Cudney

Engineering Management and Systems Engineering Department

Missouri University of Science and Technology

Rolla, MO 65409, USA

Abstract: The demand for commissioning services for new-building construction projects is experiencing rapid growth. Commissioning (Cx) is touted as being a quality-focused process for ensuring the owner's project requirements (OPR) are met by the design, final construction, and operations of the building. To an owner this is just what is needed to receive a perfect building at occupancy. However, as many owners have realized, the Cx process does not guarantee the completed building will be what was expected. It should be pointed out that this is typically not caused by the Cx process; but the Cx process should or could have identified, in the early phases of the project, many of the issues that made it through to the completed building. There are a number of reasons why the Cx services received may not be optimal. Often it is poor communication and the transfer of knowledge between project teams. Cx should and can facilitate both communication and the transfer of knowledge from phase to phase. An adaptation of the quality function deployment (QFD) four-phase model can accomplish this by filling the gaps among the major Cx activities and provide a standard approach to the process. The four-phase model effectively links each of the Cx activities to each other and back to the OPR providing a method for improved communication and knowledge transfer. This paper investigates some potential reasons for inconsistent Cx services, presents an argument for the need of a Cx standard, and proposes a potential standard.

Keywords: construction; engineering management; quality; commissioning

1. Introduction

Many potential new building owners do not know what Commissioning (Cx) is, more so for those who have not constructed a new building. They may be introduced to the concept for the first time by the architect they have selected to design their building. They will certainly be exposed to Cx if they have decided to pursue LEED certification. But actually, many owners who have contracted Cx services for their own buildings and have experienced the process might still not fully know what Cx is or at least what Cx should have been. Doty (2007a) explains that Cx should protect the owner's interest at each stage and fill gaps left from cost pressures in the design and construction methods. The core concepts of Cx are (1) identify the intent of the work and how the goals will be met; (2) provide early detection and intervention of issues; (3) train operations staff; (4) prepare maintenance activities for sustainability; and (5) quantify the Cx benefits. The goal is to detect issues early using sampling techniques with a primary purpose of correcting systemic problems which would become long-term and costly.

Doty (2007a) also expresses that owner support of the process is essential for success. For those owners who have experienced Cx and still do not know what the Cx process should have provided, it is possible the necessary owner support was missing from the project. It is also possible they had no idea they should have been involved in the Cx process. What Cx is or should be is up for debate. There are differing philosophies about the process and how it should be administered. Many Cx organizations and professionals are working toward improving the process and ultimately that the process should be directed toward ensuring the owner will be delivered the highest quality building their budget, timeline, and other requirements allow. Obviously each project will have different parameters but a satisfied owner at project end is the goal of the Cx process.

One difficulty faced by owners, especially those who have not contracted Cx services, is who and what should be asked for and expected. There is currently no standard for the Cx process; therefore, services can and will vary. A quick look at the available guidelines will shed light on the issue.

2. Overview

2.1 Cx definitions

American Society of Heating, Refrigerating and Air-Conditioning Engineers (ASHRAE) Guideline 0–2005 defines the commissioning process as: "A quality-focused process for enhancing the delivery of a project. The process focuses upon verifying and documenting that the facility and all of its systems and assemblies are planned, designed, installed, tested, operated, and maintained to meet the Owner's Project Requirements." (ASHRAE, 2005)

The definition is generally for new-building construction. Other Cx processes for purposes outside of new construction are defined by ASHRAE Guideline 0–2005 as:

- Re-Commissioning: "An application of the Commissioning Process requirements to a project that has been delivered using the Commissioning Process. This may be a scheduled re-commissioning developed as part of an *Ongoing Commissioning Process*, or it may be triggered by use change, operations problems, or other needs."
- Retro-Commissioning: "The Commissioning Process applied to an existing facility that was not previously commissioned."
- Ongoing Commissioning Process: "A continuation of the Commissioning Process well into the Occupancy and Operations Phase to verify that a project continues to meet current and evolving Owner's Project Requirements. Ongoing Commissioning Process activities occur throughout the life of the facility; some of these will be close to continuous in implementation, and others will be either scheduled or unscheduled (as needed). Also see Continuous Commissioning Process."
- Continuous Commissioning Process: "A continuation of the Commissioning Process well into the Occupancy and Operations Phase to verify that a project continues to meet current and evolving Owner's Project Requirements. Continuous Commissioning Process activities are ongoing for the life of the facility. Also see Ongoing Commissioning Process." (ASHRAE, 2005)

In different terms, Re-Commissioning is a process conducted on buildings that were commissioned during the original construction. This process may be scheduled to be conducted every three years for example. The goal is to bring the building systems back to optimal operating conditions. Retro-Commissioning is a process for buildings that were never commissioned. The goal is to discover the deficiencies a building has, whether it be degraded equipment, calibration problems, failed sensors, sequence of operations and controls issues, or the multitude of other possibilities, and recommend the necessary corrections for the building to be brought up to its optimal operating condition. Ongoing Commissioning is similar to Re-Commissioning as it is a continuation of Cx and extends through the life of the building, but may occur at any time, not necessarily at predetermined intervals. The goal is to identify system degradation or changes sooner than Re-Commissioning for quicker resolution. Continuous Commissioning is nearly identical to Ongoing Commissioning, but takes advantage of technology for metering and monitoring of the systems so changes in system performance are identified quickly and can be remedied immediately. This is expected to keep repair and energy costs at a minimum.

Having an understanding of the other Cx processes is important, as they are all conducted on existing buildings and the original new-building Cx, as discussed in this research, is the baseline for the future Cx work.

2.2 Cx guidelines

The Cx industry and organizations generally align with ASHRAE's definition of Cx. With that though there are many different approaches to the practice. The following is a list of organizations that have published either guidelines or best practices for defining what Cx is and how to go about providing the service. These are all well respected organizations which have contributed to the improvement of the Cx practice but nonetheless have not come to an agreement on one standard method for delivering Cx services.

- American Society of Heating, Refrigerating and Air-Conditioning Engineers: ASHRAE Guideline 0–2005, The Commissioning Process;
- Building Commissioning Association (BCA): New Construction Building Commissioning Best Practice;
- California Commissioning Collaboration (CCC): California Commissioning Guide: New Buildings;
- General Services Administration (GSA): The Building Commissioning Guide;
- AABC Commissioning Group (ACG): ACG Commissioning Guideline;
- National Institute for Building Sciences (NIBS): Provides a number of technical commissioning guidelines for specific building systems.

Each of these guidelines has variations based on the organization's business focus. Other technical commissioning guidelines, focusing on Cx of specific systems, have also been developed by ASHRAE and NIBS with Guideline 0 as a platform for the others (Fig. 1).

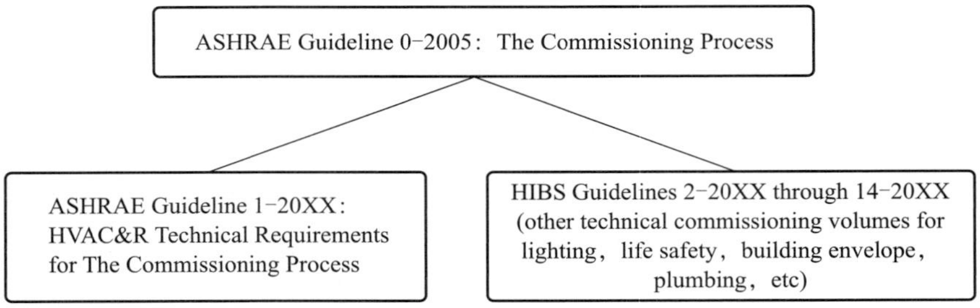

Fig. 1 Commissioning guidelines

Figure 2 illustrates a simplified flow chart of the major Cx activities in the process proposed in ASHRAE Guideline 0-2005. These activities should be expected by any owner requesting services.

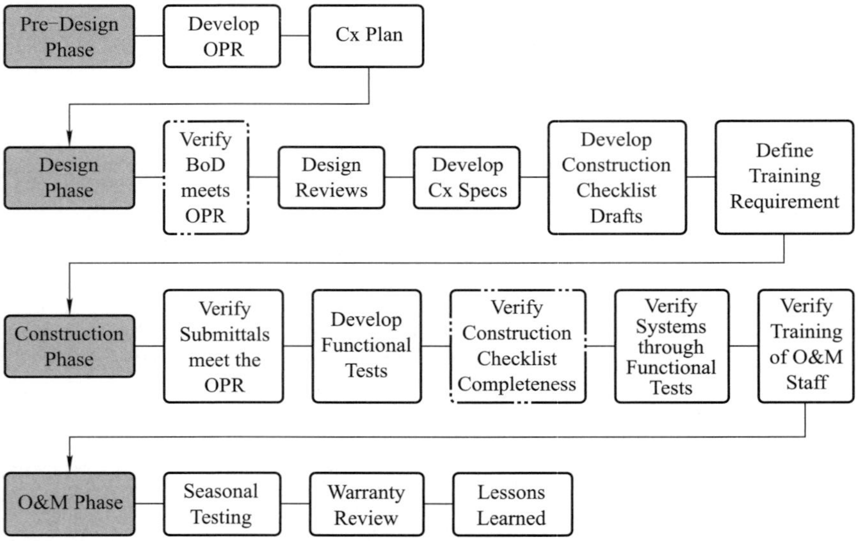

Fig. 2 Flow chart of major Cx activities

OPR: owner's project requirements; BoD: basis of design; O & M: operations and maintenance

The USGBC's LEED 2009 for New Construction guideline requires an abbreviated version of Cx. Two levels can be achieved; first the prerequisite (required by every project) in its Energy and Atmosphere credit category; EA Prerequisite 1, Fundamental Commissioning of Building Energy Systems; and for an opportunity for two additional points the project may attempt to meet EA Credit 3, Enhanced Commissioning (LEED,

2009). Enhanced Cx requires that additional Cx activities are conducted and therefore the Enhanced Cx process more closely meets the recommendations of ASHRAE Guideline 0-2005, but is still far from a full Cx process. The Newsham et al. (2009) research questioned whether the Cx process had been conducted properly, it is possible the question should have been whether the process was conducted completely. Again the question of what should be required arises.

The major activities are critical, but are only part of what the process needs to be. Serious consideration must be put into whom to contract to conduct the process. The current growth of Cx is increasing the demand for qualified providers but what constitutes qualified is still in question.

2.3 Demand growth for Cx services

Mills et al. (2004) reported in a comprehensive study of the cost-effectiveness of building Cx that initiatives by utility companies, inclusion of Cx in some building codes, government requirements, and professional organizations are contributing to growth, but the biggest driver at the time was the LEED certification process and the fact that LEED had a Cx requirement. LEED is continuing to drive growth. In 2006, 552 buildings had been certified under the LEED system (Turner and Frankel, 2008). In November 2010, the USGBC reported that LEED certification had recently surpassed the one billion square feet mark worldwide with an additional six billion square feet currently registered for certification (USGBC, 2011). Other contributions to the growth have been created by states adding Cx to codes. California, Washington, and Massachusetts have Cx requirements in their building codes. Idaho public schools require Cx. Oregon schools require Cx for certain building systems (PECI, 2009). With the rapidly growing industry the need for qualified practitioners is in demand and supply is not keeping up with the demand (Tseng, 2005).

2.4 Cx professional certification

A professional certification typically indicates that an individual holds a certain level of competence in a given discipline. There are currently no laws which require a Cx certification for an individual to enter into a Cx services contract and many, with a wide range of abilities, background, and experience, are offering to provide Cx services. Some have or claim to have professional certification for providing such services.

Ultimately, it is left to the discretion of the owner as to whether the potential commissioning provider is qualified. Table 1 presents a breakdown of the organizations who are certifying Cx professionals, the designation, what is required for the certification, Cx training requirements, and certification renewal.

These are common certifications attained by Cx providers, but other certifications are available. Two organizations providing certifications not listed here are the National Environmental Balancing Bureau (NEBB) and Testing Adjusting and Balancing Bureau (TABB). Table 1 provides a summary of the current certifications, their sponsoring agency, and information on the certification requirements and format.

Table 1 Cx professional certifications

Certification	Organization	Cx experience required	Training required	Exam format	Certification renewal
Commissioning Process Management Professional (CPMP)	ASHRAE	3 projects	No	115 questions 2.5 hours	3-year, 45 PDHs
Certified Commissioning Authority (CxA)	AABC Cx Group	3 projects	No	100 questions 3 hours	Annual, Fee only
Certified Commissioning Professional (CCP)	BCA	3 projects 150 000 SF $30 000 000 const. cost	Optional	125 questions 2 hours	3-year, Proof of continued Cx work
Associate Commissioning Professional (ACP)	BCA	None	Optional	125 questions 2 hours	None
Commissioning Process Authority Provider (CxAP)	UW-Madison	2-4 projects SF and cost minimums	40 hours	4-part 2.5 hours	5-year, Fee only
Qualified Commissioning Process Provider (QCxP)	UW-Madison	None	40 hours	4-part 2.5 hours	Valid for 5 years

Table 2 provides further information on the range of experience required for certification. This is not an all-inclusive list, rather the extremes for the multiple combinations ASHRAE and BCA require.

Table 2 Range of professional requirements

ASHRAE's CPMP range of professional requirements	Government-issued license as a professional engineer or architect with at least 3 years' facilities operations/ management, construction, design, or consulting experience High school diploma or equivalent or construction-related trades training or building operations training from a nationally or internationally recognized trade association with at least 10 years' facilities operations/management, construction, design, or consulting experience
BCA's CCP range of professional requirements	Four-year undergraduate degree or higher in a building science field (such as mechanical or electrical engineering, construction science, and construction) and a minimum of 3 continuous years as commissioning provider in a lead role within the past 5 years Two-year undergraduate degree in a non-building sciences field or high school diploma or general educational development (GED) and a minimum of 3 continuous years as a commissioning provider in a lead role within the past 5 years and a minimum of 12 years of building-related experience

It can be seen that there is a wide range of requirements to qualify for the respective exams, different levels of education and (or) training combinations, different exam formats, Cx project experience, and different renewal requirements. It is unknown which certification will provide the owner with the best Cx service provider. It is likely that as more individuals are certified the requirements for certification will be tightened and become more difficult to meet. Opportunities for service providers to improve their skill set are available and required by at least one of the certifying organizations. UW-Madison, BCA, ASHRAE, and others provide formal Cx training in one form or another. With these varying abilities of professionals, a standard method of the Cx process would provide a means for the owner to have a better understanding of what service they should expect.

3. Review of Cx Literature

The depth of academic literature in the area of commissioning is shallow. Several journals frequently provide information regarding Cx but most are limited to short column type entries. There have been a few academics that have focused their research on aspects of the Cx process.

Early literature is primarily focused on what Cx is and how it can be an advantage to the owner. There are three key attributes to commissioning: (1) Cx is a process, meaning there is a flow of tasks with each supporting the previous, (2) it is about quality, and (3) the focus is on performance. Any one deficiency can affect the entire building. If the deficiencies are remedied the owner might expect to see improvements in occupant comfort and productivity, energy and operating cost, indoor environmental quality, system and equipment reliability, building operation and maintenance, worker productivity, and market resale value (Tseng, 2005).

Doty (2007b) states that prompt and accurate communication is required with an emphasis placed on early detection of systemic issues, but additional focus should be placed on quality deliverables to the future phases. Many of the deliverables are documentation to the operations and maintenance (O&M) staff. The Cx process should start in pre-design to reduce costs associated with late changes and the process requires much documentation throughout. There is no clear method for documenting the process and no method for comparing the cost versus savings ratio. Communication and documentation between the owner and designers is essential for Cx to work and the CxA facilitates both. The cost of the process is typically justified by the energy savings expected from a more efficiently operating building. Cx stems from the fact that new modern buildings contain many complex systems which require specialized expertise to verify they are all functioning properly together. With the need for these buildings to be delivered faster and cheaper the life-cycle analysis is frequently overlooked (Nicholson and Molenaar, 2000).

Many owners believed the process was an additional cost to the owner and it was seen simply as an extra expense which consumes valuable resources that could be spent on other project features. Cx practitioners and believers focused on selling the Cx process. Research shifted towards methods for calculating the savings achieved by the Cx process. Since no real cost was ever realized, the savings calculated were estimates based on professional experience. Major sources of savings are identified as first cost avoidance, future repair or replacement cost(s) of a defect, or reduced maintenance and energy cost(s). These savings are typically realized by identifying and protection of the OPR and early detection and correction of issues (Doty, 2007c).

Energy savings is a convenient selling point for the process since it is expected to provide long-term savings. Commissioning a building does not ensure that all of the owner's energy goals will be met. An example of this involves a submittal review process in which a design team member approved a submittal for a fan coil unit and was either not aware or did not remember aspects of the design which would require rejecting the product submitted. The incorrect unit would consume more energy. A lack of a communications interface was cited as a core issue for the incorrect approval (Ellis, 2009a). There is a relationship between commissioning and energy conservation, but one does not necessarily guarantee the other. Energy consumption is out of the design and construction teams' hands after occupancy. Much depends on the occupancy and the skills, tools, and available time of the O&M staff to maintain proper system operations (Ellis, 2009a).

In order for the O&M staff to have the tools to properly maintain the building, it is essential that the training and documentation is provided to them at turnover. Proper documentation begins with the OPR. Research suggests that 25% of buildings certified under LEED do not demonstrate the energy savings predicted by their designs (Turner and Frankel, 2008). Potential reasons include not having a well-defined OPR, uncoordinated design, poor construction, and improper operation and maintenance. The design phase Cx will carry the required long-term measures through the entire process well into the operations and maintenance phase. There is a need for a holistic approach to Cx (Enke, 2010). Enke (2010) states that in his experience the design phase Cx provides "…clear and concise construction documents that typically reduce project risk significantly and contingency used for change orders, tighter contract bids, a more maintainable facility, and the systems and procedures necessary to achieve and maintain facility performance." If the building is well-commissioned the operator can focus on preventive maintenance rather than eliminating complaints.

Ye and Rahman (2011) also considered why buildings do not perform as intended and cited faulty construction and loss of information between the project phases. Loss of information is caused by inconsistencies between the parties at phase changes and can result in project delays, poor quality, and increased cost. They suggest a need for research which looks at the project from the end backwards, meaning from the occupancy phase upstream to construction and beyond. A high level of interaction between all parties is essential through the life-cycle of the project.

It should be pointed out that the project life-cycle literally extends to a point in time when the building is razed. Cx is a multi-stage process which does not end at building occupancy. Verifying the building systems are performing as they were designed and expected by the OPR is only the first step in long-term success. Once the building is successfully commissioned, and complete and accurate documentation, as well as proper systems training for the O&M staff, the building can go to the next level of performance. These deliverables provide the owner with a baseline for continuous improvement (Ellis, 2008).

Complete and accurate project documents from pre-design through O&M are critical to all team members. Ellis (2009b) noticed a trend of design documents being issued for bid prior to design being complete. Explaining that no design is perfect and the design and construction process has methods in place for dealing with the imperfections, but imperfect and incomplete are completely different issues. The top reasons for this occurrence include the design team's belief that some incomplete design can be finished later without affecting progress or budget, the owner's inability to express project requirements, and to not delay the construction start date. Cx can identify the incomplete design aspects and clearly state to the owner what appears to be missing and the impact or risks involved without waiting for a complete design prior to bidding. The goal is full transparency for all involved.

The OPR, BoD, and systems manual (SM) are key documents in the Cx process. Barber (2008) describes them as a necessary evil, but these documents are often seen as expensive and not necessary, and therefore these invaluable tools are under used. They facilitate effective Cx and also provide critical information to the O&M staff. Documenting the OPR has many valuable attributes, one of which is to minimize conflicting owner directives. Design teams often receive different priorities and expectations from groups within the owner's organization. The fully developed OPR requires the different groups to come to agreement on common functional requirements. The BoD is then the confirmation from the design team that the OPR is understood and provides a description of how the requirements will be met with the design. The SM is likely the least understood and possibly the most important document. The SM focuses on the system operations and is intended to provide the functional intent, BoD, configuration, sequences of operation, and operating characteristics of the as-built systems. This is the document that will guide the O&M staff towards long-term sustainability (Barber, 2008).

The International Green Construction Code (IgCC), possibly the most comprehensive green building code to date, incorporates requirements for the CxA to provide a design review against the OPR and also a submittal review during construction. The constant verification builds quality into the project. IgCC also expresses the requirements of the systems manual, which should include systems narrative, sequences of operations, control diagrams, and the set points recorded during functional testing. Wilkinson (2012) explains that this systems manual requirement is not sufficient and should also include the building description, strategies for operations and control, maintenance procedures, and any metering locations. Wilkinson (2012) also expresses the need to better define an issues log required to keep the team informed of project progress.

Shakoorian (2006) performed a performance assessment of the building commissioning process to determine which method of delivery would provide the best results. Delivery options were owner-led or designer-led. Five major performance factors were identified and investigated: communication, validation, collaboration, integration, and integrity. A panel of experts was surveyed using a Delphi study. The study pointed out that the communication performance measure was very poor for each delivery method and suggests a more rigorous investigation into the communication issues to improve communication within Cx.

4. Literature Discussion

From the previous research and literature some common themes appear. First, the Cx process is most effective if it begins in the pre-design phase. This provides an opportunity for the CxA to assist with the OPR development. The OPR is considered critical to a smooth project. The Cx goal is to ensure the OPR is met by design and construction and that all systems are functioning as expected. Energy savings is a selling point for the process but the savings are not always achieved. This is often due to the O&M staff not receiving the needed training and (or) documentation at building turnover. The focus of the literature appears to be at the front and back ends of the project. The common thread across all phases of the project is poor communication. Given the varying guidelines, capabilities of the potential Cx providers, the current and expected growth and demand for Cx services, a standard methodology for connecting each of the Cx activities within the process back to the OPR is needed.

The OPR and BoD are considered living documents and are subject to change. In Fig. 2, two activities, 'verify BoD meets the OPR' and 'verify construction checklist completeness,' are typical points in a project when the OPR and BoD are frequently required to change. Late in pre-design or early in the design phase the design team provides the BoD to the owner for review. If the BoD and OPR do not align well then it must be determined which document or both must change. To make an informed decision as to whether to allow the change it must be analyzed for how it will affect the OPR. The same holds for proposed changes during construction. The change must be traced back to the BoD and OPR to analyze how the change will impact other design criteria and OPR. Quick analysis is extremely important at this phase of the project. Hurried decisions are often made to keep the project on schedule without a complete understanding of how the decision will impact the project as a whole. A standard methodology utilizing an adapted quality function deployment (QFD) four-phase model can provide a means for tracing the proposed design changes back to the OPR.

5. Methodology

5.1 Phase 1: Pre-design

The OPR is the start of the process. An accurate document will provide the design team with enough functional information about the building to develop their BoD for how they will meet all of the expectations. The first phase of the QFD model will compare these documents. Any deficiencies will be entered into the issues log and the owner will be notified. This begins the discussion or negotiation between the owner and design team. Either or both documents may be updated depending on the discussion. This will likely require multiple iterations to come to agreement, but agreement is the goal. At the end of this phase the OPR and BoD should align and the design team can take both documents into the design phase.

Each item that was logged as an issue will be analyzed for its root cause. The analysis should uncover one of several causes. First, the necessary information was not provided in the OPR. This may be because the information was never considered or it was somehow left out when the final document was prepared. If the information was provided the problem may be that the information was vague or inaccurately presented (one might argue that this is the same as not having the information at all). The design team may have misinterpreted the information and based their decisions on what they thought the correct information was. The design team may have made assumptions based on their experience or they did not address the requirement at all. Whatever the cause, the knowledge of why there was a problem will assist in improving the process by finding ways to improve the communication. Since this phase may require multiple iterations there may be an opportunity for immediate improvement.

5.2 Phase II: Design

The next phase looks at the design review(s). Now the design will be verified against the BoD. Typically the CxA will conduct one review of the design development documents and two reviews of the construction documents. The number of reviews and at what percentage of document completion would have been determined by the contract with the owner. Again any deficiencies or issues will be logged and reported to the owner. The issues will be traced back for root cause. The linked QFD model will allow a quick trace back to the BoD and OPR if necessary.

This may uncover a cause within the design document, the BoD, or the OPR. Any or all of the three documents may need to be revised. With this phase having multiple reviews there will be an opportunity to improve communication for each later review. Other activities occur during this phase and will be captured in the QFD model, including the Cx specification development, construction checklist development, and construction coordination review (the roof of the model). The goal is to provide the most accurate and complete construction documents for the bidding process. This phase not only reviews the current work against the work of the previous phase but also begins preparing for the downstream customers, the contractors and the O&M staff.

5.3 Phase III: Construction

The third phase is primarily about construction. The construction, by trades, will now be verified against the design. This will be accomplished using the construction checklists developed in the previous phase. The subcontractors will use the checklists during installation as a quality assurance measure. This does not eliminate the need for the subcontractor's internal quality assurance/quality control processes. It is a measure to ensure certain aspects of the installation meet the OPR, mainly that there is easy access for any type of maintenance that will be required. The CxA will sample the completed checklists and verify accuracy during site visits. Again deficiencies or issues will be logged and investigated. A possible cause might be the coordination of the trades. The plumbers may have run their pipe in front of a variable air volume (VAV) access panel that is now blocked from removal. Now the issue analysis will have to determine why this happened and provide feedback for continuous improvement. Once again the linked

QFD phases will allow the issue to be quickly traced back and any of the previous documents may require updating.

Other activities during this phase will include submittal review, functional test development, and training. Submittal review will determine if the materials and equipment proposed by the contractor align with all of the previous documents. If not, why. The functional tests will be used at the end of construction to verify the systems are functioning as expected. This phase again looks back at the previous phases for verification but also looks downstream and begins to prepare for the O&M phase. An accurately built and functioning building, OPR, BoD, construction documents, functional tests, O&M manuals, systems manual, and training documents all come out of this phase and are the deliverables to the O&M staff. Everything there is to know about this new building should be available for the O&M staff to review in order to provide complete transparency of what, when, why, and how.

5.4 Phase IV: O&M

The O&M phase of the model is simply a checklist for gathering all of the necessary documentation for the O&M staff at turnover. Having the complete documentation allows the staff to maintain and operate the building at optimal performance. The information contained within this documentation provides a method for continued communication among the O&M staff and occupants. One example of an opportunity to make use of the OPR and BoD documentation at building turnover is to develop a training session for the building occupants. Most times the occupants are not aware of the efficiency requirements that have been incorporated into the design and construction. Field experience has shown that the efficiency standard that is most often noticed by occupants and the cause of many calls to maintenance is the control of the HVAC system. Most have experienced a cold or warm period in their work space and have attempted to adjust the thermostat to improve the conditions. If it is cold in the office the thermostat is adjusted to a higher temperature and the expectation is that the space will become warmer. This is not an unreasonable expectation, but one that is often not realized. This may be caused by the HVAC control strategy. For example, ASHRAE Standard 55.1-2010, Thermal Environment for Human Comfort informs the designer that most occupants will not be uncomfortable if the temperature is between approximately 70-76 degrees Fahrenheit. In the HVAC controls the set points for the temperature control are then locked to these temperatures. Meaning if the temperature is already 76 degrees and the thermostat is increased to a value above 76 the system will not respond by making the space warmer. This frustrates occupants that are feeling cold and frequently generates a call to maintenance with the complaint that the heat is not working. Other occupants in the area might appreciate the fact that the space is not getting any warmer. This scenario is also true for the opposite state when more cooling is desired.

If the OPR and BoD are clear and provide information as to why this control strategy was pursued, the occupants can be informed of this when they move in. With a bit of understanding as to how the system is designed to operate the complaints may be reduced. The few occupants who prefer a temperature outside the set points will know to dress accordingly to personally adjust for their own comport before calling maintenance with a complaint. This is a result of simple communication that is typically not accomplished. The Cx process is about quality, but quality requires communication, particularly through documentation. Detailed and accurate knowledge and information must be transferred through the project so each team has the best opportunity to deliver what is expected of them.

In the previous example, if the information regarding the HVAC set points is not available this is again a breakdown in the communication and transfer of knowledge in the documentation. As this information should be presented in the OPR and BoD the trace back through the four-phase model would lead back to those documents. The cause of the failure for those entries would be investigated. This issue of course would have been identified before the O&M phase as the set point information is required for HVAC controls programming during construction.

The purpose of Cx is to ensure the owner has been delivered a building that was designed as requested in the OPR and built and operating as designed. It comes down to how the owner feels at the end of the Cx effort and whether there is satisfaction. Much of this is subjective. Issues are the key to determining if this has been accomplished. Obviously, if hypothetically there were no issues during the project, one would expect that the owner would be satisfied with the end product and the project would be considered a success. But, of course looking only at issues as a total count is not sufficient. When an issue occurred (project phase), what it involved, and what it cost the owner above the original budget need to be considered. For any issue that is analyzed, traced back to the root cause, and provides feedback for improving the Cx process, this may do little to benefit the owner of the current project. With that though, if the analysis of issues is deferred to project end, any improvements to the process will certainly only help to improve the project of the next client.

The methodology will be evaluated based on issues throughout the Cx process. Each issue that is discovered needs to be analyzed for root cause. With an expectation that every issue is caused by a breakdown in communication somewhere in the process, this will provide feedback to a possible weakness in the methodology and an opportunity for improvement. When considering a document as the means of communication there may be a breakdown in the information that was input, the preparation of the document, the review of the information, or the use of the information. Each of these will need to be considered when evaluating improvement options. Shakoorian (2006) presented a table which illustrated the relationship for each of the Cx documents, the team members who will provide input, prepare the document, review the document or use the information in the document, and which role they have with the document. The table was then used to identify which documents were most important. As might be expected, the OPR ranked highest. This indicates that this document should receive significant attention.

The accuracy of each document is of utmost importance to the downstream team or user. If the documents are not accurate, issues are certain to occur. Careful attention to inputs, the drafting or creation of the document, and any review(s) will improve the ability of the user to complete their work accurately. In the interest of the CxA providing continuous improvement, even if it only benefits the next client, the issues need to be analyzed as they are discovered and resolved. The primary focus of the analysis is to discover the cause of the communication breakdown and to uncover ways to improve the process, but the analysis should include other perspectives.

First is the cost, if any, to the owner, designer(s), or contractor(s) for not stopping this from becoming an issue in the first place. Nearly every issue will have some cost associated with it, be it money, time, labor, or even reputation. Typically the sooner issues are identified and resolved the lower the cost to resolve. The analysis should also consider the other direction. What is the savings associated with identifying and resolving the issue at this particular point in the project? In addition, it is important to consider the cost if the issue was not caught. Nicholson and Molenaar (2000) investigated the savings aspect of the Cx process primarily to use as a point for selling Cx services to future project owners. Cost avoidance is certainly an important motivation for eliminating or reducing issues.

The goal with continuous improvement is to eventually contain the majority of the issues to the start of the project while the teams are attempting to bring the OPR and the BoD into alignment. Resolution of these issues should not be costly.

6. Case Studies

Two recent projects were selected for review of the Cx process as it relates to project issues and the opportunity to analyze the issues backwards through the phases for discovery of the root-cause. Issues were considered to be any request for information (RFI), change order (CO), warranty issue, maintenance work order (WO) submitted beyond the warranty period, and issues recorded by the CxA on the Cx issues log. Table 3 contains the tabulated information gathered regarding project issues.

Table 3 Project issues

Building	# of RFIs	Change orders		# of warranty issues	# of work orders	# of Cx issues	
		Quantity	Cost ($ million)			Design issues	Construction issues
#1	312	173	3.9	Note 1	75 Note 2	Note 3	Note 3
#2	23	34	0.2	3	Note 4	263	44

Note 1 The documentation regarding warranties was unable to be located.

2 Issued during the second and third year. The majority being HVAC and lighting related. Both systems have been a problem from building completion primarily due to the lighting controls and HVAC design and controls.

3 Documentation for Cx issues was not located.

4 The building is just out of the warranty period and no work orders have been submitted.

6.1 Project data

Building #1—This was a four-year, multi-phase project to expand and renovate an existing building. The site consisted of two buildings, one to be razed and one to remain for the renovation and expansion. The remaining building was a two-story, approximately 67 000 sq. ft. and used for classrooms, offices, and experimental and teaching laboratories. An attached three-story addition was added in the location of the razed building. The addition was approximately 90 000 sq. ft. and primarily lab space with a few offices. Once the addition was completed the offices and labs were relocated from the existing building to the new section and a complete renovation of the old side was then conducted. Construction cost was \$26 million.

Building #2—This was a major renovation project with complete demolition down to the shell. Most of the masonry interior partitions remained as the building programming did not change. The building is three-stories with a full basement, 30 000 sq. ft. of primarily research laboratories with a few offices on each of the upper three floors. Construction cost was \$4.6 million.

The same project manager, construction project manager, and director and assistant directors of operations were involved with both buildings from start to finish. During conversations with these owner representatives regarding Cx of Building #1 many negative recollections were expressed. Generally this project was not considered a success at completion. Consider the information provided in Table 3. Much of the information that should have been documented and provided by the Cx provider was not located. It is unknown to the researcher if the information was originally provided and not properly filed or if the information was not provided at all. While reviewing the project files no information regarding any Cx services was located including the original proposal for the Cx services, which would have identified what was actually expected of the Cx provider. It was pointed out by the construction manager that when issues were discovered they were quickly remedied and did not likely end up on the issues log of the Cx provider. This was not the case for Building #2.

During the Building #2 project it was explained to the Cx team, which included the construction manager and general contractor, that documenting the issues was not an attempt to point fingers or to point out substandard work but rather to document what occurred, how it was resolved, and to ultimately use the list to improve the process on the next project(s). This explanation was well received and most issues were added to the Cx issues log. The documented issues available for both projects were evaluated and traced back through the phases to determine if the issue could or should have been identified in an earlier phase of the project.

6.1.1 Building #1

There were 312 total documented RFIs. The first nine RFIs were regarding details of the expansion joints between the new addition and the existing building. Three additional RFIs for expansion joints were submitted, with the last being 14 months after the first, again requesting details. The lack of these details should have been identified during one of the three or four Cx design reviews in the design phase of the project. At a minimum the first nine requests should have prompted a full review of the expansion joint drawings and details. Ten RFIs regarding lighting, mainly schedule deficiencies and electrical/control connection questions, were identified. The schedule deficiencies would have been identified during design reviews. It is unclear whether the electrical connection issues would have been discovered prior to construction. Sixty-three, or 20% of the total RFIs identified were regarding the HVAC system. These span a full range of issues from coordination problems (ducts will not fit in space, interferences, penetration locations, etc.) and diffuser types to the hydronic piping for an air handler completely missing. The hydronic piping issue resulted in a \$44 000 change order during construction. Again, most of these would have been identified during a Cx design review while utilizing the roof of the design phase model to identify coordination issues and development of the construction checklists below the body of the matrix. Seven related to doors, with one for lack of a door schedule in the drawings. Another was questioning electronic access which resulted in a CO of some \$245 000. This is an OPR that should have been captured prior to the architect's programming and definitely should have been identified as to whether the BoD addressed this OPR during the pre-design phase.

The number of change orders was high at 173 for a cost of about \$3.9 million. Just over \$1 million was caused by a project delay that would not have been impacted by the Cx process. Along with the two COs mentioned previously in the RFI discussion a couple of standouts were identified. First are changes to the electrical one-line drawings to correct discrepancies at a cost of some \$70 000. Second is to move the generator and associated wiring at project phase change for a cost of some \$99 000. Both of these would have been identified in the Cx design review.

As identified in Table 3 the warranty issues and issues logs from the Cx provider, for both the design and construction phases, either do not exist, were never received by the owner, or have been misplaced. Either way, these important documents are not available and indicate a serious breakdown in the process.

The work orders during the two year period after warranty identify multiple issues which should have been captured during the Cx process. First note that there were 75 WOs submitted, most of which involved the HVAC and lighting systems, and door locks. The various controls and control components appear to be at fault for the majority of the issues. As mentioned previously the owner's representatives identified the HVAC and lighting systems as problematic from turnover to date. Though the documents are unavailable, the owner's representatives have identified that these systems had significant warranty calls and service. The root cause issues were never identified and resolved and the maintenance calls continue. Potential problems that the Cx process should have identified: the complexity of the control systems raising concerns of maintainability, review of the proposed equipment, submittal reviews, O&M staff training, functional testing, and the systems manual to explain how all of this works.

6.1.2 Building #2

RFIs accounted for 23 of the issues. These included requests for details for installation of certain electrical, duct insulation, concrete walk elevations, and chilled water risers. These are relatively minor requests but these missing details should have been identified during the drawing reviews in the design phase.

There were 34 COs at a cost of about $ 0.2 million. The most significant included a $65 000 CO to add data and VOIP capability to each space. This should have been picked up during pre-design as an OPR and then ensuring it was addressed in the BoD. Another was a $38 000 CO to add five additional new fume hoods to the labs. Again, this should have been picked up in the pre-design phase.

The design issues were recorded as comments for each drawing during the review. These comments totaled to 263. Many of the comments were made by the O&M staff which was included in the Cx review of the drawings. Most of the comments requiring changes to the design were able to be corrected without cost. The reviews with the O&M staff were conducted after the start of construction. These changes should have been included in the OPR early in the pre-design phase. Again a breakdown in communication, but the results were not costly.

The Cx provider recorded 44 issues during construction, most of which were during the functional testing. Many of the issues involved the HVAC control and were presented to the owner as possible points of improvement. Some included lack of alarms to notify O&M of failures. These are simple control programming changes as each of the required sensors was available. Several involved the ballasts on specified emergency lights that were not functioning to turn on the lights during power outage simulations. Several other items were identified to not match the original design and were found to have been approved and changed by design and the owner, had been documented in the as-built documents, but the Cx had not been notified. One change identified was the addition of a bypass pump for freeze prevention on the outside air coil. This change was made but never made the as-built drawings and was not brought to the attention of the O&M staff. This became a failure point on the system during the first hard cold. It took some time to discover the issue through troubleshooting efforts. This was a failure of communication during the construction phase and leading into the O&M phase. The Cx identified the issue and the designer was to update the as-builts but the information was never passed to the O&M staff.

After the experience of Building #1 this project was considered to be a success at completion. The Cx experience was considered to be much improved but there was still a desire to have a standard method to provide to potential Cx providers on future projects as a way to specify this is how it is expected to be done.

7. Four-phase Model Example

The following is an example of a proposed design change traced back to the OPR to identify the cause of the issue and potential design impacts of the proposed change. In this example assume a change was proposed in construction and involved the installation of a section of HVAC duct. This is a coordination problem in which electrical conduit, HVAC duct, and fire sprinkler lines are competing for the minimal space between the suspended ceiling and the structure above. The conduit and sprinkler lines have been installed and the proposed change is to reduce the size (the cross-sectional area of the duct would be reduced from the original design) of the duct as it passes through this area.

The installation of the duct can be traced back through the construction checklist, to the System, Subsystem and Components, then back to the design phase. At the design phase the trace can be followed through the CxA's Design Review matrix to any associated BoD (there may be more than one). As a side analysis the trace also looks up into the roof (coordination issues) for potential coordination issues. As it turns out this coordination issue was identified in the design phase and the owner was notified by the CxA. Having used building information modeling (BIM) during design, the design team felt there was sufficient room for all components. Somehow this 3-D modeling information did not get transferred to the general contractor (GC) and subs for use in construction. Continuing the trace back to the pre-design phase it is found that a change of this BoD criteria will impact other BoD (identified in the roof, Technical Correlations) and those impacts will need to be analyzed. Now following the trace to the OPR it is identified that this BoD is connected to and may impact an OPR for low HVAC noise and another for efficiency. This is a LEED project and it is also found that a change in these OPR may affect other LEED credits that are being attempted. Once all of the impacts are understood the owner has some decisions to make, but can now make the decisions from an informed position regarding how any decision will impact the project as a whole, rather than from the perspective of simply keeping the project on schedule.

8. Conclusion

There are many different approaches to the Cx process and levels of ability among the Cx providers. A standard for the process is required. Utilizing the four-phase model provides forward verification of the required information and documents to each phase of the project. This will provide any CxA, regardless of their certification, Cx training, experience, and preferred guideline, a means to offer a consistent approach to all owners. Regardless of the project size and complexity, by virtue of constructing the model and tracking the required information, the project will have reduced issues by improving communication and knowledge transfer and providing proper documentation to the O&M staff at project end.

As previously mentioned the successful Cx of a new building is only the beginning. Much is required for Cx to be considered successful but one key is the documentation to the O&M staff. If the O&M staff is prepared to operate and maintain in a sustainable manner they will have greater opportunity to run at peak efficiency for the life-cycle of the building. Improving the knowledge transfer from the owner to the design team, design team to the general contractor and subs, and from the GC to the O&M staff, provides a baseline for ongoing Cx and benefits back to the owner, coming full-circle of ensuring the OPR is met. The model also provides a means to trace issues back through the entire process to identify the root-cause and allowing discovery of communication breakdowns and opportunities for continuous improvement, along with the ability to understand the impact(s) of proposed design changes on the project whole.

The proposed methodology does provide a standard for conducting the Cx process and provides a platform for future academic research relating to improved project communication and documentation, continuous improvement of the major and minor Cx activities, and deeper analysis of cost avoidance and the cost of quality. Until a standard methodology is implemented it will be difficult, if not impossible, to conduct this type of research.

References

ACG-AABC Commissioning Group. (2005). ACG Commissioning Guideline: For Building Owners, Design Professionals, and Commissioning Service Providers.

American Society of Heating, Refrigerating and Air-Conditioning Engineers. (2005). ASHRAE Guideline 0-2005, The Commissioning Process.

Barber, K. (2008). Commissioning documents: Necessary evil. Consulting. Specifying Engineer, 43(6): 51-57.

Building Commissioning Association. (2011). New Construction Building Commissioning Best Practice.

California Commissioning Collaborative. (2006). California Commissioning Guide: New Buildings.

Doty, S. (2007a). Quantifying Commissioning Benefits. Energy Engineering, 104(3): 20-28,31-35.

Doty, S. (2007b). Simplifying the Commissioning Process. Energy Engineering, 104(2): 25-28,31-45.

Doty, S. (2007c). Tips for Applying Commissioning. Energy Engineering, 104(3): 6-19.

Ellis, R. (2008). COMMISSIONING: Is Just the Start. Engineered Systems, 25(12): 18-18.

Ellis, R. (2009a). Commissioning & Energy Conservation. Engineered Systems, 26(10): 20-20.

Ellis, R. (2009b). Some Solutions Really Aren't. Engineered Systems, 26(11): 20-20.

Enke, H. J. (2010). Commissioning High Performance Buildings. ASHRAE Journal, 52(1): 12-14,16,18.

Mills, E., Friedman, H., Powell, T., et al. (2004). The Cost-Effectiveness of Commercial-Buildings Commissioning LBNL-56637.

National Institute of Building Sciences.http://www.nibs.org/

Newsham, G.R., Mancini, S. and Birt, B.J. (2009). Do LEED-certified Buildings Save Energy? Yes, but…. Energy and Buildings, 41(8): 897-905.

Nicholson, M. and Molenaar, K. (2000). Building Commissioning: Ensuring Quality and Savings. Construction Congress VI. American Society of Civil Engineers. 1074-1082.

Portland Energy Conservation, Inc. (PECI, 2009), accessed 03/02/2013,http://www.bcd.oregon.gov/committees/10cec/20090702_ho/070809_submitted_by_Tyler_CommissioningProposal.pdf

Shakoorian, A. (2006). Performance Assessment of Building Commissioning Process as a Quality Assurance System. Georgia Institute of Technology.

Tseng, P. C. (2005). Commissioning Sustainable Buildings. ASHRAE Journal, 47(9): S20-S24.

Turner, C. and Frankel, M. (2008). Energy Performance of LEED for New Construction Buildings. New Building Institute. accessed 03/02/2013. https://acce. com/legalresources/publications/greenhousecounsel/upload/Docs3930.pdf

U.S. General Services Administration. (2005). The Building Commissioning Guide.

U.S. Green Building Council. (2009). LEED Reference Guide for Green Building Design and Construction.

USGBC. (2010). One Billion Square Feet of LEED Certified Green Building Projects Worldwide. USGBC. U.S. Green Building Council, 10 Nov. 2010. Web. 22 Apr. 2011. </www.usgbc.org>.

Wilkinson, R. (2012). Commissioning Provisions of the International Green Construction Code. Heating Plumbing Air Conditioning, 84(4).

Ye, K. M. and Rahman, H. (2011). Attentiveness of Building Commissioning in the Malaysian Construction Industry. World Academy of Science, Engineering & Technology, 80: 255-259.

Elizabeth Anne Cudney Director of Design Engineering Center at Missouri University of Science and Technology, associate professor within the Department of Engineering Management and Systems Engineering (EMSE) at Missouri University of S&T. She used to work as an adjunct professor in Mechanical Engineering Department, University of Hartford; Senior Manufacturing Engineer at Danaher Corporation; Industrial Engineer at Dana Corporation. Her major areas of interest are in quality engineering, pattern recognition, and healthcare systems engineering. She has published over forty journal papers, seventy refereed conference papers, and five books on topics including Mahalanobis-Taguchi System, Robust Design, Lean, Six Sigma, and Design for Six Sigma.

Lean Product Development—Faster, Better ··· Cleaner?

Geert Letens

Royal Military Academy, Belgium

Abstract: In the current global competitive economy, time to market has become a vital competitive factor for most technology-oriented organizations. Numerous studies have demonstrated that approximately half of the revenue of leading companies can be attributed to products developed in the most recent five years. As a result, more than ever, innovation and new product development have become critical business activities in a race for faster, better and cheaper. Unfortunately, between 50 and 80 percent of new products fail, making continuous improvement of New Product Development (NPD) processes key to a healthy organization.

To address this challenge, Lean Product Development (LPD) has emerged to become the leading improvement methodology for companies towards the creation of a competitive advantage on innovation and technology leadership. While Lean Product Development has its origin in best practice studies of Japanese car manufacturers such as Toyota, it has been further elaborated in defence and aerospace organizations over the last two decades, and recently empirical evidence has become available for successful introductions in sectors different from the traditionally-studied environments.

The primary purpose of this work is to untangle the fuzziness that still surrounds Lean Product Development and to ground the key aspects of Lean Product Development based on insights from six studies published in a special issue of the *Engineering Management Journal* on this topic. This demonstrates how better and faster product development can be achieved through the integration of lean principles with the best of more traditional NPD practices, into a holistic system that can be characterized by value-focused and risk-based decision making, the socio-technical integration of people and process, improved project, pipeline and portfolio management, optimized knowledge management, and the creation of a learning organization.

Unfortunately, while the increasing global competition offers the potential to improve the quality of life for many, the spirit of faster, better, and cheaper also threatens to endanger the future of our planet as a whole. As the majority of a product's social and ecological impacts are committed in the design phase it, therefore, seems imperative to investigate the integration of Lean Product Development and eco-design principles. As a result, this work also explores the symbiosis of both approaches through the identification of tools and methods that can support the triple bottom-line goals for a sustainable future of life and business.

1. Introduction

As new product development can result in breakthrough innovation, product repositioning, or cost reduction activities (Crawford and Benedetto, 2008), it is of strategic importance to most if not all organizations. Without new products, organizations are not able to sustain their revenue, to defend their position in the current market, or to develop new markets (Griffin, 1997). Cooper (2000) found that U.S. firms generated 50% of their sales revenues and 40% of their total profits from new products. However, many organizations keep struggling with their product development initiatives. According to Barczak, Griffin, and Kahn (2009) only 59% of new products introduced by U.S. organizations are actually successful, a success rate that has remained nearly unchanged since the mid-1990s. This is an alarming failure rate, making continuous improvement of new product development processes key to a healthy organization.

To address this challenge, Lean Product Development (LPD) has emerged to become the leading methodology for companies towards the creation of a competitive advantage on technology leadership. To untangle the fuzziness that still surrounds Lean Product Development after two decades of research, the *Engineering Management Journal* (*EMJ*) launched a special issue on this topic in 2011. The six papers of the special issue allow foregrounding the key aspects of Lean Product Development that seem to be vital for technology-oriented organizations, which in the current global competitive economy are urged to reduce time to market in a race for faster, better and cheaper.

Unfortunately, the spirit of faster, better, and cheaper also threatens to endanger the future of our planet as a whole. As the majority of a product's social and ecological impacts are committed in the design phase this paper wants to explore the symbiosis of Lean Product Development and eco-design through the identification of both similarities and difference between key principles and practices. For this purpose, first we provide an overview of the history of Lean Product Development and the key insights that emerge from the Special Issue of *EMJ*. Next we provide a summary of the key principles of green engineering and discuss how they align with the fundamental principles of lean thinking. Finally, the paper explores similarities and common benefits, while at the same time identifying potential difficulties with the integration of both development perspectives.

2. Lean Product Development History

The first two seminal works that introduced the importance of applying lean principles to product development date from the early nineties, i.e. "The Machine that Changed the World" (Womack, Jones and Roos, 1990) and "Product Development Performance" (Clark and Fujimoto, 1991). Whereas the initial contributions had a strong emphasis on principles and best practices from Japanese car manufacturers such as Toyota, Lean Product Development has been further elaborated in defence and aerospace over the last two decades. More recently however, it has been successfully introduced to various other sectors (Reinertsen, 2009; Oosterwal, 2010; Mascitelli, 2011) and as such, LPD seems to emerge as the leading improvement methodology for companies towards the creation of a competitive advantage on innovation and technology leadership.

Following the clear need from industry to explore efficient and effective ways to develop new products, there has been an increasing number of publications on LPD (León and Farris, 2011), demonstrating the growing popularity of the field. Unfortunately, many contributions very often lack scientific depth and theoretical underpinnings. To further stimulate the scientific debate about LPD, *EMJ* launched a special issue on the topic in 2011.

3. Insights from the *EMJ* Special Issue on LPD

The six papers of this special issue of *EMJ* try to define what exactly LPD is, how it relates to other new product development (NPD) approaches, whether there is real empirical evidence of the success of LPD, and last but not least, how to successfully introduce LPD in various industry settings. Whereas it is not the purpose of this work to provide a comprehensive summary of these papers, there are a number of insights that emerge from the special issue that are important to investigate whether LPD and environment friendly techniques such as green engineering and eco-design, should be considered as complimentary or conflicting approaches.

Following a structured literature review designed to understand LPD within the general PD context, León and Farris (2011) mapped the current themes in LPD research to seven knowledge domains that arise from the literature. This allowed them to enumerate principles and practices proposed to address core PD problems, and to identify areas for further research within and across the domains.

The first insight that emerges from this, relates to the importance of the traditional lean thinking principles to product development. The literature covered in the knowledge domain 'lean principles' demonstrates that identifying value, mapping the value stream, improving flow, transitioning to pull and striving for perfection, all remain highly relevant even in a product development context (Hines and Rich, 1997; Haque and James-Moore, 2004). This has more recently been confirmed by Oppenheim, Murman and Secor (2011), who provide a valuable overview of various lean enablers for systems engineering categorized following the traditional principles introduced by Womack and Jones (1996).

Several authors however, have warned the research community about the need for refocusing lean principles and considering their limits before any deployment attempt across product development settings (e.g., Cusumano, 1994; Browning, 2003). The six other domains (performance-based, decision-based, process-modelling, strategy, supplier/partnership, knowledge-based) discussed by León and Farris provide an interesting set to summarize some important reflections when applying lean principles in product development.

First, it is important to notice that whereas eliminating waste may be a powerful instrument to optimize value in production, in product development the focus needs to shift first towards the identification of value from a customer perspective. As a result, there are many LPD contributions that either propose methods to evaluate the effectiveness and efficiency of LPD practices at single and (or) multi-project levels (**performance-based** domain, e.g., Haque and James-Moore, 2004), or focus on the techniques to support decision-making through value assessment and risk management (**decision-making** domain, e.g., Ward et al., 1995).

Next, when it comes to identifying the value stream, two important reflections need to be made. First, there is a strong focus on fast learning cycles to overcome initial knowledge gaps (Radeka and Sutton, 2007). When these gaps emerge in the later stages of the product development process, they can cause significant rework loops leading to both budget overruns and excessive delays. Second, to reduce time to market and to optimize performance of the whole organization, it is essential to focus both on product and process development from the start of the project. This implies that both product and service characteristics need to be considered at the early stages of the development process. Papers within the process-model domain have typically provided recommendations for activity sequencing, concurrent engineering and front loading (e.g., Eppinger et al, 1994; Browning, 2002).

However, both the work of Liker and Morgan (2006, 2011) and of Letens, Van Aken and Farris (2011) clearly demonstrate that when introducing lean product development in organizations, it is imperative to take a systems view. In their contribution to the *EMJ* Special Issue (Liker and Morgan, 2011), "Lean Product Development as a System: A Case Study of Body and Stamping Development at Ford," Liker and Morgan describe how recently Toyota's LPD systems view of integrating people, process and tools was applied with great success at Ford Motor Company, providing as such significant evidence of the robustness and portability of Toyota's lean product development system. Building on best-practices from both the LPD and NPD literature, Letens et al(2011) further clarify that this system spans the various levels of the organization. Through a case study in an engineering department of the Belgian Armed Forces, they identify the characteristics of a multi-level framework that are essential to achieve breakthrough results at the functional, project and portfolio level of the organization.

As such, both contributions provide evidence of topics that have received a focused interest in the literature, relating to **the strategic domain** (that is, product platforms and portfolio management, e. g., Cusumano and Nobeoka, 1998), the **supplier domain** (i.e. tapping from the innovation potential of suppliers—e.g. Ro, Liker, and Fixson, 2008), and the **knowledge-based** domain, that explores techniques to optimize knowledge transfer and learning networks (e.g., Nonaka and Takeuchi, 1995; Dyer and Nobeoka, 2000).

Besides recognizing different orientations in the interpretation of lean principles in a product development context, it is equally important to identify key practices that support the implementation of these principles. For that purpose, Hoppmann, Rebentisch, Dombrowski, and Zahn used content analysis to investigate existing LPD practices and to integrate them into a coherent framework of eleven LPD components that are highly interwoven. Their work suggests that only the concurrency of the components leads to high performance in PD. Table 1 provides an overview of the components and illustrates how they map onto the domains that were identified by León and Farris (2011).

Table 1 Lean product components within the prominent knowledge domains of lean product development

Decision-making	**Process domain**
(1) Strong project manager	(5) Workload levelling
(2) Specialist career path	(6) Responsibility-based planning and control
(3) Rapid prototyping, simulation and testing	(7) Simultaneous engineering
(4) Set-based engineering	(8) Process standardization
Knowledge domain	**Supplier domain**
(9) Cross-project knowledge transfer	(10) Supplier Integration
Performance-based	**Strategy domain**
NA	(11) Product variety management

The importance of the integration of these techniques is further illustrated by Nepal, Yadav and Solanki (2011). Their work also testifies of the need for specific tools such as the Design Structure Matrix and Product Development Value Stream Mapping to support the analysis of the underlying complexity of PD and the elimination of wasteful rework. Beauregard, Bhuiyan and Thomson (2011) provide clear empirical evidence that even in aerospace, work needs to be done to fully understand the influence of multi-tasking, concurrency, task size, task value and budget decision-making on LPD performance.

All together, the papers of the *EMJ* Special Issue on LPD demonstrate that whereas the five fundamental principles of lean thinking provide a strong backbone for introducing lean in product development, it is equally important to tune these principles to the product development context through the use of several specific interrelated techniques. These techniques reside from domains (León and Farris, 2011) or components (Hoppmann et al, 2011) that need to be integrated into a coherent organizational system (Morgan and Liker, 2011) that spans all levels of the organization, requiring intense collaboration and effort from multiple stakeholders (Letens, Van Aken, and Farris, 2011). This emphasizes the importance of taking a socio-technical perspective when introducing LPD in organizations and clarifies the challenges behind the overall lean transformation that is needed to render LPD successful beyond the single project level.

4. Sustainability Engineering

Whereas the previous section strongly promotes LPD as a catalyst for achieving economical success through new product development, organizations are experiencing an increasing pressure to also assume their responsibility with regard to the environment and the society as a whole. Corporate Social Responsibility implies organizations demonstrate at a minimum compliance with the spirit of the law, ethical standards and international norms. In a broader sense however, it encourages organizations to develop a positive impact on the environment and its stakeholders: customers, investors, employees and communities. The relevance of engineering and design towards the achievement of triple bottom line goals (economical, environmental, social) becomes trivial once it is realized that the design phase of a new product controls the factors that account for 60% to 80% of the desired impact of the product, that is, performance, cost and equally important, impact on the environment. As a result, sustainable engineering refers to the integration of social, environmental, and economic considerations into product, process, and energy system design from the very first stage of the product development process. However, as most of the literature on sustainability seems to primarily address concerns for environmental issues (Seuring and Muller, 2008), this paper will focus on principles of green engineering and eco-design to identify similarities and contrasts with LPD.

5. Environmentally Responsible Design

The terminology of product design integrating environmental issues has changed over the last two decades. As such the original term, green design (or green engineering), has frequently been replaced by environmentally sound or environmentally sensitive design or eco-design (often used within Europe) and design for the environment (DfE), which seems to be more dominant in the U.S. (Baumann, Boons, and Bragd,

2002). Although there are evolutionary differences reflected in all these terminologies, this work will consider them to be interchangeable for the purpose of this paper.

Similar to LPD, eco-design finds its origin in the late 1980s—early 1990s, focusing initially on two main causes of environmental problems: policy, research and technology were challenged to find concepts and solutions that would prevent pollution, and save resources (Hübner, 2002). Two main research streams emerged from this: cleaner production and eco-design. Cleaner production very quickly found a strong connection with the economic objectives of manufacturers as the development of more efficient production technologies helped to reduce the consumption of resources and thus lowering production costs. As a result manufacturers immediately felt the benefits of greening their processes. The eco-design of products turned out to be a more complex challenge (Hübner, 2002). Several competing views were proposed, but initially most of them lacked a business perspective, ignoring the financial, managerial and competitive implications of eco-design (Baumann et al, 2002).

A first milestone was achieved when the Industrial Designers Society of America published a catalogue of 12 Facts of Ecological Design that primarily focus on resource reduction and recycling opportunities for industrial design and redesign (IDSA, 1992). As can be seen in Table 2, these guidelines are not necessarily in conflict with any of the principles of LPD, but they certainly do make design decisions more challenging as besides considering the requirements of the end-user, the designer needs to additionally consider perspectives from various other stakeholders (production, distribution, disposal) that in some cases also introduce strict legal constraints. From a lean perspective, this implies that the first two lean principles deserve greater attention. First, it becomes even more important to use lean practices that support identifying value from a multiple stakeholder perspective, and to introduce rapid learning cycles to support the development of knowledge that will enhance our understanding of all involved design tradeoffs.

Second, as is emphasized within the whole eco-design literature, it becomes evident that the designer needs to consider an extended value stream, covering the complete product and process lifecycle from conception to disposal. Analyzing this value stream for potential sources of waste is challenging: it is critical to include a careful analysis of important backflows (rework, service, recycle, and dispose) and to consider the consumption of energy, resources and environmental waste at every step of the value stream.

Table 2 Twelve facts of eco-design (IDSA, 1992)

(1) Make it durable.	(9) Eliminate the toxic/problematic components of a product or make them easy to replace or remove before disposal.
(2) Make it easy to repair.	(10) Use product design to educate on the environment.
(3) Design it so it can be remanufactured.	(11) Work toward designing source reduction-inducing products (i.e. products that eliminate the need for subsequent waste).
(4) Design it so it can be reused.	(12) Adjust product design to reduce packaging.
(5) Use recycled materials.	
(6) Use commonly recyclable materials.	
(7) Make it simple to separate the recyclable components of a product from the non-recyclable components.	
(8) Make products more energy/resource efficient.	

This implies that when optimizing flow (the third principle of lean) new techniques, such as design for disassembly (DfD) and design for recycling (DfR) need to be considered to eliminate environmental waste. As such, various engineering disciplines typically engage in four approaches to improve processes and products, making them more efficient from an environmental standpoint: product enhancement, waste reduction, materials management, pollution prevention. As a result, similar to LPD, green engineering seeks to integrate numerous disciplines to develop a holistic (i.e. systemic) view of the ecosystem throughout the whole life cycle of the product. Life cycle analysis (LCA) is considered to be an essential instrument to simultaneously minimize environmental impacts while maximizing benefits for social and economic stakeholders. As such LCA becomes the missing link between eco-design and a larger sustainability perspective that considers all elements of the triple bottom line. LCA can also be an important input in the overall assessment of the value of the new product that additionally needs to consider environmental and societal factors such as public health. As a result, similar to LPD, green engineering is an approach based on concurrent engineering that supports designers to achieve multiple objectives without sacrificing any important values.

6. Green Engineering Principles versus Lean Principles

To further deepen our understanding of the relationship between green engineering and lean product development, the next section categorizes the essential principles of green engineering based on the five basic principles of lean. Two different seminal sources were considered for selecting the main green engineering principles: the nine guidelines defined by Abraham and Nguyen (2004) as an outcome of the Sandestin Conference, and the twelve principles promoted by the American Chemical Society (Anastas and Zimmerman, 2003). Table 3 illustrates the results of the projection of green engineering principles on the traditional lean principles.

Table 3 Green principles in support of lean principles

Sandestin Conference	American Chemical Society
	Value
(1) Engineer processes and products holistically, use systems analysis, and integrate environmental impact assessment tools. (2) Conserve and improve natural ecosystems while protecting human health and well-being.	(1) Inherent Rather Than Circumstantial—Designers need to strive to ensure that all materials and energy inputs and outputs are as inherently nonhazardous as possible. (7) Durability Rather Than Immortality—Targeted durability, not immortality, should be a design goal. (6) Conserve Complexity—Embedded entropy and complexity must be viewed as an investment when making design choices on recycle, reuse, or beneficial disposition.
	Value Stream
(3) Use life-cycle thinking in all engineering activities.	(11) Design for Commercial "Afterlife"—Products, processes, and systems should be designed for performance in a commercial "afterlife." (2) Prevention Instead of Treatment—It is better to prevent waste than to treat or clean up waste after it is formed. (10) Integrate Material and Energy Flows—Design of products, processes, and systems must include integration and interconnectivity with available energy and materials flows.

Continued

Sandestin Conference	American Chemical Society
Flow	
(4) Ensure that all material and energy inputs and outputs are as inherently safe and benign as possible. (5) Minimize depletion of natural resources. (6) Strive to prevent waste.	(4) Maximize Efficiency—Products, processes, and systems should be designed to maximize mass, energy, space, and time efficiency. (3) Design for Separation—Separation and purification operations should be designed to minimize energy consumption and materials use. (9) Minimize Material Diversity—Material diversity in multi-component products should be minimized to promote disassembly and value retention. (12) Renewable Rather Than Depleting—Material and energy inputs should be renewable rather than depleting.
Pull	
(7) Develop and apply engineering solutions, while being cognizant of local geography, aspirations, and cultures.	(5) Output-Pulled Versus Input-Pushed—Products, processes, and systems should be "output-pulled" rather than "input-pushed" through the use of energy and materials. (8) Meet Need, Minimize Excess—Design for unnecessary capacity or capability (e.g., "one size fits all") solutions should be considered a design flaw.
Perfection	
(8) Create engineering solutions beyond current or dominant technologies; improve, innovate, and invent (technologies) to achieve sustainability. (9) Actively engage communities and stakeholders in development of engineering solutions.	Nihil

7. Insights and Conclusions

Innovation and design of products are critical instruments in support of the transformation of society towards sustainability. Overuse of resources and socio-ecological impacts of production, distribution, use and disposal are evidence that current methods of decision making for innovation and design are insufficient (Byggeth et al, 2007). Developing an approach that integrates the best of LPD and green engineering may provide a solution to this problem. Whereas LPD clearly has a strong emphasis on optimizing strong economical benefits, and green engineering focuses primarily on minimizing the impact on the environment, the combination of both approaches should help us to find a better balance between at least two elements of the triple bottom line.

However, the integration of both product development approaches could be a challenging route. Some tools and techniques are different as they serve different goals, align with different value constructs, and support the analysis of different value streams. So if the primary concern of LPD is to develop profitable new products and to bring them to the market as fast as possible, adding a green engineering perspective to lean product development implies considering a larger set of requirements and design constraints that are essential to assure the development of sustainable solutions. This may seem overwhelming and even in conflict with a strict economic perspective at first, but it actually only further emphasizes the importance of various LPD practices that have been developed to accelerate product development under conditions of stringent constraints and extreme uncertainty. In their book *Cradle to Cradle*, McDonough and Braungart (2002) emphasize that design is a signal of intent. To make sure designers have the best intention when designing new products from a lean and sustainability perspective, they have to develop a holistic view of the problem at hand, in order to fully understand the design space constrained by all tradeoffs, and to pull atoms of value that supports making value optimizing and risk reducing decisions with the best intention for all social, environmental and economic stakeholders involved.

8. Limitations and Opportunities for Future Research

There are several limitations to this conceptual work and as such, as a first priority, it seems essential to repeat this reflection process using a more rigorous research methodology. Still the insights can be considered as encouraging. They clearly highlight valuable avenues for future research, be it to obtain a more articulated view of the integrated approach, to list specific practices of mutual interest, or to investigate factors that would support the implementation of an integrated approach in organizations and societies with different cultural backgrounds. Findings of such research efforts would not only support developing things right, but would also enable developing the right things for a sustainable future of life and business.

References

Abraham, M.A. and Nguyen, N. (2003). Green engineering: Defining the principles—results from the Sandestin Conference. Environmental Progress, 22(4): 233-236.

Anastas, P. T. and Zimmerman, J. B. (2003). Design through the Twelve Principles of Green Engineering. Environmental Science and Technology, 37(5): 94A-101A.

Barczak, G., Griffin, A., and Kahn, K. B. (2009). Perspective: Trends and drivers of success in NPD practices: Results of the 2003 PDMA best practices study. Journal of Product Innovation Management, 26(1): 3-23.

Baumann, H., Boons, F., and Bragd, A. (2002). Mapping the green product development field: engineering, policy and business perspectives. Journal of Cleaner Production, 10(5): 409-425.

Beauregard, Y., Bhuiyan, N., and Thomson, V. (2011). Post-certification engineering taxonomy and task value optimization in the aerospace industry. Engineering Management Journal, 23(1):86-100.

Browning, T. (2002). Process integration using the design structure matrix. System Engineering, 5(3): 180-193.

Browning, T. (2003).On customer value and improvement in product development processes. Systems Engineering, 6(1): 49-61.

Byggeth, S. H., Henrik, N., Johan, W., et al. (2007). Introductory procedure for sustainability-driven design optimization, Guidelines for a Decision Support Method Adapted to NPD Processes. International Conference on Engineering Design,Iced'07 28-31 August 2007,Paris,France.

Clark, K. B. and Fujimoto, T. (1991). Product development performance: Strategy, Organization, and Management in the World Auto Industry. Boston,MA:Harvard Business School Press.

Cooper, R. (2000). Winning with new products: Doing it right. Ivey Business Journal, 64(6): 54-60.

Crawford, C. M. and Benedetto, C. A. D. (2008). New product management. NY: McGraw-Hill.

Cusumano, M.A. (1994). The Limits of 'Lean'. Sloan Management Review, 35(4): 27-32.

Cusumano, M.A. and Nobeoka,K. (1998). Thinking beyond lean: how multi-project management is transforming product development at Toyota and other companies. New York:Free Press.

Dyer, J. H. and Nobeoka, K. (2000).Creating and managing a high-performance knowledge-sharing network: the Toyota case. Strategic Management Journal: Special Issue: Strategic Networks, 21(3): 345-367.

Eppinger, S. D., Whitney, D. E., Smith, R P., et al. (1994). A model-based method for organizing tasks in product development. Research in Engineering Design, 6(1): 3083-3089.

Griffin, A. (1997). PDMA research on new product development practices: Updating trends and benchmarking best practices. Journal of Product Innovation Management, 14(6): 429-458.

Haque, B. and James-Moore, M. (2004). Applying lean thinking to new product introduction. Journal of Engineering Design, 15(1): 1-32.

Hines, P. and Rich, N. (1997). The seven value stream mapping tools. International Journal of Operations & Production Management, 17(1): 46-64.

Hoppmann, J., Rebentisch, E., Dombrowski, U., et al. (2011). A framework for organizing lean product development. Engineering Management Journal, 23(1): 3-15.

Hübner, R. (2012). Ecodesign: Reach, Limits and Challenges. 20 years of ecodesign—time for a critical reflection.

Forum Ware International 1/2012-ISSN 1810-7028, Vienna.

IDSA, Industrial Designers Society of America (1992). 12 Facts of Ecological Design, Innovation Special.

León, H. and Farris, J. (2011). Lean product development research: current state and future directions. Engineering Management Journal, 23(1): 29-51.

Letens, G., Farris, J., and Van Aken, E. (2011). A multilevel framework for lean product development system design.Engineering Management Journal, 23(1): 69-85.

Liker, J. K. and Morgan, J. M. (2006). The Toyota way in services: the case of lean product development. The Academy of Management Perspectives, 20(2): 5-20.

Liker, J. and Morgan, J. (2011). Lean product development as a system: a case study of body and stamping development at Ford. Engineering Management Journal, 23(1): 16-28.

Mascitelli, R. (2011). Mastering Lean Product Development: A Practical, Event-Driven Process for Maximizing Speed, Profits, and Quality. Northridge, CA: Technology Perspectives.

McDonough, W. and Braungart, M. (2002). Cradle to cradle: Remaking the way we make things. New York: MacMillan.

McWilliams, A. and Siegel, D. (2001). Corporate social responsibility: A theory of the firm perspective. Academy of Management Review, 26: 117-127.

Nepal, B., Yadav, O., and Solanki, R. (2011). Improving the NPD process by applying lean principles: a case study. Engineering Management Journal, 23(1): 65-81.

Nonaka, I. and Takeuchi, H. (1995). The Knowledge-Creating Company: How Japanese Companies Create the Dynamics of Innovation. New York: Oxford University Press.

Oosterwal, D. P. (2010). The Lean Machine: How Harley-Davidson Drove Top-Line Growth and Profitability with Revolutionary Lean Product Development. New York: Amacom.

Oppenheim, B. W., Murman, E. M., and Secor, D. A. (2011). Lean enablers for systems engineering. Systems Engineering, 14(1): 29-55.

Radeka, K. and Sutton, J. M. (2007). What is 'lean' about product development? An overview of lean product development. PDMA Visions, 31(2): 11-15.

Reinertsen, D. G. (2009). The principles of product development flow: second generation lean product development. Redondo Beach, Canada: Celeritas.

Ro, Y. K., Liker, J. K., and Fixson, S. K. (2008). Evolving models of supplier involvement in design: the deterioration of the Japanese Model in U.S. Auto. IEEE Transactions on Engineering Management, 55(2): 359-377.

Seuring, S. and Müller, M. (2008). From a literature review to a conceptual framework for sustainable supply chain management. Journal of Cleaner Production, 16(15): 1699-1710.

Ward, A. C., Liker, J. J., Cristiano, J. J., et al. (1995). The second Toyota Paradox: how delaying decisions can make cars faster. Sloan Management Review, 36:3.

Womack, J. P. and Jones, D. T. (2010). Lean thinking: banish waste and create wealth in your corporation. New York: Simon and Schuster.

Womack, J. P., Jones, D. T., and Roos, D. (1990). The machine that changed the world. New York: Rawson

Associates.

Geert Letens A Lieutenant Colonel of the Department of Economics, Management and Leadership at the Royal Military Academy, Belgium, a research fellow at Vlerick Business School and a visiting Research Professor at Virginia Institute of Technology. He is the president of TchI Change & Innovation Center, the Director of CIMCIL Knowledge Institute, and the President-elect of ASEM. Geert was the 2012 President of the Society for Engineering and Management Systems of the Institute of Industrial Engineers (IIE) and the IIE Associate VP International-Europe in 2013 and 2014. His research interests include organization development and change, performance management, and lean product development.

Advancement of the Engineering Management Body of Knowledge

Hiral Shah[1], **Walter Nowocin**[2]

1 St. Cloud State University, Maple Grove, MN, USA

2 Medtronic Inc., Mounds View, MN, USA

Abstract: Young engineers are often promoted to leadership roles such as a team leader or a manager within 3 to 6 years of graduating from an undergraduate degree in a technical area. To be competent and successful in their leadership role engineers need to update their engineering management knowledge and learn new skills. The purpose of engineering management body of knowledge (EMBOK) is to delineate the knowledge, skills, and competency areas that are applicable to the engineering management discipline. It basically answers the question, "What does it take to be an effective engineering manager?" The engineering management body of knowledge is based on a validated study and can be used for curriculum development, certification exams, and professional development programs. This paper describes the 11 domains that are included in the EMBOK and discusses the future publication of the *EMBOK Guide*. American Society for Engineering Management offers two certification exams based on the EMBOK: Associate Engineering Manager (AEM) and Professional Engineering Manager (PEM). These certification exams can help an individual in the engineering management profession to show that they have kept up in the field and possess the necessary skills and competency to practice in the discipline. A detailed description of this certification program is included in this paper. The future of EMBOK and the certification program is also discussed.

Keywords: body of knowledge; engineering management; certification exam; engineering manager; competency areas

1. Introduction

Young engineers are often promoted to leadership roles such as team leaders or managers within 3 to 6 years of graduating with a technical undergraduate degree. Although they possess a strong technical background they are often not successful in their leadership roles and fail to achieve the managerial goals assigned to them. The reason is mainly because they lack the management knowledge and skills.

To be successful requires that engineering management graduates be effective problem solvers, function well on the multi-disciplinary teams, communicate effectively in writing and verbally, recognize ethical issues and make appropriate decisions, recognize the importance of environmental factors in engineering decisions, and have an understanding of the economics and business aspects of engineering. Failure in this area can mean lost or upset clients, unprofitable projects, missed deadlines, disgruntled fellow employees, and, in the worst case, termination of the young engineer (Bergeron, 2001).

The Engineering Management Body of Knowledge (EMBOK) outlines the competency areas that should be possessed by professionals working in the field of engineering management. This paper describes the eleven domains of the body of knowledge and provides information about the certification exam in engineering management which can be used to validate an individual's knowledge and skills in the discipline. A further discussion on the future plans of the certification program and the body of knowledge is also described.

2. What is EMBOK?

The American Society for Engineering Management (ASEM) defines engineering management as an art and science of planning, organizing, allocating resources, and directing and controlling activities that have a technological component. The Engineering Management Body of Knowledge delineates the knowledge and skills that are needed to perform in the engineering management discipline. It basically answers the question, "What does it take to be an effective engineering manager?" and provides a common vocabulary for the engineering management discipline (Shah, 2012).

2.1 History of EMBOK

The first edition of *A Guide to the Engineering Management Body of Knowledge* was published by the American Society of Mechanical Engineers (ASME) under the umbrella of Engineering Management Certification International (EMCI). ASEM was only peripherally involved in its development. The 2nd edition was published in 2009 with ASME as the copyright holder and had significantly more input from ASEM's academics and professionals. The 3rd edition of *EMBOK* was published in 2012 with ASEM as the copyright holder and had major upgrades to the content and format. The current 3rd edition of *EMBOK* includes eleven domains, with four new domains namely: (a) Introduction to Engineering Management, (b) Operations and Supply Chain Management, (c) Management of Technology, Research and Development, and (d) Systems Engineering.

3. Validation of the EMBOK

The competency areas in the EMBOK were validated through a role delineation study on the engineering management professionals in 2014. These professionals were asked to rate the competency areas on a five-point likert scale and were also asked to add any new topics that are important for a practitioner to know in the engineering management field. The results of the study will be published in the proceedings of the 2015 ASEM conference.

4. Domains of the EMBOK

There are eleven domains of the EMBOK and they represent the best information available in the field of engineering management. The domains are derived from analyzing content areas from published books, studies on engineering management competency areas, and input from subject matter experts from academia and industry.

The eleven domains are: (a) Introduction to Engineering Management; (b) Leadership and Organizational Management; (c) Strategic Planning; (d) Financial Resource Management; (e) Project Management; (f) Operations and Supply Chain Management; (g) Marketing and Sales Management in Engineering Organization; (h) Management of Technology, Research, and Development; (i) Systems Engineering; (j) Legal Issues in Engineering Management; and (k) Professional Codes of Conduct and Ethics. Each domain is summarized below using information extracted from the 3rd edition of *A Guide to the Engineering Management Body of Knowledge* (Shah, 2012).

4.1 Introduction to engineering management

This domain provides an introductory framework for the engineering management discipline. It defines planning, organizing, allocating resources, and directing and controlling activities that are involved in the field. Other themes discussed in this domain are: engineering management skills, role of practicing engineering managers, and tomorrow's challenges.

4.2 Leadership and organization management

When engineers are promoted into management positions without formal management training or much management experience, they likely lack a thorough understanding of key management principles. This is unfortunate, as such principles provide managers—both new and seasoned—the guidance they need to navigate day-to-day management challenges, especially those involving the management of people.

Domain 2 examines a number of these management principles, focusing in particular on the management styles and organizational structures that are most conducive to managing professionals—including engineers—whose primary labor is intellectual.

Other themes discussed in this domain are: schools of management thought, managing and motivating knowledge workers, organization structure, management systems and systems thinking, leadership, human resources management, and teaming.

4.3 Strategic planning

Strategic planning models fall into two major categories, planning and management. Strategic Planning has been defined in the EMBOK as the process to establish, implement, correct, and continuously improve a corporate strategic plan. Strategic Management is defined and the tools and techniques used to implement strategy and the efforts needed to quickly respond to special events that occur before the formal planning process recycles are discussed.

Other themes discussed in this domain are: importance of strategic planning, strategic planning process, strategic management, strategy formulation, executing the strategy, strategic performance measurement, and deploying lessons learned.

4.4 Financial resource management

For almost all activities that engineers are engaged in, and in particular engineering management, money is an appropriate tool to measure the value of the output. The principles of sound engineering design are all based on the concept of producing the maximum benefit for the minimum expenditure of monies. Only through an understanding of the processes involved in the accounting of money can an engineering manager ensure that the decisions made will optimize the use of financial resources and create the greatest value for their organizations.

Other themes discussed in this domain are: accounting, finance, budgets, engineering economics, and cost and benefit estimating.

4.5 Project management

Project Management is the application of knowledge, skills, tools, and techniques to project activities to meet the project requirements. Because the number of projects undertaken by organizations has increased dramatically, project management has become a critical skill for most companies. The EMBOK refers to the *PMBOK Guide* as the accepted best practices for the project management profession and describes the integrated processes as: initiating, planning, executing, monitoring and controlling, and closing.

4.6 Operations and supply chain management

The ultimate success of any commercial organization depends upon its ability to determine and satisfy its customers' needs. Today, organizations focus on quality, speed, efficiency, and customer value to be globally competitive, and the long-term sustainability of any organization depends on its commitment to continuous improvement.

Themes discussed in this domain are: Quality Management, Process Improvement, Operations Management, Inventory Management and Supply Chain, Facilities Management, and Measuring Supply Chain Performance.

4.7 Marketing and sales management in engineering organizations

Marketing drives the sales process. Strategic marketing efforts assist organization attempts to determine what customers need and want and further guide development of the strategy for bringing the product to the marketplace. While sales and marketing are part of the same "systems' they are distinct in their aims. Sales focus on the attempts to motivate potential customers to purchase a product or service.

Themes discussed in this domain are: Sales and Advertising Practices, Customer Satisfaction Strategies, Marketing and Branding Techniques, Product Portfolio Analysis, Global Trade and International Operations, and Pricing Strategies.

4.8 Management of technology, research, and development

Technology is a key to business success. The development and use of technologies provide organizations with a competitive advantage to improve the human condition.

Themes discussed in this domain are: Overview, Managing, and Developing Technology and Research into New Products.

4.9 Systems engineering

Systems engineering is a multi-disciplinary approach that deals with large complicated and complex systems. The main focus of systems engineering is on system development but it also takes into account the full life cycle of the system. Typically, the systems engineering process is a requirements-driven process, using requirements to ensure that the system developed meets all of the stated customer's needs.

Themes discussed in this domain are: Systems Engineering Method, Implementing Systems Engineering, and Current Focus Areas in Systems Engineering.

4.10 Legal issues in engineering management

Business law takes on many forms and regulates a variety of business entities and commercial transactions. Laws are designed to protect all parties through directing how to use terms and conditions, specific performance expectations, breach of contract agreements, etc.

Themes discussed in this domain are: Business Contracts, Environmental Issues, Human Resources, Intellectual Property, Warranties (Liability or Insurance), and Regulatory Requirements (Codes or Standards).

4.11 Professional codes of conduct and ethics

Ethics address what behavior is considered right and wrong, good and bad—what a person should and should not do. Ethics is not about law per se, although many behaviors that are illegal are also unethical. Many unethical behaviors are forbidden by law, but other unethical behaviors are perfectly legal. Several organizations, including professional societies, create codes of ethics to help members develop the ability to make effective decisions and follow them up with ethical actions.

Other themes discussed in this domain are: The Nature of Ethics, Stakeholders and Ethics, Ethical Theories, Principles of Ethics for Engineers and Managers, Practical Ethical Decision-making, and Professional Codes of Conduct.

5. Application of EMBOK

EMBOK serves as a foundational guide for those practicing in the field of engineering management. The EMBOK can be used for curriculum development, training programs, professional development programs, certification exam development, program certification, and in many other areas. It serves as a framework for advancement in the field. The *Guide to the EMBOK* can be viewed as a foundational reference for the discipline.

Two certification exams based on the EMBOK are offered by ASEM: (a) Associate Engineering Manager (AEM) and (b) Professional Engineering Manager (PEM) under the Engineering Manager Professional Certification (EMPC) program.

5.1 Engineering Manager Professional Certification (EMPC)

EMPC program offered by ASEM serves the purpose of addressing the issue of identifying and employing skilled professionals in the engineering management discipline. Moreover, an engineering manager professional can validate their knowledge and skills by taking the certification exam.

ASEM has created two levels of professional certifications: Associate Engineering Manager (AEM) and Professional Engineering Manager (PEM). There are eligibility criteria to apply for the certification exam. Recertification at the AEM or PEM level can be achieved by accumulating 45 Professional Development Units (PDUs) over the preceding three years and by paying a recertification fee.

5.2 Associate Engineering Manager (AEM)

This professional certification is designed for young technical professionals seeking to establish credentials in preparation for early technical management or supervisory assignments. Candidates with bachelor's or master's degree (from a non-ASEM certified program) in engineering management are required to possess any combination of 40 hours of documented training related to three or more domains of the EMBOK and (or) any combination of two years of (a) professional experience or (b) managing knowledge workers in a technology-based enterprise (www. asem. org). These candidates need to appear for the AEM exam that has 100 multiple choice questions based on the EMBOK and achieve at least 70 percent to pass and get certified as AEM. The AEM certification is valid for three years.

The candidates with master's degree in engineering management from ASEM certified program can get the AEM title by paying the certification fee and they don't need to take the AEM exam.

5.3 Professional Engineering Manager (PEM)

This professional certification is designed for experienced technical managers seeking to validate their skills and experience with a professional certification. The PEM certification is valid for three years. Candidates seeking to take the PEM certification exam are required to meet the experience and education eligibility criteria. The PEM exam contains 200 multiple choice questions based on the EMBOK to be completed in four hour time frame. A candidate should obtain 70 percent passing score to get certified.

Candidates with Ph.D. in engineering management and three years of professional experience in managing projects or programs can get the PEM title by paying the certification fees and they need not appear for the certification exam.

6. Future of EMBOK

Engineering management discipline has progressed and is getting attention in the labor market. The EMBOK needs to be updated so it reflects the developments in the field and meets the need of industry. ASEM plans to publish new edition of *EMBOK Guide* at an interval of every 3 to 4 years to meet the demands of the industry, academia and the global EM community as a whole.

The future edition of *A Guide to the Engineering Management Body of Knowledge* will present framework on how the domains are integrated and related to each other both at the project and organizational level. The plan is to provide specific information for managing knowledge workers, complex technical projects, technology driven organizations, change, and managing sustainability. Within the domains there will be more international flavor added in terms of working with virtual teams, managing cultural differences, and dealing with global challenges in the area of energy, environment, disaster management, legislation, and so forth. The competency areas within the domains will be updated based on a systematic literature review of the *Engineering Management Journal* (*EMJ*), feedback from the industry practitioners, and domain specific surveys. The certification exams will be updated based on the changes made to the EMBOK.

References

Bergeron, H. E. (2001). A perspective on the need to give an introduction to Engineering Management to all engineering students. Leadership and Management in Engineering, 1(1):26.

Shah, H. (2012). Introduction to Engineering Management.In:Shah,H. ed. A Guide to the Engineering Management Body of Knowledge. Rolla, MO: American Society for Engineering Management. 1-12.

Shah, H. (2012). A Guide to the Engineering Management Body of Knowledge. Rolla, MO: American Society for Engineering Management.

Walter Nowocin Sr. Manager, Medtronic Inc., an Adjunct Professor at St. Cloud State University and Associate Editor of the forthcoming edition of *A Guide to the Engineering Management Body of Knowledge* book. He is also a member of American Society for Engineering Management, a senior member of International Society of Automation, and member of Healthcare Committee of NCSL International.

Educating Engineering Management Students for the Global Workplace—An Initial Review

David A. Wyrick[1] , **Paul Kauffmann**[2] , **Libby Schott**[3] , **John V. Farr**[3]

1 American Society for Engineering Management

2 East Carolina University, USA

3 United States Military Academy, USA

Abstract: Trade around the world has become globally interconnected. Engineers play an integral role in designing products, managing supply chains, providing services, and increasing the quality of life for people and promoting sustainable development around the globe. Engineering managers make decisions every day that will have profound impacts on international suppliers, customers, partners, consumers, and the environment.

Traditional education for engineering students focuses on the technical aspects and scientific principles. Education in some countries may focus exclusively on mathematics, science, and engineering topics. The North American model incorporates a general education component into the undergraduate program of study to give students a broad appreciation of ideas ranging from art to literature to the social sciences.

This paper will investigate how undergraduate engineering management programs educate their students to be able to work in international settings or in the global workplace. This initial study will concentrate on the engineering management programs that are accredited by ABET, an international organization that accredits technical programs in higher education. ABET has accredited over 3400 programs in applied science, computing, engineering, and engineering technology in 28 countries (ABET, 2015a).

This study will access publicly available information to determine the breadth and depth of education related to helping prepare engineering management students to work in a global marketplace. These data will be collected from the programs accredited by ABET using the "Engineering Management" program criteria, due to the public availability of this information. Initial findings will be presented, and may serve to identify opportunities for cooperation and further work.

1. Introduction

Engineering education prepares students to become practicing engineers. In many cases, this education takes place in universities. In the United States and many other countries, the curriculum typically takes the form of a four-year degree. These degrees typically have a strong foundation in mathematics and basic sciences, upon which an engineering specialization is built. In the US, programs also include a general education that includes social sciences, the humanities, arts, and interpersonal and social courses, all of which are intended to produce "well-rounded" engineers who appreciate and consider non-technical factors into their technical recommendations and decisions. Engineering programs that are not based on the American model, the five-year French *diplôme des Grandes Ecoles*, for example, has in the past concentrated nearly all courses in mathematics, sciences, and engineering, although these programs are beginning to provide other types of courses to help "round out" their engineers.

This approach has been very successful in the past for the traditional disciplines, such as mechanical, electrical, and civil engineering. In the past, most engineers worked in their own countries and chiefly on domestic projects. Work has become much more global and international in the recent past, and many mundane products now consist of materials and components sourced along a global supply chain, with customers located in many countries.

Concurrent with the rise in increasing globalization and internationalization is the growth and recognition of engineering management (EM) programs. In the United States, engineering management programs are largely designed like other engineering programs. However, EM graduates move into technical sales, quality, purchasing, project management, and other management areas faster than graduates from other engineering programs, and may begin working in positions that require them to interface with international colleagues earlier in their career.

This raises the question of how engineering management programs prepare their students to be able to work in global settings and with international colleagues.

To investigate this question, this study will evaluate publicly available material for undergraduate engineering management programs that are accredited by the Engineering Accreditation Commission of ABET (ABET-EAC). Results of this material will be reported and discussed. The information, or lack of information, will be the basis of discussion. Further work and conclusions will conclude the paper.

2. ABET-Accredited Undergraduate Engineering Management Programs

This section will discuss ABET and its approach to assuring quality in technical education, especially regarding engineering management programs. The engineering management programs accredited by ABET will be presented. For these programs, how they approach the global skills and internationalization aspects will be summarized, based on publicly available information.

2.1 ABET and program accreditation

ABET, Inc., is a leading agency for the accreditation of educational programs in engineering, computing, engineering technology, and applied sciences. ABET accredits programs, not departments or colleges. Four commissions accredit programs in the areas of engineering, computing, engineering technology, and applied sciences. ABET was established in 1932 as the "Engineers' Council for Professional Development" to accredit programs in the United States. The name was changed to the Accreditation Board for Engineering Technology in 1980 and started using its simplified ABET name in 2005. ABET began international activities in 1979 (ABET, 2015b).

ABET is an organization whose members consist of professional engineering societies rather than individuals. While ABET collectively sets the general criteria by which programs are accredited, the appropriate member organizations establish the program specific criteria (IEEE sets the program criteria for electrical engineering programs, for example) (ABET, 2015c).

The general criteria for accrediting engineering programs is fairly detailed. With regards to curriculum, ABET requires at least 32 semester credits (or 25% of the total program credits, whichever is lower) to be in mathematics and basic sciences, with the minimum level of mathematics established by the appropriate professional society(ies). ABET requires at least 48 semester credits (or 37.5% of the total program credits, whichever is lower) to be in engineering topics. The remainder of the program is for general education appropriate to the institution or for other courses and electives specified by the program (ABET, 2015d).

For engineering management programs, the program-specific criteria set and used by ABET deal with curriculum and with faculty. "The curriculum must prepare graduates to understand the engineering relationships between the management tasks of planning, organization, leadership, control, and the human element in production, research, and service organizations; to understand and deal with the stochastic nature of management systems. The curriculum must also prepare graduates to integrate management systems into a series of different technological environments" (ABET, 2015d). "The major professional competence of the faculty must be in engineering, and the faculty should be experienced in the management of engineering and (or) technical activities" (ABET, 2015d). A deeper evaluation of ABET criteria and engineering management programs is located in a paper to be delivered at the 2015 Annual Conference and Exposition of the American Society for Engineering Education (Kauffmann et al., 2015).

2.2 ABET-accredited engineering management programs

The 16 ABET-accredited engineering management programs that were accredited after the 2013 fall visit accreditation cycle are tabulated in Table 1. Eleven of these are located in the United States and five are international. This information is available from ABET using its online program search feature. This search was limited to bachelors level programs accredited by the Engineering Accreditation Commission. The exhibit indicates the university, its country, and year of initial accreditation (ABET, 2015e).

Table 1 ABET-accredited engineering management programs

University	Country	Initial Accreditation
Arab Academy for Science and Technology and Maritime Transport	Egypt	2009
University of Arizona	United States	2003
Clarkson University	United States	2009
University of Connecticut	United States	2007

Continued

University	Country	Initial Accreditation
Istanbul Technical University	Turkey	2009
Kuwait University	Kuwait	2006
Missouri University of Science and Technology	United States	1979
North Dakota State University	United States	1971
Oklahoma State University	United States	1936
University of the Pacific	United States	2003
Rensselaer Polytechnic Institute	United States	1978
Universidad Autonoma de San Luis Potosi	Mexico	2012
University of Sharjah	United Arab Emirates	2010
South Dakota School of Mines and Technology	United States	1991
Stevens Institute of Technology	United States	1990
United States Military Academy	United States	1995

3. Global Skills and Internationalization Aspects

In order to determine how programs introduce topics that relate to globalization and the requirements of an international workplace, the websites of the sixteen ABET-accredited programs were reviewed. This review attempted to identify particular courses that concentrate on these topics, relevant study abroad experiences, and other opportunities for students to be engaged in international and global aspects. Whenever possible, the particular program websites or university catalogs were reviewed; difficulties encountered included broken links and language other than English.

The primary website for each of the programs is listed in Table 2. This exhibit also gives the program name as it is accredited by ABET.

Table 2 Program names and url addresses

University	Program	url
Arab Academy for Science and Technology and Maritime Transport	B.Sc. in Industrial & Management Engineering	http://www.aast.edu/en/colleges/coe/dept/programtemp.php? menutab = 18 & program_id = 6 unit_id = 67 (AAST, 2015)
University of Arizona	B.S. in Engineering Management	http://www.sie.arizona.edu/bachelor-science-engineering-management (University of Arizona, 2015)
Clarkson University	B.S. in Engineering and Management	http://www.clarkson.edu/em/index.html (Clarkson University, 2015)
University of Connecticut	B.S. in Management and Engineering for Manufacturing	http://mem.business.uconn.edu (University of Connecticut, 2015)
Istanbul Technical University	B.S. in Engineering Management	http://www.isl.itu.edu.tr/isletmeMuhendisligiNedirEN.htm (Istanbul Technical University, 2015)
Kuwait University	B.Sc. in Industrial & Management Systems Engineering	http://www.eng.kuniv.edu/ims/ (Kuwait University, 2015)
Missouri University of Science and Technology	B.S. in Engineering Management	http://emse.mst.edu/academicprograms/undergraduate/(MUST, 2015)
North Dakota State University	B. S. in Industrial Engineering and Management	http://www.ndsu.edu/ime/industrial_engineering_management/ (NDSU, 2015)
Oklahoma State University	B. S. in Industrial Engineering and Management	http://iem.okstate.edu (Oklahoma State University, 2015)

Continued

University	Program	url
University of the Pacific	B.S. in Engineering Management	http://www. pacific. edu/Academics/Schools-and-Colleges/School-of-Engineering-and-Computer-Science/Academics-/Majors/Engineering-Management-.html (University of the Pacific, 2015)
Fensselaer Polytechnic Institute	B. S. in Industrial and Management Engineering	http://catalog.rpi.edu/preview_program.php? catoid = 13 & poid = 2900 & hl =% 22management + engineering% 22 & returnto = search (Rensselaer Polytechnic University, 2015)
Universidad Autonoma de San Luis Potosi	Industrial Management Engineering	http://ingenieria. uaslp. mx (Universidad Autonoma de San Luis Potosi, 2015)
University of Sharjah	B. Sc. in Industrial Engineering and Management	http://www. sharjah. ac. ae/en/academics/colleges/eng/dept/iemd/Pages/default. aspx (University of Sharjah, 2015)
South Dakota School of Mines and Technology	B. S. in Industrial Engineering and Engineering Management	http://www.sdsmt.edu/Academics/Departments/Industrial-Engineering/Undergraduate-Education/Industrial-Engineering-and-Engineering-Management-BS/ (South Dakota School of Mines and Technology, 2015)
Stevens Institute of Technology	B.E. in Engineering Management	https://www.stevens.edu/sse/academics/undergraduate/engineering-management (Stevens Institute of Technology, 2015)
United States Military Academy	B.S. in Engineering Management	http://www. usma. edu/se/SitePages/Engineering%20Management. aspx (United States Military Academy, 2015)

Review of the program websites indicates that no program has a dedicated course that deals explicitly with the impact of globalization and how to work effectively in an international setting. At least one program identifies an elective course in global perspectives as part of its general education program (North Dakota State University).

Several programs have courses in supply chain management as either a required course or as an elective (AASTMT, Clarkson, Kuwait, and Stevens). It is not clear if these courses deal with the cultural aspects of effective supply chain management or if they concentrate on the mathematical modeling and simulation of supply chains. University of Sharjah includes a section on the global economy as part of its senior level strategic marketing course.

Three universities advertise an integrated study abroad experience as part of its engineering management program. The University of Connecticut has a one-semester visit to the University of Lund in Sweden. Stevens Institute of Technology offers a two-week faculty-led course to the University of Naples in Italy. Clarkson University is the most progressive as it will require all of its BSEM students to have an international experience beginning in 2017.

It is possible that programs introduce the expectations of working in a global marketplace in its curriculum as parts of individual courses. Based on the review of this material that is publicly available, it is not possible to clearly identify that, however.

University of the Pacific offers seven tracks of specialization. One of these tracks is "International Engineering Management," which is targeted for students who are interested in global careers.

In related work by the authors for the American Society for Engineering Education (ABET, 2015e), the relationship of the managerial topics relative to the requirements for math and science, engineering topics, and general education was explored for a subset of these schools.

4. Discussion of Findings

There are two areas in which the results can be classified. First is the accreditation of engineering management programs by ABET. Second is how these programs prepare their students to work in a global marketplace.

The number of programs accredited by ABET is increasing. Since 2000, the number of programs has more than doubled from seven to sixteen. Of the newest nine programs, five are located outside the United States. It is likely that this trend of internationalization will continue. Most American programs in engineering management are offered at the masters level, and the typical approach is that students should first major in a traditional field before moving into engineering management. Many universities outside the US are more willing to establish degree programs that reflect newer or more specialized disciplines. It is also possible that outside the US there is a philosophy of developing engineers who can first work on teams and be effective in business settings, and then specialize in a technical field that is appropriate to their career.

With respect to preparing students to work effectively in a global setting, it does not appear that there is a consistent approach or methodology. It can be inferred that programs rely on the general education component to provide this, or that individual instructors may introduce ideas into individual courses. It appears that, from American universities at least, there is more interest in providing students with the opportunity to have an international experience as part of their programs.

In research that focused on the coverage of managerial topics in engineering management curricula, the authors surveyed a subset of the ABET-accredited programs that had undergone a recent submission of self-study materials or visits. That paper found that managerial topics are not consistently credited as engineering topics, even though they are included in the program-specific criteria for engineering management programs. Particular issues included whether particular courses were housed in either an engineering college or business college, if the courses were oriented toward engineering management or business, and the qualifications and perspective of the individual faculty instructor(ABET,2015e). Readers who are interested in the literature over the last twenty years that is related to engineering management program content, assessment, and curricular design are referred to that paper.

5. Summary, Conclusions, and Recommendations

This paper has considered the ABET approach to accrediting engineering management programs, identified those programs, and investigated how they cover global issues and prepare their students to work in an international setting. This research focused solely on publicly available information from ABET and the sixteen undergraduate programs by ABET's Engineering Accreditation Commission.

This work indicates that there is not a consistent intentional approach to covering global issues and preparing students to work in an international context. Clarkson University will require their engineering management students to have an international experience beginning in 2017. Further work should pursue data through surveys and interviews to better gauge the level and types of experiences students have in EM programs.

Undergraduate programs in engineering management prepare students to be extremely effective at managing projects, processes, and relationships within and between enterprises. As the world becomes increasingly interconnected, EM students in particular need to be exposed to experiences and opportunities that provide them with global context and the skills to work effectively in international settings.

From this work, several key conclusions and recommendations can be made. Engineering management is becoming a globally accepted engineering discipline for undergraduate majors. The number of ABET-accredited engineering management programs outside the United States can conceivably be greater than the number inside the US in the forseeable future. ABET criteria for the accreditation of engineering management programs should consider the global aspect and international setting of future engineering managers, in addition to other topical areas of the discipline's body of knowledge and how to consistently classify courses covering managerial topics within the required curriculum. Although the Engineering Management Body of Knowledge of the American Society for Engineering Management (ASEM) (Shah, 2012) has not been discussed in this paper, it should be noted that future editions will evolve to incorporate the global aspects and international setting of the profession.

This is an exciting time for the engineering management profession. It is important for the programs to develop a consistent approach to help build a globally relevant and recognized curriculum. International collaboration and partnerships will play an integral role in designing the curriculum for the future.

References

AAST, Arab Academy of Science and Technology. (2015). AAST Industrial & Management Engineering Home (2015). Retrieved from http://www. aast. edu/en/colleges/coe/dept/programtemp. php? menutab = 18 & program_id =6 & unit_id =67.

ABET, Inc. (2015a). ABET Home. Retreieved from http://www.abet.org.

ABET, Inc. (2015b). ABET History. Retrieved from http://www.abet.org/History/.

ABET, Inc. (2015c). ABET Governance. Retrieved from http://www.abet.org/governance/.

ABET, Inc. (2015d). Engineering Program Criteria for 2015-16. Retrieved from http://www.abet.org/eac-criteria-2015-2016/.

ABET, Inc. (2015e). Accredited Program Search. Retrieved from (http://main. abet. org/aps/Accreditedprogramsearch.aspx.

Clarkson University. (2015).Engineering & Management (E&M). Retrieved from http://www.clarkson.edu/em/index.html.

Istanbul Technical University. (2015). ITU Faculty of Management > About Management Engineering. Retrieved from http://www.isl.itu.edu.tr/isletmeMuhendisligiNedirEN.htm.

Kauffmann, P.J., Farr, J.V., Schott, E.W., et al. (2015). An Analysis of Engineering Credits in ABET Accredited Engineering Management Programs. Proceedings of the 2015 ASEE Annual Conference & Exposition, Seattle, Washington, June 14–17, 1–14.

Kuwait University. (2015). Industrial and Management Systems Engineering Department. Retrieved from http://www.eng.kuniv.edu/ims/.

MUST, Missouri University of Science and Technology (2015). Missouri S&T-BS-Engineering Management. Retrieved from http://emse.mst.edu/academicprograms/undergraduate/.

NDSU, North Dakota State University. (2015). Industrial Engineering & Management-IME (NDSU). Retrieved from http://www.ndsu.edu/ime/industrial_engineering_management/.

Oklahoma State University. (2015). Industrial Engineering & Management. Retrieved from http://iem.okstate.edu.

Rensselaer Polytechnic University. (2015). Program: Industrial and Management Engineering—Rensselaer Polytechnic Institute-Acolog ACMS™. Retrieved from http://catalog.rpi.edu/preview_program.php? catoid=13 & poid=2900 & hl=%22management+engineering%22 & returnto=search.

Shah, H. (2012). The Guide to the Engineering Management Body of Knowledge, 3rd ed, American Society for Engineering Management.

South Dakota School of Mines and Technology. (2015). Program: Industrial Engineering and Engineering Management, B.S.—South Dakota School of Mines & Technology—Acolog ACMS™. Retrieved from http://www.sdsmt.edu/Academics/Departments/Industrial-Engineering/Undergraduate-Education/Industrial-Engineering-and-Engineering-Management-BS/.

Stevens Institute of Technology. (2015). Undergraduate: Engineering Management / SSE-School of Systems & Enterprise. Retrieved from https://www.stevens.edu/sse/academics/undergraduate/engineering-management.

United States Military Academy. (2015). Department of Systems Engineering-Engineering Management. Retrieved from http://www.usma.edu/se/SitePages/Engineering%20Management.aspx.

Universidad Autonoma de San Luis Potosi. (2015). Principal. Retrieved from http://ingenieria.uaslp.mx.

University of Arizona. (2015). Bachelor of Science in Engineering Management. Retrieved from http://www.sie.arizona.edu/bachelor-science-engineering-management.

University of Connecticut. (2015). Academics / Management & Engineering for Manufacturing. Retrieved from http://mem.business.uconn.edu.

University of Sharjah (2015). Home Retrieved from http://www.sharjah.ac.ae/en/academics/colleges/eng/dept/iemd/Pages/default.aspx.

University of the Pacific. (2015). Engineering Management. Retrieved from http://www.pacific.edu/Academics/Schools-and-Colleges/School-of-Engineering-and-Computer-Science/Academics-/Majors/Engineering-Management-.html.

David A. Wyrick William L. McKnight Distinguished Visiting Professor in Technology Development at University of Minnesota Duluth, Associate Executive Director of American Society for Engineering Management. He worked as dean of School of Science and Engineering, Al Akhawayn University in Ifrane; professor and Bryan Pearce Bagley Regents Chair of Engineering, Whitacre College of Engineering; head of Department of Mechanical and Industrial Engineering, University of Minnesota Duluth. He has a broad base of experience in engineering, entrepreneurship, and management in international education, industrial practice, and professional society leadership. He successfully applies this experience to business, education, and professional contexts in North America, Europe, and Africa. His industrial experience is in energy, computing, and manufacturing with both multinational and small and medium enterprises (SMEs). He has collaborated with business colleges and other university units to develop programs in technical entrepreneurship and technology commercialization. He has significant experience with accreditation at the program, department, college, and campus levels with ABET - CAC, ABET - EAC, New England Association of Schools and Colleges, and Higher Learning Commission (North Central Association).

He has been involved at the top level of university management as dean, NCAA faculty representative, and key player in a system-wide task force. Aided by his language skills in English, French and Swedish, he has initiated to integrate international learning experiences into the engineering curriculum and led the increasingly international context of the American Society for Engineering Management.

后　　记

科学技术是第一生产力。纵观历史，人类文明的每一次进步都是由重大的科学发现与技术革命所引领和支撑的。进入21世纪，科学技术日益成为经济社会发展的主要驱动力。我们国家的发展必须以科学发展为主题，以加快转变经济发展方式为主线。而实现科学发展、加快转变经济发展方式，最根本的是要依靠科技的力量，最关键的是要大幅提高自主创新能力，要推动我国经济社会发展尽快走上创新驱动的轨道。党的十八大报告指出，科技创新是提高社会生产力和综合国力的重要支撑，必须摆在国家发展全局的核心位置，要实施"创新驱动发展战略"。

面对未来发展的重任，中国工程院将进一步发挥院士作用，邀请世界顶级专家参与，共同以国际视野和战略思维开展学术交流与研讨，为国家战略决策提供科学思想和系统方案，以科学咨询支持科学决策，以科学决策引领科学发展。

只有高瞻远瞩，才能统筹协调、突出重点地建设好国家创新体系。中国工程院历来高度重视中长期工程科技发展战略研究，通过对未来20年及至更长远的工程科技发展前景进行展望与规划，做好顶层设计，推动我国经济社会发展尽快走上创新驱动的轨道。

自2011年起，中国工程院开始举办一系列国际工程科技发展战略高端论坛，旨在为相关领域的中外顶级专家搭建高水平高层次的国际交流平台，通过开展宏观性、战略性、前瞻性的研究，进一步认识和把握工程科技发展的客观规律，从而更好地引领未来工程科技的发展。

中国工程院学术与出版委员会将国际工程科技发展战略高端论坛的报告汇编出版。仅以此编之作聚百家之智，汇学术前沿之观点，为人类工程科技发展贡献一份力量。

中国工程院